다산의 행정사상

–현대적 해석과 평가–

최병선 · 심준섭 편

2011년도
대한민국학술원 선정
우수학술도서
이 도서는 대한민국학술원에서 선정한
"2011년도 우수학술도서"로서 교육과학기술부의
지원으로 구입 배부한 것임.

도서출판 대영문화사

이 책은 2005년 정부재원(교육인적자원부 학술연구
조성사업비)으로 한국학술진흥재단의 지원을 받아 연
구되었음(KRF-2005-079-BS0134).

발 간 사

실무 능력을 겸한 다산의 행정사상

다산연구소를 출입하던 행정학자들의 연구 결과가 '다산의 행정사상'을 중심에 둔 학술 논저로 간행된다니 더없이 반가운 일이다. 200여 년 전의 『목민심서』나 『경세유표』 및 『흠흠신서』를 새롭게 검토하고, 다산의 '논설집'에 나오는 정치 · 법 · 행정에 관한 제반 이론을 오늘의 행정사상에 접목시켜 다산학의 새로운 측면을 찾아낸 학자들의 노고에 감사의 말씀을 먼저 드리고 싶다. 애초에 다산의 글은 순전히 한문으로 되어 있고, 번역본이라야 미비한 부분이 많은데, 그런 글이라도 꼼꼼히 읽어 이만한 연구 업적을 이룩해 낸 정성스러운 마음에 찬사를 아끼고 싶지 않다.

옛날의 학문은 퇴영적이고, 고리타분하며, 비현실적이거나 비과학적이라는 상투적인 생각 때문에, 조선 시대의 고전이야 아예 거들떠보지도 않기 마련인데, 외국에서 행정학을 전공했던 높은 수준의 학자들이 다산학에 관심을 갖고 200여 년 전의 고문서를 뒤적여, 값지고 귀한 다산의 사상을 긍정적으로 검토해 준 사실에 대해 아낌없는 찬사를 보낸다. 75년의 일생에 어느 순간에도 백성과 나라에 대한 근심을 버리지 못하고, 18년의 외로운 유배생활이라는 고난의 세월에도 밤과 낮을 잊고 사색과 연구만을 거듭했던 다산의 깊은 뜻을 알아 주는 일군의 사회과학자들이 나왔다는 것만으로도, 우리 다산연구소는 기쁜 마음을 숨기지 못한다.

세월은 지나고 보아야 안다. 한국의 행정학계에도 밝은 빛이 보이기 시작했다. 최병선·심준섭 교수의 '다산 행정사상의 현대적 해석과 평가' 부분을 읽으면서, 이제 다산이 사회과학 분야에서도 빛을 보는 시대가 오고 있구나라는 생각이 섬뜩 머리에 떠올랐다. 기존에 다산에 관한 연구가 없었던 것은 아니지만, 그동안의 다산 연구는 대체로 사회과학 계열에서보다는 인문과학, 즉 역사·철학·문학 등에서 주로 연구되어 왔던 것이 사실이다. 따라서 다산학의 지평이 넓혀져 가는 일에 기쁨이 앞선다. 또한 이 연구에 다산연구소 관계자들의 번역서가 도움을 주었다는 사실 역시 연구소 관계자 모두에게 긍지를 느끼게 해 주었다. 죽을 고생을 하면서 어려운 번역에 종사했지만, 별로 읽어 주는 사람이 없어 쓸쓸한 생각이 들 때가 많았으나, 이만한 학자들이 이런 정도로 번역서를 가까이 해 준 점을 고맙게 여긴다.

다산은 인간이라면 먼저 사람다운 인간이 되어야 한다고 생각했다. 그러려면 먼저 제 몸을 제대로 닦고 또 남들로 하여금 제대로 닦게 해 주어야 한다고 했다. 위당(爲堂) 정인보(鄭寅普)는 수기(修己)에 대한 해석으로 자신의 몸을 닦는 일도 되지만 남들이 자신의 몸을 닦도록 하는 일이라고도 했다. 다산은 수기의 근본이 효제(孝悌)에 있다고 믿고, 효제를 몸으로 실천하는 윤리적 인간이기를 강조했다. 육경사서(六經四書)라는 경(經)의 연구인 경학을 통해 자신도 수양하고 남들도 수양하기를 바랐고, 그것을 근본삼아 남과의 관계를 제대로 해내는 치인(治人)의 영역을 연구했으니, 세상을 경륜하는 경세학(經世學), 즉 일표이서(一表二書)라 할 수 있는 방대한 저서였다. 그래서 육경을 본(本)에 두고, 경세서인 『목민심서』 등은 말(末)에 두어 본말이 구비될 때만 인간의 능사가 완료된다고 여겼다.

다산은 마음이 애국심에 있었기에, 아무도 시키거나 강요하는 사람이 없었지만, 참으로 고단한 유배살이 동안, 정말로 치열하게 사색과 연구를 거듭한 끝에 500권이 넘는 실학의 대저를 남길 수 있었다. 다산은 애초에 경학 연구에 집중했다. 당시에 행세하던 관념적 경학 체계를 실행과 실천의 경학 이론으로 대체하지 않는 한, 어떤 경세 논리도 제 자리를 잡을 수 없다는 생각이 있었기에, 경세학을 위해서라도 경학에 대한 천착을 미룰 수가 없었다. 위당 정인보는 말했다. "선생이 경학을 연구해 낸 뒤에야 경학과 정법(政法)의 둘로 나눠짐이 하나로 합해졌고, 잘못된 근거로 해석한 것들이 실증으로 돌아간 것이 사실"(『담원국학산고』의 「유일한 정법가 정다산선생」)이며, "선생의 경학은 곧 정법이다"라고 하여 경세학의 철학적 규명을 위해 경학을 연구했으니, 경학이 곧 정법인 경세학이요, 경세학의 근본이 경학이니, 경세학이 곧 경학이라 여겼다고 생각된다.

정인보가 사용한 정법(政法)은 바로 정치·경제·행정·법에 관한 종합적인 학문으로 여겼으니, 그래서 다산이야말로 조선 5백 년에 유일무이한 정법가(政法家)라고 감히 말했을 것이다. 정치가·법률가·행정가를 구분할 수 없었던 조선 시대는 군왕 한 사람이 그 모든 것을 겸해야 했고, 유능한 관료나 고관대작은 마땅히 세 분야에 밝은 사람이 아니면 제 역할을 할 수 없었던 시절이다. 이런 세 분야를 겸한 사람을 정법가로 여겼고, 그 중에서도 탁월한 정법가가 다산이었다는 것이 정인보의 주장이다.

행정사상만을 분리해서 이야기해 보면, 다산의 행정 논리는 행정을 통해 왕도정치(王道政治)를 실현하자는 주장이었다. 도덕성·전문성·개혁성을 두루 갖춘 군왕이 왕위에 있고, 군왕을 보필하는 고관대작이나, 백성들과 함께 현장에서 행정을 펴는 목민관들 또한 도덕성·전문성·개혁성을 갖추고 행정에 임해야만 부패와 착취의 사슬에 얽매인 백성들이 해방되어 인간다운 삶을 영위할 수 있다고 생각한 것이

다산의 행정 원리였다. 행정가는 마땅히 철저한 도덕성으로 무장해 가장 양심적이고 청렴해야만 백성과 나라가 살아난다고 여겼다. 어떤 면에서도 전문성을 지녀야만 실무 능력을 갖춘 행정가가 될 수 있으며, 세상과 현실의 추이에 맞게 법과 제도를 개혁하고 변화를 일으킬 수 있는 개혁 마인드를 지닌 행정가만이 백성과 나라를 위해 일할 수 있다고 여겼다.

다산은 자신이 살던 시대를 부란(腐爛)한 세상이라 단정하고, 행정을 통해 깨끗하고 부패 없는 세상을 만드는 것이 그의 행정론에 제시된 학문의 목표였다. 그런 목표의 실현을 위해 경학을 새롭게 연구해 인간의 사유 체계를 바꾸고, 법제를 개혁해 새로운 나라로 바꾸고, 국부의 증진을 위해 기술의 도입과 개발을 위한 온갖 제도와 체제를 뜯어고치자고 주장했다. 이를 위한 추진력은 모두 국가의 행정력에 있기 때문에 물샐 틈 없는 법제의 정비를 강력히 주장했다. 이 연구서의 결론 부분을 읽으면서 이러한 다산의 뜻이 근접하게 정리된 점을 높이 평가하고 싶다. 경세학 분야와 함께 다산의 경학까지 종합적으로 연구해 경학과 정법이 일치하고 있다는 정인보의 주장에 부응하는 논문이었다면 더 훌륭한 연구 결과가 아닐까 여겨 보지만, 그런 연구는 더 심화된 다음의 글에서 이룩되기를 기대해 마지않는다.

다산학만을 전문적으로 연구한 학자들이 아니면서도, 오늘의 행정사상에 다산의 사유를 접목시키려고 노력한 학자들의 진지성에 경의를 표하며, 이런 연구 결과를 통해 부패와 타락에 찌든 오늘의 우리 사회가 더 깨끗하고 정직한 세상으로 바뀔 수 있기를 간절히 바란다.

2010년 5월

朴錫武(다산연구소 이사장)

머 리 말

학문 발전이나 과학의 역사를 보면, 새로운 탐구나 이론의 출현은 필연적인 이유보다 우연한 기회나 호기심에서 비롯되는 일이 드물지 않다. 우리의 다산에 대한 관심도 사실은 다산연구소가 2004년에 개설되면서 비롯됐다. 이 연구에 참가한 몇몇 연구자는 다산연구소 관계자들과 친밀한 사이였다. 다산연구소에서 우리에게 다산행정학의 연구를 종용했다. 다산의 중요 저술인『목민심서』나『경세유표』등이 정부개혁에 관한 것이니, 행정학도들이 연구해 주어야 할 대상이라는 것이다. 이렇게 다산행정연구모임이 시작되었다. 2004년 말 겨울부터 다산연구소의 세미나실에서 격주로 모임을 가졌다. 추운 지하실에서 손을 호호 불어가며 당대의 다산학의 대가들로부터 강의를 들었다. 그 때 우리에게 강의를 해 주신 분은 박석무(다산연구소 이사장), 김기엽(성균관대 교수), 임형택(성균관대 교수), 김상홍(단국대 교수), 이동환(고려대 교수), 송재소(성균관대 교수), 그리고 김태영(경희대 사학과 교수) 등이었다. 물론 다산연구소에서 그분들을 소개해 주었다. 대학 강의에 모시기도 어려운 분들이 아무런 보상도 없이 미련한 행정학자들을 다산의 학맥으로 이끌고자 흔쾌히 시간을 내어 주셨다. 이 자리를 통해 그분들에게 제자의 마음으로 심심한 감사를 드린다. 그분들의 가르침이 있었기에 우리가 다산의 정신에 쉽게 접근할 수 있었다.

여러 사람이 공동 연구를 하는 일은 혼자서 연구하는 것보다 장점이 많다. 우선 혼자서 연구를 하면 여러 가지 자잘한 핑계로 쉽게 게으름을 피울 수 있다. 이와 대조적으로, 공동 연구에서는 다른 동료들의 사회적 압력 때문에 꼭 해야 할 숙제를 미룰 수 없다. 그래서 우리의 다산행정 연구도 생각보다 상당히 빠르게 진척되었다. 그보다 더 분명한 장점은 연구 선배나 스승을 모시기가 아주 용이하다는 것이다. 혼자라면 감히 뵙자는 말씀을 올리기도 어려울 처지이지만, 여러 사람이 공동 연구를 한다면 모시는 정당성도 뚜렷하고 체면도 서는 일이다. 여기서 공동 연구의 장점을 마냥 늘어놓을 계제는 아니지만, 그래도 우리가 경험한 장점 하나는 빼놓을 수 없다. 공동 연구에서는 서로 토론을 하기 때문에 혼자서는 쉽게 빠질 수 있는 지적 함정에서 빠져나오도록 내미는 손이 항상 기다리고 있다는 점이었다. 그래서 우리는 서로 즐겁게 다산을 논구했다.

이렇게 진행하던 다산연구모임은 좀 더 과감한 도전을 시도했다. 2005년 한국학술진흥재단의 인문사회 기초연구과제로 응모해 선정된 것이다. 이 연구는 이후 3년간 적지 않은 연구비 지원을 받았다. 조금은 여유로운 연구를 진행할 수 있도록 도와 준 한국학술진흥재단에 감사드린다. 우리의 연구 결과는 2007년도에 한국학술진흥재단의 우수성과 연구과제로 선정되는 영예를 얻기도 했다. 이 연구에는 김영평, 김성기, 채경석, 송하중, 최병선, 조성한, 최흥석, 문명재, 홍준현, 김태영(경희대 행정학과: 역사학과 김태영과 동명이인임), 심준섭, 진종순, 명성준, 김성현, 정재동(연령순) 등이 참가했고, 연구책임자는 홍준현이었다. 아울러 이 연구의 장래를 짊어질 젊은 학문 후속 세대로서 지루할 수도 있는 토론에 항상 동참하고 드러나지 않게 연구를 도와 준 조교는 조병훈, 김근식, 김민종, 김주경, 김지수, 박선주, 박지형, 유현지, 이보라, 임민혁, 정원희, 허성영 등이었다. 그들의 헌신적 동참에 치하를 보내는 바이다.

우리의 다산행정 연구는 단순히 고전을 읽고 이해하는 방식이 아니다. 이 연구에 참여한 대부분의 행정학자들은 다산의 원저인 한문을 읽지 못한다. 예컨대, 베버(Max Weber)를 연구하려면 필연적으로 독일어 원전이어야만 가능한 것은 아니다. 영어 번역본을 통해서도 얼마든지 그의 관료제이론을 연구할 수 있다. 이와 마찬가지로 우리의 다산행정 연구는 번역본을 통해 이루어졌다. 우리 연구는 번역본의 부분적 오역 가능성에 얽매이지 않고, 다산의 개혁사상과 개혁 방향에서 오늘날 행정학으로는 무엇을 배울 수 있는가를 찾는 데 모아졌다. 때로는 다산이 직접 언급하지 않은 문제까지도 현대 행정학의 관점에서 교훈을 추출할 수 있었다.

잘 알려져 있다시피, 다산 정약용 선생의 방대한 저술이나 시대를 앞선 개혁사상은 조선 시대를 대표할 만한 지성적 과업으로 꼽힌다. 최근에는 다산 현상이라 할 만큼 다산콜센터, 다산부대, 다산목민대상 등 다산을 인용하는 사례가 많아졌다. 다산의 시문학적 업적이나 다산의 사상에 대해서는 상당한 분량의 연구 업적이 쌓여 있다. 행정학 분야에서도 100여 편의 연구 논문, 70여 편의 학위 논문, 그리고 10여 편의 단행본이 저술되었다. 이들은 대부분 단편적이고 탐색적이었다는 인상을 주었다.

우리가 이 연구에서 시도한 노력은 다산의 저술이 오늘날의 행정학에서 바라보면 “무슨 의미인가?”를 추적하는 데 초점을 두었다. 그것도 적지 않은 학자들이 주기적으로 만나 토론하면서, 서로의 관점을 수정해 통합된 시각을 마련하려고 애쓴 보람의 결실이다. 따라서 다산의 행정사상을 거시적 관점에서 그의 인간관에서 출발해 국가관과 사회관을 도출하려는 시도와 함께, 미시적 관점에서 조직관리와 리더십에 대한 이해에서부터 각 분야의 개혁 방안에 대한 실용성까지를 논의의 대상으로 삼았다. 나름대로 다산의 행정사상과 개혁 방안을 현대 행정학의 시각에서 재해석하려는 집단적 노력이었다. 그만큼 학자 개인의 주관적 편견을 배제할 수 있었다. 아마 우리가 알기로는, 다산에 대한 행정학 논의에서 공통적 시각을 견지한 공동 연구는 이번이 처음일 것이다.

이 연구는 장기간에 걸쳐서 이루어졌기 때문에 거의 모든 내용이 한국행정학회 등의 학술대회에서 발표되고 토론되어 다듬어지는 과정을 거쳤으며, 부분적으로는 연구의 내용들이 학술지에 발표되기도 했다. 이 내용은 따로 제시했다. 우리의 노력을 많은 사람이 공유할 수 있도록 하기 위해 책으로 편집하기로 했으나, 일의 무게를 분산하기 위해 「다산의 행정사상」은 최병선과 심준섭이 그리고 「다산의 행정개혁」은 김영평과 홍준현이 편집의 책임을 맡기로 했다. 여기에 실린 모든 글에 책임 집필자의 이름을 밝히고 있으나, 우리들끼리의 수많은 토론과 논쟁의 산물이라는 점을 밝혀둔다.

짧지 않은 세월 동안 공동의 노력에 동참해 주신 동료 학자들께 감사와 존경을 보낸다. 이렇게 두 권의 책으로 내놓게 되고 보니, 우리 모두의 승리가 분명해 보인다. 끝으로 어려운 여건 속에서도 이 책의 출간을 기꺼이 수락해 주신 대영문화사의 임춘환 사장님께 감사드린다.

2010년 5월

『다산의 행정사상』과 『다산의 행정개혁』 편집인 일동

학술지에 이미 발표된 내용의 소개

「다산의 행정사상」

제2장 "인간관, 사회관, 국가관": 「정부학연구」 제12권 제2호, 2006.

제3장 "조직관": 「정부학연구」 제12권 제1호, 2006.

제7장 "의사결정론": 「정부학연구」 제12권 제2호, 2006.

제8장 "사회복지 이념": 「정부학연구」 제12권 제1호, 2006.

「다산의 행정개혁」

제3장 "인사관리": 「정부학연구」 제12권 제1호, 2006.

제4장 "성과관리": 「한국행정연구」 제16권 제3호, 2007.

제5장 "교육훈련": 「정부학연구」 제14권 제1호, 2008.

제8장 "재난관리": 「정부학연구」 제12권 제2호, 2006.

제9장 "공공 부문의 갈등관리": 「정부학연구」 제12권 제2호, 2006.

제11장 "지방행정 체제": 「정부학연구」 제12권 제2호, 2006.

목 차

표 · 그림 목차

제1장 다산의 시대와 생애

정재동

한 시대의 대표적 인물의 사상은 시대 상황과 무관하게 형성되지 않는다. 특정 인물의 생각과 사상을 올바로 이해하기 위해 시대적 배경에 대한 이해가 선행되어야 한다. 이러한 측면에서 다산의 사상에 대한 이해를 다각적으로 하기에 앞서 다산이 살던 조선의 상황을 고찰할 필요가 있다. 다산이 살던 18세기 후반에서 19세기 초반에 이르는 시기는 역사적으로 상당한 변화의 국면을 맞고 있었다. 사회 전반에 걸쳐 불안감이 심화되고 동요가 일어나는 양상을 보였으며, 2백 년 동안 지속되어 왔던 당파의 분열과 당쟁의 폐단이 극도에 이르렀다(금장태, 2002: 19). 이처럼 조선 후기 사회는 정치사회적 측면뿐만 아니라 사상적 배경이 매우 혼란스러운 시기였다. 이러한 혼란의 시기에 다산은 기존의 사회 질서가 가진 한계와 병폐를 직시했고, 이를 통해 왕권이 올바르게 정립되고 백성이 풍요롭게 사는 사회 질서를 꿈꾸었다. 그러나 이러한 다산의 신념은 이를 실제 정치 및 행정 현실에 구현되는 과정에서 기존의 세력이 가진 세계관과의 충돌을 극복하지 못했고, 결국 다산은 장기간의 유배생활을 하게 된다. 개혁가의 삶이 결코 독립적으로 이뤄지는 것이 아니라 그가 살던 세계의 지배적인 사상과의 만남이 어떠한 방식으로 이뤄지는가에 따라 달라진다고 가정할 때, 다산의 시대적 배경과 생애를 간략하게 살펴보는 것은 의미가 있다. 물론 정약용이 기존의 성리학이 지니고 있었던 사상을 극단적으로 반대한 것은 아니었으나, 시대적 변화의 요구를 한 발 앞서 인식했으며, 다양한 측면에서 근대적인 국가 질서 및 행정사상을 지니고 있었음을 알 수 있다.

1 시대적 배경

다산(1762-1836)이 살았던 18세기 후반에서 19세기 초반은 이른바 새로운 부흥기인 영·정조 시대이다. 임진왜란(1592~1598)과 병자호란(1636)에 의해 심각하게 파괴되었던 국가경제가 다소 회복되고, 연산군 이래 200여 년 이상 지속되어 왔던 당쟁도 영조와 정조의 탕평책으로 어느 정도 소강 상태로 접어든 시기로서 조선 후기의 안정기인 동시에 문예부흥의 시기였다고 할 수 있다. 왜냐하면 당시에 왕실연구기관인 규장각을 설치하여 학문의 진흥에 힘쓰도록 했고, 산업의 발전을 위해 실용적인 학문을 장려했으며, 그 결과 많은 서적이 발간되었기 때문이다.

그러나 당시의 정치사회적 상황에서 가장 중요한 문제는 200년 동안 지속되어 온 당파의 분열과 당쟁의 폐단이 극도에 이르렀다는 점이다. 즉 그 내면을 살펴보면 탕평책의 실시에도 불구하고 여전히 많은 문제점이 있었다. 영조대에 시작되고 정조가 계승한 탕평책은 노론과 소론을 아울러 등용하고 나아가서는 사색(四色)을 골고루 등용한다는 정책이었는데, 이것은 당쟁의 근본 원인을 제거하는 것이 아니라 권력을 적절히 안배함으로써 당쟁을 완화시켜 보려는 임시방편에 지나지 않았다. 따라서 표면적으로는 당쟁이 완화된 것 같지만 실은 그 내부에서 여전히 당쟁의 불씨를 안고 있었다.

그러다가 다산이 태어났던 1762년(영조 38년)에 발생한 사도세자

사건을 둘러싸고 당파 간에 첨예한 대립이 다시 나타났다. 사도세자 사건이란 영조가 자신의 아들인 사도세자를 폐위하고 뒤주에 가두어 죽게 한 사건을 말하는데, 이 사건을 두고 세자의 죽음을 동정하는 파와 죽음의 정당성을 주장하는 파가 등장했다. 전자를 시파(時派), 후자를 벽파(僻派)라 불렀는데 노론 세력의 중심은 대부분 벽파에 속했고 남인 세력은 주로 시파에 속했다. 영조 당시에는 벽파가 득세를 했으나, 정조는 억울하게 죽은 아버지를 생각하며 노론계를 멀리하고 남인계를 가까이 했다. 특히 왕권 강화를 주장하는 남인계 실학자들을 가까이 하여 왕권 강화와 개혁정치를 추구했다. 그러나 이러한 개혁정치에 위협을 느낀 귀족 가문과의 보이지 않는 알력을 피할 수 없었다. 이러한 가운데 정조의 의문에 찬 갑작스런 죽음으로 말미암아 모든 개혁정치가 좌절되었으며, 개혁에 참여했던 많은 인물이 추방되었고, 개혁정치에 대한 반동으로 순조 이후에 세도정치가 등장하게 되었다.

다산이 가장 심각하게 고뇌한 문제가 바로 이러한 사회적 모순의 현실이었다. 다산은 33세 때 경기도 암행어사로 연천 지역을 돌아보며, 다 허물어져 가는 집에서 찢어진 옷을 걸친 농민들의 궁핍상을 목격하고 극도에 이른 지방 관리의 부패상을 관찰했다. 이에 그는 국가의 책임과 관리의 의무에 대한 절실한 각성을 요구했으며, 사회 문제의 고질적 환부를 도려내기 위한 실학적 인식을 하게 되었다(금장태, 2002: 20).

나아가 당시 도탄에 빠진 민생의 참담한 모습을 목격하면서, 사회 제도와 기강의 전면적 개혁이 필요함을 스스로 절감하게 되었다. 그래서 사회개혁을 위한 제도의 재구성을 치밀하게 설계함으로써 조선 후기 실학의 경세론을 집대성했고, 사회 현실의 심각한 모순에 직면했을 때 받은 심정적 충격을 다양한 문헌을 통해 생생하고 절박하게 고발하지 않을 수 없었다.

순조 임금이 등장하는 19세기에 접어들면서 붕당정치마저 무너지고, 노론이 장악해 왔던 왕실의 외척들에 의해 세도정치가 시작되자 사회적 침체는 더욱 극심해졌으며, 사회의 신분적·경제적 모순이 누적되고 극대화되어 마침내 폭발 단계에 접어들었다. 당시의 불안정한 시대 상황은 안으로는 소수 외척 세력이 권력을 독점하여 노론이라는 특정 당파 이외에는 전반적으로 소외가 심화되었다.

더구나 부패한 지방 수령의 부패와 토착 서리의 농간으로 가혹한 수탈이 자행되면서 행정의 문란은 극도로 치닫고 있었다. 특히 세공전(歲貢錢)과 군포제(軍布制)를 시행하는 과정에서 부패가 극심해졌다. 어린아이에게도 어른의 세금을 받는 황구첨정(黃口簽丁)이나 사망자에게도 군포를 받는 백골징포(白骨徵布)는 말할 것도 없고, 심지어 태중의 아이도 명목에 올려 징포를 거두어가는 불법이 자행되고 있었다. 빈민의 구제를 위해 설치된 환곡(還穀)제도조차 고리대로 농민을 수탈하는 것이 관습화되었다. 이러한 삼정의 문란은 결국 다산의 사후인 1862년 진주민란을 비롯하여 전국적인 농민 봉기를 유발하게 된다(금장태, 2002: 21).

이처럼 다산이 살았던 당시 조선 후기의 사회는 매우 복잡하면서 불안정한 변동의 소용돌이에 휘말려드는 역사적 전환기이자 절박하게 변화가 요구되는 시대였다. 다산은 이 변화의 요구를 타인보다 앞서 인식했던 선구적 지성인으로서, 그 대응 방법을 다각적으로 모색하고 체계적으로 정립하는 데 심혈을 기울였던 인물이다. 그의 사회 인식은 백성이 정치행정의 목적인 근대적 질서를 추구하는 데에 근접했으며, 암울한 통치 및 사회 현실에 대한 변화를 요구하는 것이었다. 또한 이러한 요청이 선언적인 의미나 주장에 그치지 않고, 다양하고 방대한 저술을 통해 체계적으로 정립되었다는 점에 큰 의미가 있다.

결국 다산이 살았던 18세기 후반에서 19세기 전반까지의 정치사회적 현실은 영조와 정조대에 약간의 개혁적 시기를 제외한다면 당파 대립과 세도정치로 얼룩진 매우 혼란한 상황이었다. 정치사회적 환경의 표류는 관료의 극심한 부패와 국정 전반의 무질서를 초래했다. 정치는 몇몇 세도 가문이 독점하고, 종실(宗室)의 역모에 연좌되지 않을까 전전긍긍하며 생명을 구차하게 보전하는 상황에서 정치 기강이 문란해지고, 그에 따라 지방행정의 난맥상이 가속화되어 농민들의 생활도 극히 비참해졌다.

2 다산의 생애

다산 정약용은 1762년(영조 38년)에 태어나 1836년(헌종 2년)에 세상을 떠났다. 18세기 후반에서 19세기 전반에 걸친 선조·영조·정조·순조·헌종의 기간이 그의 시대이다. 다산의 아명은 귀농(歸農)이며, 약용(若鏞)은 그의 관명이다. 그는 1762년에 현재의 경기도 남양주시 와부면 능내리(당시의 광주군 초부면 마현리)에서 태어났다. 그의 부친(丁載遠)은 진주목사를 지냈으나, 고조 이후 삼대가 포의(布衣)로 세상을 떠나서 그의 집안은 당시로서는 권세와 가깝지 못했다.[1)]

다산의 생애는 수학 시절인 1789년(28세)까지, 사환 시절인 1800년(39세)까지, 유배생활 시절인 1818년(57세)까지, 그리고 1836년까지의 향거 시절로 구분할 수 있다(권영락, 1997).

1) 수학 시절(출생~1789)

다산이 출생했던 영조 38년(1762)은 사도세자가 죽임을 당하는 사건이 발생했던 해이고, 이 사건을 목격했던 다산의 부친 정재원은 벼슬을 버리고 고향 마재로 내려왔는데, 마침 그 때 다산이 태어났다.

1) 조선 후기 권력의 핵심 세력으로 출발하지 못했던 정약용의 출생 성분 자체가 그의 사회적 관계를 규정하는 중요한 요인으로 작용했다. 즉 기존의 성리학에 기반한 계층주의적 권력 기반에서 벗어나 자유롭게 사유하며 사회적 관계를 형성할 수 있는 조건에 놓여 있었다. 이 때문에 그는 이후의 젊은 시절 동안 새롭게 유입되는 서학을 학습했고, 기존의 질서에 의문을 던지는 새로운 인물들을 만날 수 있었다.

다산은 아홉 살 때 모친을 여의었는데 큰형수 경주 이씨는 빗과 세숫대야를 들고 따라다니며 어린 시동생을 빗질해 주고 세수시켰으니, 큰형수가 다산의 어머니 역할을 들었다고 해도 과언이 아니다(금장태, 2002: 28). 다산은 15세 때에 장가를 들었는데 이 때 마침 부친이 호조좌랑의 벼슬을 하게 되어 서울로 올라가 생활하게 되었다. 당시 서울에서는 이가환이 '문학'으로 이름을 떨치고 있었다. 다산의 매부인 이승훈[2])도 이가환[3])과 함께 열심히 성호 이익[4])의 저서를 연구했는데, 그들과 접촉하는 가운데서 다산은 성호의 저서들을 읽게 되었고 감수성이 많았던 이 시절의 다산은 상당한 영향을 받았다(강석화, 1989: 176).

성호 이익은 18세기 전반기의 대표적인 실학자였다. 그는 모든 사물현상을 연구하면서 실사구시(實事求是)의 과학적인 태도를 견지했다. 유교 경전을 해석할 때도, 그는 당시 주자학파들의 문구들을 절대화하고 맹종하는 그들의 태도를 반대했으며, 유교 경전에 대해서도 창조적인 태도를 가져야 한다고 주장했다. 그의 학문은 천문, 지리, 경제, 군사, 문학 등 광범한 영역에 걸쳐 있었다.

성호도 다른 실학자와 마찬가지로 당시 사회의 모순이 토지문제에 있다고 보았다. 당시 실학파들은 토지제도의 모순을 대토지 소유의 확

---

2) 이승훈(1756-1801)은 조선 후기의 천주교인으로서 한국 최초의 영세교인이며 한국 천주교회 창설자 가운데 한 사람이다. 교명은 베드로, 호는 만천, 다산의 매형이다. 아버지는 참판 동욱(東郁)으로 남인이다. 외조부 용휴(用休)와 외삼촌 가환의 영향을 받았다. 정약종 · 정약전 · 이기경 등과 긴밀한 관계를 유지했다. 권철신을 중심으로 한 성호좌파(星湖左派)의 학맥을 이어받았기 때문에 서양의 신학문에 대한 수용 열정이 많았다. 1780년 진사시에 합격했고 성균관에 들어갔으나 벼슬을 단념하고 학문에만 전념했다. 1801년 신유사옥 때 처형되었다(박석무, 2003: 547). 참고로 이기경은 이후에 이들과의 관계를 끊고 천주교에 관계된 모든 사람을 사당(邪黨)이라고 공격했고 신유박해를 일으키는 주모자가 된다.

3) 이가환(1742-1801)은 성호 이익의 종손으로 벼슬은 형조판서에 이르렀고 남인(南人)으로 이승훈의 숙부이다. 문장으로 이름이 났으나 1801년 신유박해에 걸려 순교했다.

4) 이익(1681-1763)은 숙종 31년(1705)에 증광시에 합격했으나 성명을 기록한 양식이 맞지 않아 회시에 응시하지 못하고 이후 학문 연구에만 몰두했다.

대에 따른 농민들의 토지 상실과 농민들에 대한 봉건국가와 지주들의 가렴주구에 있다고 보았다(오문환, 2002: 8-9).

젊은 다산은 성호의 제자인 청당 이중환, 순암 안정복의 저서들도 탐독했으며, 연암 박지원과 담헌 홍대용, 성호의 제자인 초정 박제가 등과도 일정한 접촉을 하고 있었다. 이들은 양반의 문벌로 보아서는 성호 계통의 남인들보다는 우월한 지위에 있었으나 당시의 청나라에 대한 태도 문제에서 좀 더 적극적이었다. 청나라 문물에서 배울 것이 있을 뿐만 아니라 당시의 조선과 대비한다면 특히 생산과 기술면에서 배울 것이 아주 많다고 생각했으며, 이를 배우지도 않고 망한 지 오래된 명나라만 숭상하는 낡은 주자학자들과 당시의 봉건통치자들을 반대했다. 북학론자들은 유럽의 자연기술과 천주교, 즉 당시의 말로 한다면 '서학'과 '서교'를 엄격히 구별하면서, 서학은 취했으나 서교는 엄격히 배제했다.

이 시절에 빼놓을 수 없는 또 다른 중요한 사실은 어린 시절에 정약용에게 극진한 보살핌을 베풀었던 큰형수 이씨의 존재이다. 다산의 큰형님인 정약현의 첫째 부인이자 천주교로 유명했던 이벽[5]의 누님인 큰형수 이씨는 다산이 어리광을 피울 정도로 심리적 의존을 했던 존재이며 동시에 이후 천주교 때문에 환란을 일으키는 궁극적 요인들 중 하나에 해당되기 때문이다. 이벽은 큰형수의 친정 아우로서 누님인 이씨의 집을 드나들면서 다산 형제들과 친한 친구가 되었다. 큰형수가 세상을 떠난 몇 년 뒤인 1784년 4월 15일에 제사를 지내기 위해 다산의 형제들이 모였을 때, 제사를 마치고 정약전, 약용 형제와 함께 천주교 서적을 읽은 일이 있다. 사실 이 시절에 이미 가장 가까운 사람

5) 조선 최초의 천주교 교리연구자인 이벽(1754-1786)은 1785년에 일어난 을사추조 적발 사건에서 발각된 이후 아버지 이부만의 강력한 반대와 자살에 부딪혀 고민 끝에 배교의 글을 쓴다. 그러나 불행하게도 1786년 유행하던 페스트로 서른둘이라는 젊은 나이로 세상을 뜨고 말았다(박석무, 2003: 146).

들과의 관계를 통해 다산 집안의 신유사옥 사태와 다산 개인의 운명이 배태되었다고 볼 수 있다(박석무, 2003: 102).

2) 사환 시절(1789~1800)

1783년(정조 7년)부터 성균관에서 공부를 하던 다산은 6년 후 28세 때인 1789년에 문과에 급제하고 벼슬길에 오르게 된다. 이미 유생 시절에 그의 박식과 재질은 국왕 정조를 비롯해 당시 저명한 학자들로부터 높은 평가를 받고 있었다.

1789년(정조 13년) 다산의 첫 벼슬은 휘릉(양주군 중종 왕비의 능)의 직장(直長)이었고, 동시에 왕궁 내의 규장각에 이름을 걸게 되었다. 이듬해에 예문관의 검열(檢閱)로 발탁되었으나 왕정 내에서 그의 취임을 반대하는 자가 있어 이를 사직했다. 그 후 사헌부의 지평, 사간원의 정언, 1792년에는 홍문관의 수찬이 되었다. 이 기간에 그는 왕명에 의해 한강의 배다리 설계를 했고, 1792년에는 수원성을 설계하면서 막대한 비용을 절감했다. 이 밖에도 유교 경전의 해설과 규장각에서 준 과제의 수행에 대한 표창이 수차 있었다. 1794년에 다산은 경기 암행어사로 제수되었고, 이듬해 사간원의 사간, 승정원의 동부승지를 거쳐 병조참의로 승진했다(이을호, 1986: 243).

바로 이 해, 즉 1795년에 선교사 주문모가 서울에 잠입했고, 이것이 발각되어 이승훈은 유배를 당했으며, 다산은 금정(金井, 지금의 충남)으로 좌천되었다. 이듬해 소환되어 다시 병조참의, 좌부승지 등을 역임했으나, 반대파들이 있어 1797년에는 곡산부사로 좌천되었다. 1799년에 형조참의로 등용되었으나, 1800년 정조가 사망하자 다산은 사임하고 귀향했다.

결국 그의 관료생활은 28세 때 시작하여 39세(1800년) 때 끝났다. 정조 임금이 재위하고 있는 동안의 12년이라는 짧은 기간이었다. 그가 벼슬에 나가 있던 기간은 그의 실학사상이 학문적 기초를 확고하게 정립해 가는 기간이었으며, 한편으로는 경학·예학·역사·과학기술에 걸쳐 실학사상의 이론적 기틀을 잡아가고, 다른 한편으로는 경세론의 구체적 방법을 탐색하고 실행하는 실학사상의 사회적 구현 방법을 제시하는 실험 기간이었다(금장태, 2002: 37).

3) 유배생활 시절(1801~1818)

1801년 정월에 이가환, 이승훈 등과 함께 다산의 삼형제가 주문모를 끌어들인 죄로 체포되어 이가환, 이승훈, 정약종[6]은 사형되고 정약전[7]과 함께 다산은 유배형을 받았다(신유사옥). 그해 4월 주문모가 체포되어 처형되었으나, 황사영 백서사건(黃嗣永帛書事件)[8]이 발생하여 장기(지금의 경북)로 유배되었던 다산은 다시 체포되고 심문을 받았으나 죽음을 면하고 이듬해 전남 강진으로 유배되었다(장병환, 2000: 255).

다산의 강진 유배생활은 초기에는 곤란을 겪었으나, 차차 그에 대한 박해가 완화되었다. 1803년에는 왕대비로부터 석방 명령이 있었으나 반대파가 있어 실현되지 못했다. 유배생활지는 그의 외가가 가까운 곳이어서 외가의 장서를 가져다 볼 수 있었으며, 연구와 저술에 몰두했

---

6) 정약종(1760-1801)은 다산의 셋째형으로서 이승훈과 함께 청나라 신부 주문모를 맞아들이고 우리나라 최초의 천주교 명도회 회장으로서 전도에 힘쓰다가 신유박해 때 서울 서소문 밖 네거리에서 사형되었다.

7) 정약전(1758-1816)은 다산의 둘째형이다. 어려서부터 김원성·이승훈·이윤하 등과 사귀면서 이익의 학문에 심취했으며, 권철신의 문하에서 배웠다. 1783년 당시 서양의 학문과 천주교 등의 사상을 접하고 있던 이벽 등 남인 인사들과 잦은 교류를 하고 이들에게서 많은 영향을 받아 자신도 천주교에 몰입했다. 1801년 신유사옥 때 흑산도로 유배되어 저술활동을 하다가 16년 만에 사망했다. 이벽의 권유로 『천주실의(天主實義)』와 같은 천주교 관계 서적을 탐독했다. 흑산도에 유배되어 있을 때 흑산도 근해의 수산생물을 실제로 조사·채집·분류해 『자산어보(玆山魚譜)』를 저술했다(박석무, 2003: 549).

8) 황사영이 중국에 있는 프랑스 교회에 편지를 보내 프랑스 함대를 동원하여 조선을 정복하고, 자신들을 구원해 줄 것을 청원한 사건이다. 그러나 백서는 국경을 넘지 못하고 체포되었다.

다. 농민생활을 노래한 많은 시를 지었고, 『경세유표』, 『전론(田論)』 등 정치, 경제, 사회 각 부문에 걸친 논문들을 집필했다. 또한 『아방강역고(我邦疆域考)』, 『대동수경(大東水經)』 등 역사지리 저서들과 『종두설(種痘說)』, 『민보의(民堡議)』, 『악서고존(樂書孤存)』 등 의학, 군사, 음악에 관한 저서들도 남겼다. 특히 『주역』, 『춘추』, 『논어』, 『맹자』, 『대학』, 『중용』 등 유교 경전들에 관해 연구했는데, 여기서 다산은 방대한 유교 경전들에 관한 종래 학자들의 주석들을 검토하고 실학적 입장을 관철시키면서 전적인 고증과 새로운 해석을 가했다(조성을, 2002: 6-7).

다산의 장년 시절은 18년간의 오랜 유배생활로 불운한 시기였지만 스스로를 위로하며 학문에 전념하고 저술에 힘써 경학과 경세론을 중심으로 우리나라 학자로서의 방대한 업적을 이루게 된다. 그는 강진에서 41세 때인 이듬해(1802년) 봄부터 저술에 몰두하여 아침부터 밤까지 쉬지 않고 다양한 저술작업을 진행했다(금장태, 2002: 50-51).

4) 향거(鄕居) 시절(1818~1836)

다산이 18년간의 유배생활을 끝내고 고향으로 돌아오게 된 것은 1818년(순조 18년), 그의 나이 57세였다. 유배에서 풀려나 고향집에 돌아왔지만, 유배 당시 그를 공격하던 목만중의 손자 정언 목태석(睦台錫)이 다산을 혹독하게 공격하여 다시 유배시킬 것을 상소했을 정도로 정치적인 자유는 제약되어 있었다(금장태, 2002: 58). 즉 다산이 유배에서 풀려난 것은 그의 정치적 생활에 큰 변환점이 되지는 못했다. 특히 오랜 유배생활을 마치고 돌아왔으나 집안은 극도의 빈곤 상태에서 벗어나지 못해 여생에 대한 다산의 근심이 적지 않았다(오창택, 2002: 143).

다산이 61세 때에 자신의 손으로 미리 써놓은 자신의 묘지명에 열거되어 있는 저서는 경집 232권, 문집 126권, 잡찬 141권 등 총 499권인데, 그의 자손이 기록한 『열수전서총목록(洌水全書總目錄)』에 의하면 경집 250권, 문집 126권, 잡찬 166권 총 542권이다. 1935년에 신조선사에서 간행한 76개 분책으로 된 『여유당전서(與猶堂全書)』에는 제1집 시문집 25권, 제2집 경집 47권, 제3집 예집 24권, 제4집 악집 4권, 제5집 정법집 39권, 제6집 지리집 8권, 제7집 의약집 6권 총 153권을 수록했다. 묘지명에서 열거한 권수와 『열수전서총목록』의 권수의 차이에서 다산이 환갑이 지난 후에도 저술 사업을 쉬지 않았다는 것을 알 수 있고, 『여유당전서』와 전자 목록들의 차이에서 그의 저서가 적지 않게 없어졌다는 것을 짐작할 수 있다(정윤재, 1999: 84-85).

다산은 유교 경전의 연구에서 정치경제학의 출발점을 윤리적인 인식에 두고, 제도(법제사적 제도) 그리고 정치·경제·법(형정)·군사(국방)·지리(정치·군사를 위주로 한 자연·역사지리)의 이해를 근세 조선의 현실에 접목시켰다. 전자의 윤리적인 면에서는 용인(用人)의 기본 정신이 추구되었고, 후자에서는 그 역점을 이재(理財)에 두고 있었다. 그리고 이들 요소가 국가를 통치하는 데 핵심이 되는 방책이라고 주장했다.

다산은 정조 임금의 죽음과 함께 관직생활을 종료하게 되었고 동시에 기나긴 유배생활에서 철저하게 시대적으로 소외당했다. 이처럼 자신의 뜻을 현실에 적용할 수 있는 기회를 얻지 못했음에도 불구하고 세상을 떠나는 날까지 방대한 저술을 통해 당시의 시대적 상황과 그 속에 흐르는 선구자적인 사상의 흔적을 후세에 남겼다. 1836년 2월 22일 아침 다산은 마재의 고향 집에서 75세의 나이로 삶을 마감했다. 정치·경제적인 혼란과 사회적으로 피폐해진 당시 조선의 시대적 상황에 맞물려 유배생활이라는 기나긴 고통과 현실적 제약 속에서 삶을 보냈음에도 정치, 행정 등 다양한 측면에서 나름의 분석과 대안 제시를 게을리하지 않았던 다산의 삶은 현재를 살아가는 우리에게 많은 교훈을 주고 있다.

참고 문헌

강석화(1989). 정약용의 관제개혁안 연구.『한국사론』, 21: 175-236.

강석화(1991). 조선 후기 지방제도의 운영과 정약용의 개혁안.『한국학보』, 17(4): 70-100.

권영락(1997). 다산 정약용의 지리관에 대한 이해: 다산의 생애와 사회적 맥락을 중심으로.『지리교육논집』, 37: 132-142.

금장태(2002).『정약용: 한국실학의 집대성』. 성균관대학교출판부.

오문환(2002). 다산 정약용의 근대성 비판: 인간관 분석을 중심으로.『정치사상연구』, 7: 7-29.

오창택(2002). 정약용의 민본행정 사상에 관한 연구.『한국행정사학지』, 11: 141-168.

장병환(2000). 정약용의 경학관과 경세학의 기저: 공평사상을 중심으로.『한국한문학연구』, 25: 255-286.

정윤재(1999). 정약용의 자작적 인간관과 왕정개혁론: 조선 후기 정치 권력의 공공성문제와 관련하여.『한국정치학회보』, 33(4): 83-104.

정종환(1998). 정약용의 도덕관 연구.『범한철학』, 18: 171-193.

조성을(2002). 정약용의 형정관.『학림』, 23: 1-20.

조성을(2003). 실학의 여성관: 이익 · 정약용을 중심으로.『한국사상사학』, 20: 17-34.

제2장 인간관, 사회관, 국가관

최병선 · 조병훈

1 서 론

다산 정약용(1762-1836)은 서양으로 말하면 흄(David Hume, 1711-1776), 스미스(Adam Smith, 1723-1790), 리카도(David Ricardo, 1772-1823), 괴테(Johann von Goethe, 1749-1832), 헤겔(Gerog W. F. Hegel, 1770-1831)과 크게 보아 동시대인이다. 근대의 여명기에 다산이 품었던 국가개조 사상은 서양의 계몽주의 및 근대 자유주의 철학자들의 사상과 상통하는 부분이 있다는 것이 이 장의 대전제이다. 이 장에서는 다산의 여러 저술에 명시적으로 드러나 있거나, 그렇지 않을지라도 능히 읽어낼 수 있는 다산의 인간관, 사회관, 국가관을 서양의 계몽주의 사상가들의 그것을 염두에 두고 탐구해 보고자 한다.

당시 조선의 현실을 다산은 "온통 썩어 문드러진 부란(腐爛)의 상태"라고 표현했다. 이런 현실 속에서 다산은 국가 개조의 방책을 여러 방면에서 모색했고 그것을 자신의 필생의 과업으로 삼았다. 무엇보다도 "온통 썩어 문드러진" 당시의 법제도를 일신하는 일이 그의 최대 관심사였다. 어찌 보면 당연하지만 그의 관심이 제도개혁에 집중되었다는 점은 주목할 만하다. 특히 국가가 부강하고 민생이 편안하려면 법제도가 천리(天理)에 맞아야 한다고 본 점에서 그러하다. 법제도의 옳고 그름이 무엇을 기초로 판단되고, 무엇을 논거로 삼아 법제도의 개혁을 논의하느냐는 대단히 중요하다. 오늘날 수많은 학자와 지식인들이 개혁안을 무수히 주창하고 있지만, 그것이 개혁이 아니라 오히려 개악인 경우가 많다고 볼 수 있다면 그 이유는 무엇인가? 그 원인은 이들의 개혁안이 인간 본성과 사회 발전의 이치에 반하는 부분이 크기 때문이라고 생각한다. 이 장이 다산의 법제도 개혁안에 관심을 갖는 이유는 다산이 이 점을 분명히 지각하고 있었다고 보기 때문이다.

다산의 기존 법제도에 대한 비판은 그의 인간관에서 출발한다. 이 점은 서양의 계몽주의 사상가들에게서 거의 공통적으로 발견된다. 다산은 여러 저술에서 조선 사회를 썩어 문드러지게 만들고 있는 것은 잘못된 법제도이며, 그것이 인간 본성에 부합되고 백성이 더 나은 삶을 스스로 개척해 나가도록 돕는 것이 아니라 권력가와 특권층의 탐욕에 봉사하게끔 되어 있기 때문이라는 점을 수없이 강조했다. 이런 면에서 다산은 서양의 계몽사상가들과 궤를 같이한다. 다만 다산은 이기성이 인간의 본성이며, 사유재산권의 보장이 인간 이기성 발현의 기초라는 점을 분명히 인식하고 있었으면서도,[1)] 스미스나 흄처럼 개인의 사익 추구가(스미스의 표현에 따르면 '보이지 않는 손'의 작용으로) 사회 조화(social harmony)를 이루어 내는 강력한 고리라는 생각은 하지 못했다. 대신에 사회 질서와 국가 기강의 확립을 위해서는 반드시 외부의 강력한 통제와 규율이 필요하다고 보았다. 다산이 국가의 가부장 및 계도 역할을 강조하는 이유가 여기에 있다.

크게 볼 때 이상에서 요약한 것이 다산과 동시대 서양 계몽주의자들의 공통점과 차이점이라고 할 수 있다. 양 사상 체계가 왜 이런 차이를 보이고 있는지는 매우 흥미로운 역사 연구의 주제라고 할 수 있

1) 다산은 사유재산권을 널리 인정해 주어야 한다고 보았다. 다만 토지는 국유화가 되어야 한다고 강하게 주장했다. 이런 이유로 다산을 오늘날로 말한다면 사회주의자로 보는 견해들이 있다. 실제로 북한의 학자들은 다산을 그렇게 보았고, 우리나라보다 북한이 다산 연구에 먼저 착수하고 그리도 집착했던 근본 이유도 이것이라고 판단된다. 그러나 이 점에 대해서는 좀더 면밀한 검토가 필요하다는 것이 필자의 생각이다.

겠으나, 이 장에서는 다만 다산의 인간관, 사회관, 국가관이 무엇이었는지를 다산의 주요 저작을 통해 살펴보고자 한다. 거꾸로 말한다면 이를 통해 다산의 개혁사상 체계를 조망해 보고자 한다.

이런 의도에서 이 장에서 직·간접적으로 원용하고 있는 이론은 신제도주의론(new institutionalism)이다. 좀 더 정확하게 말한다면 신제도경제학(new institutional economics) 이론이다. 멀리 계몽사상에 뿌리를 두고 오늘날 다양한 정치경제 체제의 비교연구, 역사적 실증연구에 널리 활용되는 신제도경제학은 사익의 추구를 인간 행동의 가장 강력한 동기로 본다. 또한 자본주의 사회의 제도적 기초를 사유재산권의 보장에서 찾는다. 재산권이 확실하게 보장되어 있으면 개인과 조직은 재산의 가치를 높이기 위해 최선의 노력을 기울일 강력한 동기와 유인을 가지게 된다고 본다. 더 나아가 시장 경쟁은 이들이 좀 더 높은 가치의 교환 기회(exchange opportunities)를 얻기 위해 모든 창의적인 노력을 기울이도록 만들며, 이 과정에서 새로운 지식과 기술이 발견되고, 이것이 사회의 생산성 향상, 경제 성장을 가져오게 된다고 본다.[2)]

이 장에서는 먼저 다산이 염원한 이상적 국가는 무엇이었는지를 살펴본다. 이어서 그가 인간의 이기적 본성을 어떤 눈으로 보았는지, 사회 질서는 어떻게 형성되고 발전해 가는 것으로 보았는지, 시장 기능을 얼마나 그리고 어떻게 이해하고 있었는지, 사회에서 국가는 어떤 위치에 서서 어떤 일들을 담당해야 한다고 보았는지를 차례로 검토한다. 끝으로 이런 의문에 대한 검토 결과를 요약하고 그 의미를 헤아려 보려고 한다.

---

2) 이 글에서 말하는 신제도경제학의 주류학자로는 코스(Coase, 1960), 노스(North, 1992), 카스퍼와 스트라이트(Kasper & Streit, 1998), 뎀세츠(Demsetz, 1973), 윌리엄슨(Williamson, 2000) 등을 들 수 있다. 신제도경제학에 대한 좀 더 깊이 있는 이해를 위해서는 최병선(2006a, 2006b)을 참고하기 바란다.

2 다산이 그린 이상적 국가상과 법제도

1) 이상적인 법제도의 원형으로서 『주례』

『경세유표』(원명 『방례초본』)의 서문에 나오는 다음의 말은 다산이 『주례』를 조선이 취해야 할 제도의 근본으로 삼고 있음을 증명하고 있다.[3] 이어서 "도의 큰 근원은 요순에서 일어나 하(夏)나라, 은(殷)나라를 거쳐 『주례』로 흘러들어가고 공문(孔文)에서 끝나면서 『중용』, 『대학』 두 책이 되고 만다. 『상서』의 요전을 읽으면서 이 큰 근원을 만나니, 이에 크게 숨쉬고 흐느끼게 된다"(尙書古訓, 堯典)는 술회에서 알 수 있듯이, 다산은 주례를 접하고서야 비로소 국가개혁의 큰 방향과 대강을 얻은 것으로 보인다.[4]

> 여기 『경세유표』에 논한 것은 법(法)이다. 법이라면서 명칭을 예라 한 것은 무엇인가? 선왕은 예(禮)로써 나라를 다스렸고 백성을 지도했다. 그런데 예가 쇠해지자 법이라는 명칭이 생겨났다. 법은 나라를 다스리는 것이 아니며 백성을 지도하는 것도 아니다. 천리(天理)에 비추어서 합당하고 인정(人情)에 시행해도 화합한 것을 예라 하며, 위엄으로 겁나게 하고 협박으로 시름하게 하여 이 백성들이 벌벌 떨며 감히 범하지 못하도록 하는 것을 법이라 이른다. 선왕은 예로써 법을 삼고 후왕은 법으로써 법을 삼았으니 이것이 같지 않은 바이다. 주공(周公)이 주나라를 경영할 때에 읍락에 있으면서 법 여섯 편을 제정하고 예(周禮)라 이름하였다. 그것이 예가 아니었으면 주공이 어찌 예라 일컬었겠는가(經世遺表, 邦禮艸本 引).[5]

---

3) 다산은 『주례』에서 언급되어 있지 않은 가령, 전부(田賦) 제도를 논할 때면 『상서』 등을 토대로 삼고 있다.

4) 『주례』 육전이란 천관총재, 지관사도, 춘관종백, 하관사마, 추관사구, 동관고공기를 일컬으며, 이것이 『경세유표』에는 천관이조, 지관호조, 춘관예조, 하관병조, 추관형조, 동관공조로 표현되고 있다.

다산은 “천리(天理)에 비추어서 합당하고 인정(人情)에 시행해도 화합하는” 예(禮)의 정신과 법제도로 나라를 다스리고 백성을 지도하는 국가를 이상적인 국가로 보았다. 인간이 자의로 법을 만들어 “위엄으로 겁나게 하고 협박으로 시름하게 하여 이 백성들이 벌벌 떨며 감히 범하지 못하도록 하는 것”으로는 이상적인 나라를 만들 수 없다고 보았다. 오로지 예의 정신, 예에 기초한 법제도가 확립되고 시행되어야 백성의 삶이 풍족해지고, 사회의 풍속이 두터워져 가정으로부터 국가에 이르기까지 도덕이 바로 서고 기강을 떨칠 것으로 보았다. 아래의 인용문은 다산의 생각을 간결하게 표현해 주고 있다.

> ‘정전(井田) 제도가 시행된다면’ 노력을 많이 한 사람은 양식을 많이 얻고 노력을 적게 한 사람은 양식을 적게 얻으니, 노력을 다하지 않고 많은 양식을 노리는 사람이 있겠는가? 그리하여 사람들은 모두 그 노력을 다할 것이며 땅은 모두 완전히 이용될 것이다. 토지가 완전히 이용되면 백성의 산업이 부유해질 것이고, 산업이 부유해지면 풍속이 두터워져 효제(孝悌)가 확립될 것이다 (田論).

2) 고경(古經)의 오독(誤讀)에 대한 비판과 『주례』의 복원

다산이 왜 중국의 상고(上古), 요순(堯舜)의 제도에서 왕도정치의 이상을 보게 되었는지 그 이유를 밝히기는 매우 어렵다. 당시 유가철학과 역사관을 지배하고 있던 상고사관(尙古史觀)의 영향을 받았던 것으로 추측할 수 있을 뿐이지만, 역사 인식의 방법론이었을 뿐만 아

5) 다산은 『논어고금주』에서 “하(夏)나라의 예가 모두 다 훌륭하지는 못했으므로 은(殷)나라가 그것을 따르면서도 덜어내고 더한 바가 있었으며, 은나라의 예가 모두 다 훌륭하지는 못했으므로 주나라가 그것을 따르면서도 또한 덜어내고 더한 것이 있었다. 그런데 전장 법도(典章 法度)가 주(周)나라에 이르러 크게 구비되어 진선진미(盡善盡美)해져서 덜어내거나 더할 것이 없게 되었으니, 왕자(王者)가 일어난다면 반드시 일체로 『주례』를 준수해 백세가 지나도 변함이 없을 것이다”라고 『주례』의 변천을 정리하고 있다.

니라 사회, 사회윤리, 질서 인식의 근거로 널리 사용된 상고사관을 따랐다는 점에서 다산은 그가 비판해 마지않던 성리학자들과 차이가 없다.[6] 아무튼 다산이 『주례(周禮)』를 이상적인 제도의 원형이자 귀감으로 본 것은 확실하다. 조선의 법제도와 개혁안이라고 제시된 것들을 비판할 때면 다산은 으레 온전한 제도인 주례가 후대로 내려오면서 오독, 오해되어 본뜻을 잃어버리게 되었고 그것이 국가 및 사회의 모든 부조리를 만들어 내는 근원임을 지적하면서 『주례』 원전을 독창적으로 해석하는 방식을 빌려서 자신의 개혁안을 피력했다. 다만 다산이 『주례』의 정확한 해석이라면서 내놓은 이상적인 제도와 개혁안들이 과연 『주례』의 내용 그대로인지 아니면 『주례』를 빙자한 다산의 주관과 창작물인지는 분명하게 판단할 길이 없다.

『주례』의 오독, 오해의 전형적인 예로서 다산이 들고 있는 것으로 오늘날 인사고과에 해당하는 주나라의 고적(考績)제도가 있다. 이것을 살펴보자.

> 세속에 당우(唐虞) 시대의 다스림을 말하는 자는 "요(堯)와 순(舜)은 모두 팔짱을 끼고 공손한 모습으로 고요하게 아무 말도 하지 않았다. 그러나 그들이 띠 지붕 밑에 앉아 있어도 그의 덕화(德化)가 젖어듦이 마치 향기로운 바람이 사람을 감싸는 것과 같았다" 한다. "특히 요순은 어질고 영진은 포악했으므로 부득불 엉성하고 느슨한 것을 옳게 여기고 촘촘하고 급박한 것을 그르게 여겼다." 한다.⋯⋯ 내가 보건대 홍작하기에 분발해, 천하 사람을 바쁘고 시끄럽게 노역시키면서 일찍이 한 번 숨돌릴 틈에도 능히 편안함을 도모하지 못하도록 한 이가 요순이요, 정밀하고 엄혹해 천하 사람을 공손하게 움츠리고 송구해 일찍이 털끝만큼도 감히 거짓을 꾸미지 못하도록 한 이도 요순이었다. 천하에 요순보다 부지런한 사람이 없었건만, 엉성하고 오활하다고 속인다. 그리하여 임금이 매양 일을 하고자 하면 반드시 요순을 생각하게 하여 스스로 단념하도

6) 조선의 유학자들은 물론이고 오늘날에도 태평성대를 일컬을 때면 으레 요순 시대를 거론할 정도이다.

록 하니, 이런 이유로 천하가 나날이 부패해져서 능히 새로워지지 못하는 것이다. 공자가 "순은 한 일이 없었다"라고 한 것은 순이 현성한 신하를 스물두 사람이나 두었으니 또 무슨 할 일이 있었겠느냐는 뜻이었다. 그 말뜻이 넘쳐흐르고 억양(抑揚)되어 말 밖에 멋(風神)이 있었는데, 지금 사람들은 오로지 이 한 마디 말을 가지고서, 순은 팔짱끼고 말없이 앉아서 손가락 하나 움직이지 않았어도 천하가 순순히 화(化)해졌다 하며, 요전(堯傳)과 고요모(皐陶謨)를 아울러 태연스레 잊어버리니 어찌 답답하지 않은가. 『주역』에 "하늘의 운행은 굳건하다" 하여, 밝고 밝은 요순이 하늘과 함께 굳건하여 일찍이 잠깐 동안이라도 휴식하지 못했음을 밝혔다. 그리고 우(禹), 직(稷), 설(偰), 익(益), 고요(皐陶) 들도 아울러 맹렬하게 분발하여 임금의 팔다리와 귀·눈의 역할을 했다. 그런데 지금 대신의 자리에 있는 자는 바야흐로 '대체를 갖는다(持大體)'는 세 글자로써 천하만사를 다한 것처럼 여기니, 또한 지나치지 않은가(經世遺表, 邦禮艸本 引).

(나라를 통치하고 다스리는 계책으로서) 고적 한 가지보다 앞서는 것이 없으니, 요·순이 지치(至治)를 이룩하게 된 것도 이를 통해서이다. 이로 보건대 요·순의 통치법과 정치 계책으로서 고적(考績)을 벗어난 다른 것이 있을 수 있는가(與猶堂全書, 上仲氏).

요순의 법은 3년 만에 공적(功績)을 고과하고 세 번 고과하여 출척(黜陟)했으니, 그 법이 엉성한 것 같다. 그 세 번 고과하여 내치는 데 미쳐서는, 우임금의 아버지인 곤(鯀) 같은 자도 우산(羽山)에서 죽여 용서하지 않았으며, 임금의 단죄(斷罪)가 빛남이 부월(斧鉞)보다 삼엄했으니, 후세에서 능히 미칠 바가 아닙니다. 주례에 있는 주관(周官) 총재(冢宰)의 직책은 연말이 되면 백관의 조화를 받아 왕의 폐치(廢置)를 조서하고, 3년 만에 크게 군리(群吏)의 치적을 헤아려 상벌을 내리니 그 법의 엄밀한 것이 또 이와 같습니다(玉堂進考課條例箚子).

순임금이 고적함에서는 비록 원훈(元勳)과 대신(大臣)이라도 용서하지 않았다…… 더구나 우(禹)와 익(益)은 모두 선제(先帝)의 원훈이요,

> 직(稷)과 설(契)은 모두 선제의 의친(懿親)이었으니 그 존귀함이 어떠했겠으며 하물며 이 수십 명은 모두 신성(神聖)하고 크게 슬기로우며, 학문이 순수하고 공적이 현저했으니, 임금은 다만 신임할 것이지 그 부지런함과 게으름, 어질고 어질지 않음을 고찰해서 대신을 공경하는 체통을 해치는 것은 마땅치 않은 데도 3년마다 반드시 고적했고 세 차례 고적해서는 반드시 출척(스물두 사람을 3년 만에 고적했는바, 경서에 명문이 있다)하여, 일찍이 머리털만큼도 너그럽게 용서함이 없었음은 또한 왜 그렇게 했겠는가? 진실로 천공(天工)은 비워둘 수 없으며, 민생을 고달프게 할 수가 없었기 때문이다. 그런데 우리나라의 법은 대신은 고사하고 모든 경관(京官) 중에 3품 이상으로서 하대부(下大夫)라 일컫는 자도 도무지 고적하지 않으며, 외관(外官)인 관찰사와 절도사도 고적하는 법이 없어서 탐학(貪虐)하기를 제멋대로 하고, 황음(荒淫)하기를 법도 없이 하나, 감히 묻는 사람도 없어 마침내 온갖 법도가 무너지고 만백성이 의지할 곳이 없게 되어 구제할 만한 약이 없고 시행할 만한 법이 없게 되었으니, 당(唐)·우(虞)의 제도와 비교하여 어찌 어긋나지 않는가(經世遺表, 天官修制, 考績之法).

이상의 인용문에서 다산이 고적제도와 관련하여 주장하고 싶어한 바와 논리는 분명하다. 요순 시대가 태평성대를 누릴 수 있었던 것은 고적제도라는 치밀한 국가 운영 체계가 있었기 때문이라는 것이다. 그런데 후대로 내려오면서 고경(古經)의 오독과 오해가 거듭된 결과 고적제도는 형식상의 제도로 전락하고 말았으므로 그 원형을 복원하는 것이 곧 개혁의 길이라고 말하고 있는 것이다. 다산은 이런 논리 전개 방식을 거의 모든 개혁안을 제시하고 정당화할 때마다 사용했다. 다시 말하면 다산은 『주례』(요순 시대의 법)가 지극히 단순하게 표현되고 있지만 그 속에 숨은 뜻을 정확하게 읽어내게 되면 '천리에 비추어서 화합하고 인정에 시행해도 화합하는' 바가 있건만, 『주례』를 잘못 읽고 잘못 이해함으로써 점차 법이 『주례』를 대치하게 되었고 그것이 국가와 사회의 온갖 폐단과 부조리를 만들어 내기에 이르렀으므로, 이

제 다시 고법(古法)을 복원하여 그것으로 이상국가의 제도적 기초를 삼아야 한다고 주장한 것이다.[7)]

3 인간관

다산은 인간 본성에 대한 관점으로서 맹자(孟子)의 성선설(性善說), 순자(荀子)의 성악설(性惡說), 양웅(楊雄)의 성선악혼재설(性善惡混在說)의 세 이론이 있다면서, 이 가운데 자신은 성선설을 지지한다고 밝히고 있다. "나는 성선설이다. 사서오경은 이것 아니고는 풀 수 없다"라고 말한다. 인간의 본성은 선을 좋아하고 악을 미워하는 호선오악(好善惡惡)이지만, 인간이 살아가는 형편이나 분위기 등의 세(勢)가 선을 행하기는 어렵고 악에 빠지기는 쉬운 난선이악(難善易惡)의 상황을 만들기 때문에 언뜻 성악설이 옳은 것 같지만 실은 그렇지 않다고 주장했다. 인간에게는 악에 빠지기 쉬운 육체와 함께 선을 좋아하는 성품도 동시에 주어져 있다고 본 것이다.

> 하늘은 인간에게 선할 수도 있고 악할 수도 있는 권형(權衡: 自主權)을 부여했지만 또한 선한 일이란 어렵고 악에 빠지기 쉬운 도구(道具: 肉體)를 주었고, 또한 다른 한편으로 선을 좋아하고 악을 수치로 여기는 성품(性品: 嗜好)을 주었다 (與猶堂全書, 深密經驗).[8)]

여기에 다산이 말하는 자주지권(自主之權)의 의미가 있다. 자주지권

7) 그렇다고 다산이 막무가내로 『주례』의 완전한 복원이나 복귀를 주장한 것은 아니다. 시대의 변화를 고려해 약간의 가감은 필요하겠지만 어디까지나 『주례』의 정신과 근본 이치는 변할 수 없고 그래서는 안 된다고 보았다. 제도의 변경이 이루어질 때면 "혹 수십 년 동안 시행하여 편리한가 못한가를 실험한 다음 이에 금석같이 굳은 법전을 만들어서 후세에 전해 주어야 한다"고 말하고 있기 때문이다. 또한 다산은 한때 여전제(閭田制) 등 다분히 이상적이고 급진적인 개혁안을 제시했으나, 후일에 이르러 이 안은 현실성이 없다고 입장을 바꾸기도 했다.

8) 박홍식(1994: 15)에서 재인용.

은 인간이면 누구나 스스로 발동·실천하고 또 그래야 하는 것이므로, 국가는 이것의 자연스러운 발동을 보장해 주어야 한다고 보았다. 다산이 신분 타파, 서얼 차별 폐지, 반상 폐지, 지역 차별 타파, 성차별 타파 등을 옹호한 것도 이 때문이다.

1) 인간의 이기적 욕망에 대한 관점

백성이 이(利)를 좇는 것은 물이 아래로 흐름과 같고…… 백성이 해(害)를 피하려고 하는 것은 불이 습기를 피하는 것과 같다(與猶堂全書, 田論).

이 말은 다산이 인간의 이기심과 욕구를 어떠한 관점에서 보고 있는지를 단적으로 표현한다. 다산은 인간의 이기심과 욕망을 지극히 자연스러운 것으로 인식한다. 또한 인간의 이기심과 욕망이야말로 천하의 모든 일이 이루어지게 만드는 동인이라고 보았다. 이러한 다산의 인간 욕망과 이기심에 대한 논의는 다음에 소개하는 다산의 여러 저술에서 잘 드러난다.

우리 인간의 정신적 내면세계에는 본래 욕심이 있다. 만약 이 욕심이 없으면 천하의 온갖 일이 모두 이루어질 수 없다(與猶堂全書, 深密經驗).[9]

대저 사람이 이 세상을 살아가면서 두 개의 큰 욕심이 있으니, 하나는 귀(貴)이고 둘은 부(富)이다. 위에서 관인(官人)으로 있는 군자는 귀를 큰 욕심으로 하고, 아래에서 백성으로서 농사를 짓는 소인은 부를 큰 욕심으로 한다. 이에 관리의 선발이 공정하고 부세(賦稅)의 수취가 가벼우면 군자의 귀욕과 소인의 부욕이 실현되어 나라가 평안하여 천명을 길게 누리고, 그렇지 못하면 관인과 농민의 원망이 크게 일어 나라가 망하게 된다(與猶堂全書, 尙書古訓).

9) 박홍식(1994: 4)에서 재인용.

이런 다산의 인간 욕망과 이기심에 대한 관점은 성리학의 그것과 크게 다르다. 성리학에서는 인간의 욕망을 경계의 대상이자 억제해야 할 악으로 인식하는 경향이 강하다. 즉, 인간의 욕망이 하늘로부터 부여받은 본연지성의 도덕적 발현, 도덕적 완성을 방해한다고 보았다. 다산은 이러한 성리학의 관점을 거부한다. 인간의 이기심과 욕망을 오히려 지극히 자연스러운 것으로 보고 부국강병을 위해서는 법제도가 이런 인간 본성에 부합해야 한다고 주장한 것이다. 요순 시대의 법제도가 훌륭한 것은 그것이 인간 본성에 합치되고 있기 때문이라는 것이 다산의 일관된 시각이었다. 이런 다산의 관점은 서양의 계몽사상 이래 제도경제학에 이르기까지의 관점과 일치된다.

> 사람으로 태어나 자신의 생명을 살리고, 자신의 부모를 살리며, 자신의 처자를 살리고, 자신의 돈과 식량을 보존하려고 하지 않는 자는 없다. 그가 원하는 것을 하면 그 사람은 화합할 것이고, 그렇지 않으면 화합하지 못할 것이다. 이제 따로 한 방책을 연구해 보면, 일반 사람들이 각자의 생명을 살리고, 각자의 부모와 처자를 살리며, 각자의 돈과 식량을 보존하게 한다. 그러면 나라를 지킬 것이다.…… 삼대(三代)에는 병농(兵農)이 하나로 합치되어, 안으로 자신의 골육을 보호하고, 전쟁에 나가서는 두목을 방어할 수 있었다. 즉 정전의 8부(夫) 중에서 한 사람도 국왕의 병사가 아닌 사람이 없었고, 한 사람도 효도하는 아들이나 자애로운 아버지가 아닌 사람이 없었다. 이 때문에 선왕의 병사들은 천하에 무적이었다(民堡議 上卷, 總義).[10]

> 만일 관리를 선발할 때 공정성을 잃는다면 귀족들이 원망하고, 백성에게 은혜를 베푸는 것이 고루 미치지 못하면 평민들이 원망한다. 두 경우 모두 국가를 잃어버리기에 충분하다. 국가의 흥망의 이치와 인심의 향배에 관한 이치를 곰곰이 생각해 보니 이 두 가지를 벗어나지 않는다.

10) 김문식(2003)에서 재인용.

따라서 관리의 선발을 공정하게 하고 세금을 적게 거두는 것이 천명의 영원함을 기하는 근본이다(與猶堂全書遺補, 讀尙書補傳).

다산이 주장한 부국강병책의 요체는 재물에 대한 소인의 욕심에 부합되는 제도설계－조세 부담을 최소화시키는 안민책(安民策)－와 관리들의 벼슬 욕심을 충족시키는 제도설계－공평한 인재 등용의 기회 확대를 통한 지인책(知人策)－로 요약할 수 있다. 다산이 제도개혁의 필요성을 제기하면서 특히 강조한 것은 공정한 조세제도의 확립, 관의 무자비한 수탈 기회의 차단, 제한된 범위에서나마 사유재산권의 보장, 관직 참여 기회의 공평한 제공, 이를 통한 직능 분야에서의 경쟁 유도 및 생산력의 극대화 등으로서, 이 모두가 그의 이런 인간 본성에 대한 이해에서 우러나온 것임은 물론이다.

2) 인간의 이기심과 사회 질서에 관한 논의

한편 다산은 인간의 이기심과 욕망을 자연스러운 인간 본성의 발현으로 보면서도 다음 인용문에서 보듯이 당시의 시세풍속에 대해서는 매우 비판적이었다. 다산의 사상 체계에서 주목해야 할 부분 중 하나가 바로 이 내용이다. 애덤 스미스(Adam Smith)의 '보이지 않는 손'의 원리로 대표되듯이 서양의 자유주의 계몽사상가들은 인간의 이기심과 욕망이 역설적으로 사회의 조화(social harmony)를 만들어 내는 가장 강력한 고리의 구실을 한다고 보았다.

진한(秦漢) 이래 민(民)에 선속(善俗)이 없다(與猶堂全書, 論語古今註).

자기 처자만 알고 재산을 탐하여 불효하고 불우(不友)함이 천하의 도도(滔滔)한 풍속을 이루고 있다(與猶堂全書, 尙書古訓).

이에 비해 다산은 인간의 이기심과 욕망을 인간의 자연스러운 본성으로 이해하는 인간관을 보이면서 동시에 이런 본성을 지닌 인간이 만들어 내는 사회의 모습에 대해서는 자신의 인간관을 부정하는 듯한 모순된 시각을 보이고 있다. 다시 말하면, 인간의 이기심과 욕망이 사회 질서를 흐트러뜨리고 어지럽도록 만드는 요인이라고 말하고 있는 것이다. 이런 생각에서 다산은 사회 질서와 국가 기강의 확립을 위해서는 인간이 선을 행하도록 강제하고 악을 행하는 것을 두려워하게 만드는 외부의 규율이 필요하고, 국가는 정밀하고 엄정한 법과 제도를 만들어 시행해야 한다는 생각으로 나아가게 된 것으로 보인다.

여기서 흥미로운 것은 다산이 군왕 권력의 절대화를 주장하는 부분인데, 다산은 인간이 두려워하고 공경해야 할 대상으로서 상제(上帝)를 상정한 뒤 상제의 현세적 대리인으로서 국왕의 지위를 논하고 있다. 다시 말하면, 인간 사회의 화복(禍福)에 관한 모든 권한을 상제로부터 위임받은 군왕이 상제를 대신해 악으로 치닫기 쉬운 인간의 욕망을 제어할 때 사회 질서와 기강이 잡힐 수 있다고 본 것이다.

> 조심스럽고 공경하고 삼가서 상제를 밝게 섬길 것이며 언제나 마치 신명이 집의 비새는 틈으로 내려와 비쳐보는 듯이 경계하고 삼가고 두려워하며, 오직 허물이 있을까 두려워하며, 과격한 행위를 범할까 두려워하고 치우친 가정이 싹틀까 두려워하며, 그 마음을 지극히 공평하게 지키고 그 마음을 정대하게 머물게 함으로써 바깥의 사물이 이르는 것을 기다리면, 이것이 어찌 천하의 지극한 중이 아니겠는가?(與猶堂全書, 中庸自箴)

한편 군왕이 항상 철인왕(哲人王, philosopher king)의 지적 능력과 도덕적 자질을 기대하기 어려운 현실을 염두에 둔 다산은 동시에 왕의 자의적 권력 행사를 경계한다.

> 세상의 변화는 일정함이 없고 임금의 욕심도 한정이 없는 것이다. 만

> 약 입법(立法) 초기에 흐리멍덩하기만 하고 천작(天作)으로 된 쇠뭉텅이 같은 형상이 없다면 두어 대(代)를 넘지 않아서 보태고 줄이며, 없애고 일으키게 될 것이다. 따라서 기강이 문란하여 단서조차 찾을 길이 없어, 조금이라도 살피지 않으면 반드시 토붕와해(土崩瓦解)하고 말 것이다(經世遺表, 天官吏曹, 治官之屬).

다산은 "악인이 된 소인배들의 한번 굳어진 이(利)만 밝히는 강포한 마음은 공자와 같은 성인이 다시 나타나 가르쳐도 도저히 어쩔 수 없을 것이다"라고 말했다. 이런 천하에 가득한 소인배들을 다스리기 위해서는 바른 정치가 이루어져야 하고, "바른 정치는 바른 교령(敎令)에서 나오는 것인데, 교령은 군령(軍令)과 같은 것이어서 장수가 병졸에 임하듯이 장(莊)해야 한다. 그래야 백성들이 교령을 두려워하고 믿고 따라서 나라가 다스려진다"(與猶堂全書 第2集, 論語古今註 第6卷)고 주장했다

한편 다산은 규범적 차원에서 백성을 국가 권력의 정당성의 근본이자 국가 형성의 주체로 인정하는 듯하면서도, 현실적으로 어리석은 백성에게 내맡겨 두어서는 사회 질서의 확립이나 이상적 국가의 실현이 불가능하다고 인식하고 있다.

> 우매한 백성과 성공을 함께 누릴 수는 있지만, 처음 계획에 함께할 수는 없는 것이니 온 나라가 시끄럽게 될 것이다(經世遺表, 地官戶曹, 敎官之屬).

다산의 이런 민(民)에 대한 관점은 『탕론』 등에서 보여 준 혁명적인 민권사상의 진실성을 의심하게 할 만하다. 실제로 다산은 1811년 강진에서 유배생활 중에 발생한 홍경래의 난을 토벌해야 한다고 주장했다(「全羅道倡義通文」, 與猶堂全集, 第1集, 第22卷, 雜文條). 또한 다산은 국방에 관해 저술한 『비어고』에서 고려 시대의 삼별초의 난을 해적고

(海賊考)에 넣어야 하고, 이시애(李施愛)와 이괄(李适) 등을 토적고(土賊考)에 수록해야 한다고 주장했다. 이처럼 다산은 부패한 정권에 저항했던 민중 봉기를 해적(海賊), 역적(逆賊), 토적(土賊)이라고 규정함으로써 민중의 힘에 의한 사회개혁에 대해서는 부정적인 태도를 보이고 있다(與猶堂全書 第1集, 第21卷).

4 사회관

1) 경제 산업 피폐상과 원인 분석

다산이 살던 19세기 초 조선에서는 대도시를 중심으로 이미 상업적 농업이 자못 번성했다.[11] 지역마다 적합한 농산물이 경쟁적으로 개발되면서 특산화되어 있었다. 이들 특산물은 모두가 집약적 영농 방식으로 이루어져 일반 곡물농업보다는 강한 시장경쟁력을 갖추게 된 것들이다. 특산물의 개발과 집약적 경영은 모두가 영농자의 책임 아래 자발적으로 이루어진 것이었다. 그러나 여타 지역의 일반 산업은 극도로 피폐한 상태에 있었다.

> 내가 오랫동안 민간에 있으면서 보니 농가에서는 채소를 전혀 심지 않아 파 한 뿌리, 부추 한 단도 사지 않으면 얻을 수가 없다. 처음에는 시골 풍속이 고루하고 서툴러 채소 심을 줄을 모르는 것으로 생각했으나, 오랫동안 살펴보니 대체로 농가에는 채소 심을 땅도 없고 여가도 없어서 농사와 겸해서 재배할 수가 없는 것이었다. 마당으로 남새밭으로 번갈아 써서 땅에는 빈 곳이 없고, 동시에 여러 가지 일을 해야 하므로 사람이 한가한 날이 없는 것이다. 농(農)·상(桑) 두 글자는 예로부터 같이 일컬어져 왔으나, 그 실상을 살펴보면 농사짓는 자는 양잠을 하지 않고 양잠하는 자는 농사를 짓지 않는다. 진실로 수령된 자가 농민에게 양잠을 권장할 것 같으면 농민은 반드시 이를 괴롭게 여길 것이며 실효도

11) 여기에 기술된 내용은 김태영(2003)에 크게 의존했다.

거두지 못할 것이다. 하물며 목화가 이미 널리 보급되어 있고 비단옷이 급한 것도 아닌데 어찌 농민이 뽕나무 심기를 원하겠는가. 닭과 돼지란 곡식과 채소를 해치는 것이고, 염소와 돼지를 기르자면 지게미와 겨가 필요한데 농가에서 밭 갈고 김매는 일에 힘을 다 쏟고 어느 겨를에 남새밭 울타리를 칠 수 있으며, 소를 치기에도 힘이 겨운데 어느 겨를에 돼지를 기를 수 있겠는가. 백성의 수령된 자가 만약 한(漢)나라・위(魏)나라의 옛 방식을 본떠서 백성에게 목축을 권장한다면 백성들이 괴로워하고 근심하며 수령의 오활함을 원망치 않는 자가 없을 것이다(牧民心書, 戶典六條, 勸農).

(1) 사유재산권 보장의 미약성

당시 조선의 경제 사회가 발전하지 못하는 중요한 원인을 다산은 사유재산권이 제대로 보장되지 못하고 있는 현실에서 찾고 있다. 경제적으로 안정된 백성의 삶을 보장해 주는 항산(恒産), 즉 사유재산권이 탐관오리 특히 부패한 아전들의 가혹한 수탈로 인해 확실하게 보장되지 못하고 있는 현실이 농업생산력의 증대와 산업 발전의 정체를 초래하는 가장 큰 원인이라고 보았다.

남쪽 해변의 예닐곱 고을에는 모두 귤과 유자가 생산되는데, 거기 딸린 여러 섬에는 그 생산이 더욱 풍성하더니, 수십 년 이래 날마다 쇠퇴하고 달마다 줄어들어 지금은 오직 귀족 집에나 혹 한 그루 있고 섬 중에 다만 현관(縣官)이 관리하는 네댓 그루가 있을 뿐이다. 그 까닭을 물었더니 다음과 같이 말했다. 매년 중추(仲秋)가 되면 저졸(邸卒)이 이첩(吏帖)을 가지고 와서 그 과일의 수를 세고 나무둥치에 표시를 해두고 갔다가 과일이 누렇게 익으면 비로소 와서 따는데, 혹 바람 때문에 몇 개 떨어진 것이 있으면 곧 추궁해서 보충하게 하고 그렇게 하지 못할 것 같으면 그 값을 징수한다. 광주리째 가지고 가면서 돈 한푼도 주지 않는다. 저졸을 대접하느라 닭을 삶고 돼지를 잡게 되니 그 비용이 많이 들고 이웃이 떠들썩하게 모두 이 집을 나무라고 들어간 비용을 이 집에서 받아낸다. 이에 몰래 그 나무에 구멍을 뚫고 호초(胡椒)를 집어넣어 그 나무가 저절로 말라 죽으면 그 대장(臺帳)에서 빠지게 된다 (호초를 집어넣으면 나무가 절로 죽는다－필자). 그루터기에서 움이 돋아나면 잘라버리고 씨가 떨어져 싹이 나는 족족 뽑아버리니, 이것이 귤과 유자가 없어지는 까닭이다. 요사이 들으니 제주 또한 이와 같은 폐단이 있다는데 만약 이런 일이 그치지 않는다면 몇십 년 가지 않아서 우리나라에 귤과 유자가 없어질 것이다 (牧民心書, 工典六條, 山林).

사유재산권이 확립되지 못함으로써 생산력이 저하되고 생산 의욕이 감퇴하는 유사한 사례를 『경세유표』에서도 발견할 수 있다. 다산은 사유재산권이 보장되지 않음으로써 생산의 증가가 농가의 경제적 이익이 되기는커녕 오히려 고통만 키우는 어처구니없는 현실을 고발한다.

중국 사람이 "조선에는 양(羊)이 없다" 하나, 양이 없는 것이 아니라 양을 치지 않는 것이다. 오직 외방 고을 창고 뜰에다 10여 마리씩 기르는데, 창노(倉奴)에게 기르도록 할 뿐이요, 먹이는 데에 부지런한지 게으른지를 주관(主管)이 고찰하지 않으며, (양의 수가) 줄고 느는 것도 감사(監司)가 묻지 않는다. 양 한 마리가 불어나면 창노에게 1년 동안 해롭고, 두 마리가 불어나면 2년 동안 해가 되는데 양이 어찌 불어나겠는가? 이제 목축을 맡은 관서(官署)를 다시 설치하고 목인(牧人) 수십 명을 증원한 다음, 근교(近郊)에 갈라 보내서 양 치는 데에 전념하도록 함이 마땅하다. 그해 연말에 공장(功狀: 실적)을 아뢰도록 하고, 본서(本署)에서 그 부지런하고 게으름을 고찰한 다음 호조(戶曹)에 보고한다. 그리하여 공이 있는 자에게는 서반(西班) 말직(末職)에 참여하도록 하면 10년이 못 되어 조선에도 양이 많아질 것이다 (經世遺表, 地官戶曹, 教官之屬).

이처럼 다산은 산업생산력의 증가를 위해서는 백성들에게 안정적인 재산권을 설정해 줄 필요가 있음을 강조했다. 영업전(永業田)의 보장 등을 통한 재산권의 확립이 절실하다고 말하고 있다. 다산의 이런 생각들은 정전제(井田制)의 확립 및 공평 부세(賦稅)의 원리에 대한 논의로 이어지게 된다.

> 생각건대, 하휴(何休)는 "기름진 땅과 메마른 땅에 3년마다 한 번씩 주인을 바꿔서 살도록 한다" 했으나 이것도 시행하지 못할 정사이다. 백성은 이 전지가 영업(永業)으로 된 것임을 안 다음이라야 자갈을 버리고 잡초를 없애며 밭도랑을 단속하고 거름을 많이 주게 될 것이다. 만약 3년 후에 규례에 비추어 바뀔 것을 안다면 그 누가 이런 일을 즐겨 하겠는가? 천하의 전지를 황폐하게 만드는 것은 반드시 이 법일 것이다(經世遺表, 地官修制, 田制).

(2) 경제적 유인의 부재

다산은 기술 발전이 이루어지지 않는 이유를 적절한 경제적 유인(誘因)의 부재에서 찾고 있다. 백성들의 삶을 피폐하게 만들고 잘살고자 하는 의욕을 꺾는 원인 역시 이것에서 찾는다.

> 우리나라 풍속에는 목수라든가 야장(冶匠)이 나무를 다듬고 쇠 불리는 법을 좀 알고 있으면 관장(官長)이 사역을 시키되 삯은 주지 않고 매질만 빈번하다. 그러므로 팔뚝을 잘라버리고 손가락을 쪼개어 버리면서 그 자손들에게 타일러 금지시킨다. 다시 공장(工匠) 일을 하는 자들이 있을 수 있겠는가. 농구(農具)라든가 직기(織機), 배와 수레 등이 아직도 원시 시대의 옛 제도를 지키고 있으니, 전야는 날로 황폐해지고 재용(財用)은 날로 줄어든다. 한 번 수해(水害)나 한재(旱災)를 만나면 하늘을 원망할 뿐이요, 백성은 근심으로 가득하고 나라는 가난해져도 도무지 어찌할 도리가 없다(中庸講義補, 凡爲天下國家有九經節).

기술이 뛰어난 사람에게 경제적 이익을 부여해 주어야만 기술자들이 모여들 것이며, 엄정한 성과 평가를 통해 이들에게 경제적 이익에 더해서 관직 참여 기회의 제공 등 충분한 보상을 부여할 때 기술이 진흥될 수 있다고 보았다. 다음 인용문은 성과주의 및 경쟁 논리에 대한 다산의 관점을 보여 준다.

> 진실로 기예(技藝)가 정교한 자에게 그 늠록(廩祿)을 증가하면, 사방에서 기교(機巧)한 사람들이 장차 풍문을 듣고서 모여올 것이다. 농기(구)가 편리하면 힘을 적게 들여도 곡식은 많아지고, 직기(織機)가 편리하면 힘을 적게 들여도 포백(布帛)은 풍족하다. 배와 수레의 제도가 편리하면 힘을 적게 들여도 먼 지방 물화가 정체되지 않으며, 인중(引重)·기중(起重)하는 법이 편리하면 힘을 적게 들여도 대사(臺榭)·제방(堤防)이 견고해질 것이다…… 모든 농기구·직기·병기·화기·풍선(風扇)·물총에서 천문역법(天文曆法)에 소용되는 의기(儀器)·측기(測器) 등 실용에 관계되는 모든 기구는 전습(傳習)하지 않는 것이 없도록 하여 돌아와서 본감(本監)에 바치면 본감에서는 솜씨 있는 공장(工匠)들을 모으고 그 법을 상고하여 시험삼아 제조(토록) 한다. 그리하여 성과가 있는 자는 제조(提調)와 공조판서(工曹判書)가 만든 것(기술과 제조물)을 고찰하고, 으뜸된 자는 감목관(監牧官)이나 찰방(察訪)을 제수하거나 혹은 현령이나 군수를 제수한다. 그리고 그 공이 큰 자는 승격해서 남북한부사(南北漢副使)로 삼으며, 그 자손을 녹용(錄用)한다. 이와같이 하면 10년을 지나지 않아 반드시 성과가 있을 것이며, 나라는 부유해지고 군사도 강해져서 다시는 천하의 비웃음을 당하지 않을 것이다(經世遺表, 冬官工曹, 事官之屬).

(3) 분업과 전문화의 부족

다산은 분업과 전문화의 중요성을 여러 문헌에서 강조했다. 요순의 태평성대는 백성들에게 역량에 알맞은 일자리를 찾아 주었기 때문에 가능했던 것이라고 보았다. 현명한 왕이 백성들로 하여금 각자의 역량과 소질에 맞는 직책을 부여해 분업과 전문화가 이루어지도록 함으로써 사회가 발전하고 산업이 융성할 수 있었다는 것이다. 이러한 다산의 분업과 전문화에 대한 견해는 공자의 정명론(正名論)과도 관련이 있다.

> 선왕의 뜻은 천하 백성에게 모두 고르게 전지(田地)를 얻도록 하려는 것이 아니라, 천하 백성에게 모두 고르게 직(職)을 받도록 하려는 것이었다. 직을 농사로 받는 자는 전지를 다스리고, 직을 공장(工匠) 일로 받은 자는 기구(器具)를 다스리며, 장사꾼은 물화(物貨)를, 목자(牧者)는 짐승을, 우자(虞者)는 재목(材木)을, 빈씨(嬪氏)는 베 짜기를 다스려서 각자 그 직으로써 먹을 것을 얻도록 했다. 특히 농사를 직으로 받는 자가 가장 많으므로 선왕이 중하게 여긴 것뿐이고, 천하 백성을 죄다 농사하는 직으로 돌리고자 한 것도 아니며…… 그러므로 성인은 조부(租賦)를 바로잡는 데 힘썼지 살림을 고르는 데에는 힘쓰지 않았다. 오직 아홉 가지 직(九職)으로써 만민에게 권해 서로 도와 각자 먹는 것을 얻도록 했을 따름이다(經世遺表, 地官修制, 田制).

조선에 분업과 전문화의 원리가 작동하기 어려운 이유로 다산은 관리들의 무능을 들고 있다. 각 직에 적합한 인재를 뽑아 하나의 관직에 장기간 봉직하게 하여 전문성을 강화하도록 할 때 바람직한 국가의 분업 체계를 짜내려갈 수 있다고 본 것이다. 또한 당시의 유한계급으로 생산활동에 참여하고 있지 않던 양반층이 선진 농법의 개발에 앞장서게 하고 상업적 농업에 종사할 수 있도록 해야 한다는 주장도 펼쳤다. 아전들의 수탈과 탐학을 방지하기 위해서는 목민관의 행정 실무능력을 강화해야 하고, 이를 위해서는 고적제도를 올바로 시행하는 것이 필요하다고 강력하게 주장했다.

> 전문(專門)으로 다스리는 직책이 없기 때문에 일을 익힘이 정밀하지 못하고, 오래 맡기는 법이 없으므로 치적(治績)을 이룩하지 못함이 이와 같다. 그러므로 우리나라 사대부들은 낮은 직계에서 청현(淸顯)한 관직을 지내고, 높아져서는 권요직(權要職)에 앉아 있으면서도 방만하여 무엇이 어떤 일인지도 모르는 자가 대부분이다. 다만 이서(吏胥)들은 규정

상 전임(專任)하고 구임(久任)하도록 되어 있어 체제와 사례에 익숙해 환히 알고 일을 행함에 숙련되어 있다. 비록 강명(剛明)하고 재간있는 관원일지라도 그들에게 물어보지 않을 수가 없다. 그래서 그들의 권력이 세어지고 간위(奸僞)가 날로 심해진다. 세상에서 '이서지국(吏胥之國)'이라 일컫게 된 것이 바로 그 때문이다. 지금 마땅히 관제(官制)를 적이 변통하여 안으로는 작은 부서의 낮은 관직에서부터 쓸데없는 자들을 도태하고 하나만을 두어 전임토록 하는 한편, 문무의 장관들도 각기 한 사람을 뽑아 구임시켜서 치적을 책임지고 이룩하도록 하며, 밖으로는 감사와 수령도 명성과 치적이 있는 사람을 선발해 그 연한을 오래 맡긴다면, 인재가 모자라지 않고 백성이 그 혜택을 입을 것이다(與猶堂全書 第1集, 人才策).

2) 그릇된 제도의 작폐: 부정부패와 수탈의 조장

앞 절에서도 이미 나타나 있지만 사유재산권의 보장 등 사회의 법제도가 올바르지 못하면 그것이 백성의 삶을 편케 하기는커녕 탐관오리들이 백성을 괴롭히는 수단이 될 뿐이다. 급기야 백성이 경제할 의지나 의욕을 꺾고 마는데 이른다는 것이 다산이 법제도를 보는 기본 관점이었다. 그의 나이 32~33세에 경기도 암행어사를 제수받아 활동한 후 정조에게 올린 보고문에서 다산은 "국법은 존엄하게 하시고, 민생은 중히 여기십시오(以尊國法 以重民生)"라고 썼다. 국법과 민생의 필연적 관계에 대한 다산의 관점을 압축해 주는 말이 아닐 수 없다. 다산의 눈으로 볼 때 당시의 법제도(규제)는 근본이 어그러진 그런 것들이었다. 백성의 삶을 이롭게 하는 것이 아니라, 백성들이 지키기 어렵게 만들어 놓고서는 그것을 빙자해서 백성들을 마음대로 농락하고 수탈하는 도구로 전락해 있었다. 그 대표적인 예가 바로 환곡제도였다.

환자(환곡)가 병폐가 되는 까닭은 그 법의 근본이 어지럽기 때문이다.

근본이 이미 어지러우니 그 끝이 어떻게 다스려지겠는가. 근본이 어지럽다는 것은 무엇인가. 첫째는 환곡의 명목이 어지러운 것이요, 둘째는 관장하는 아문이 어지러운 것이요, 셋째는 환곡제도를 관리하는 여러 절차와 방법이 어지러운 것이다.…… 이 여덟 가지 어지러움이 폐단을 낳는 큰 줄기요, 여기에서 천 갈래 만 갈래가 불어나게 되니 여기에서 다 지적하고 다 논할 수 없다. 무릇 천고를 헤아려 보더라도 이재를 이와같이 하고도 스스로 나라를 다스린다고 할 수 있는 자는 아직까지 없었다. 백성은 물이나 불 속에서 아우성치고 뒹굴고 있는데…… 슬프다 이를 어찌하랴(牧民心書, 戶典六條, 穀簿).

춘궁기에 곡식을 대여하고 추수기에 갚도록 하는 좋은 취지의 환곡제도도 그것을 운용하는 과정에서 발생할 수 있는 갖가지 간사한 일과 병폐를 예상해 주밀(周密)하게 만들지 않으면 본래의 취지는 사라지고 오히려 백성을 고달프고 괴롭게만 만들 뿐이라는 지적이다.

여기서 다산이 특히 맹렬하게 비난하는 것은 백성을 위해 있어야 할 제도가 까다롭고 복잡하기만 해 결국 수령과 아전의 농간질과 가렴주구(苛斂誅求)를 부채질하고 있는 본말이 전도된 현실이다.

아전배들 사이에는 비결이 있으니, 그것은 약속이나 한 듯이, '괴롭히면 얻는 것이 있다(困而得之)'라는 넉 자이다. 이 말의 뜻은 무엇인가? 전결에 부과되는 잡부(雜賦: 제세금)가 번거롭고 무겁거늘 해마다 그 비율을 높여서 부세를 바치는 백성을 괴롭히면 백성은 괴로움을 견디지 못해 높은 값으로 방결(防結: 아전들이 세금을 감해 주는 대신 빌려가게 한 곡식)을 구할 것이니 이것은 일거양득이다.…… 백성은 나라의 근본이며 아전은 백성을 갉아먹는 자이다. 이 백성을 들볶고 살을 깎아내는 것은 백성으로 하여금 마치 재 가운데 있는 지렁이나 모래 위에 있는 미꾸라지처럼 만드는 것이다. 괴로움을 견디지 못해서 스스로 찾아와 애걸하게 해놓고 이에 말하기를 "백성들이 모두 기꺼이 따른다"고 하니…… 수령된 자가 어찌 백성을 깊이 생각하지 않을 수 있겠는가(牧民心書, 戶典六條, 穀簿).

다산은 국가의 법제도가 근본적으로 잘못되어 있음에도 이를 먼저 바로잡을 요량은 하지 않고 과중한 처벌만을 능사로 삼는 것을 크게 개탄했다. 무엇보다도 먼저 수령방백이 법제도를 중히 여기고 솔선수범하지 않으면 아무리 처벌을 가혹하게 해도 아무 소용이 없고, 오히려 백성으로 하여금 부끄러움을 모르고 어떻게 해서든지 눈을 속이고 피하게끔 만들 뿐이라는 점을 강조한다.[12)]

형벌은 백성을 바로잡는 말단의 방법이다. 수령이 자신을 다스리고 법을 받들어 엄정하게 임하면 백성이 죄를 범하지 않게 되어 비록 형벌을 폐하더라도 좋을 것이다…… 한 나라를 다스리는 것도 한 가정을 다스리는 것과 같은데…… 가정의 어른이 날마다 고함치고 성내면서 자제를 매질하고 노비들을 묶어 때리며 국 한 그릇을 엎질러도 용서하지 않고 다듬이 방망이로 넓적다리를 치면…… 자제들의 눈속임은 더욱 심해지고 노비들의 도둑질도 더욱 방자하게 된다. 온 집안이 모여 헐뜯고 오직 들킬까봐 두려워하며 상하가 모두 눈가림으로 그 어른을 속인다. …… 성색(聲色)으로 백성을 교화하는 것은 말단의 방법이며, 형벌로써 사람을 바르게 하는 것도 말단의 방법이다. 수령 자신이 바르면 백성이 바르게 되지 않음이 없고, 수령 자신이 바르지 않으면 비록 형벌을 가하더라도 바르게 되지는 않을 것이다. 천지가 생긴 이래로 이 이치는 항상 그러했던 것이니, 어찌 잡설로써 어지럽힐 수 있겠는가(牧民心書, 刑典六條, 愼刑).

생각건대 살피기 어려운 간사한 짓에 지극히 중한 율을 적용하니, 이것이 법이 시행되지 않는 이유이고 꼭 범법하게 될 문을 열어 두고 실속없이 공갈하는 말을 퍼뜨리니, 이것이 백성이 두려워하지 않는 까닭이다. 보통으로 범하는 것을 매번 죽인다면 백성이 난을 꾸미고, 보통으로 범하는 것을 사면하면 백성이 법을 업신여기며, 적발하지 못하고 그대로 버려두면 백성이 가만히 비웃고, 적발을 하고서도 버려두면 백성이

12) 이러한 현상에 대한 논의는 최병선(2006)을 참조하시오.

방자해진다. 무릇 이와 같은 것은 나라가 크게 어지럽게 되고 기강이 크게 무너지게 되는 이유이니, 이런 것은 법제가 아니다(經世遺表, 地官修制, 田制).

요순은 백성이 자주 범법하는 것을 슬프게 여기고 법이 서지 않음을 한스러워 해서 우직과 의논하고 정전(田政)을 만들었더니 모든 땅의 등급이 아울러 바로잡아지고, 재부(財賦)에 조심해서 토양을 3등급으로 기준하여 9주에 부세를 완성했다. 그런 다음 그 걱정이 그쳤고 상하가 서로 편해져서 2000년을 내려왔다. 이 법 외에 걱정을 없앨 만한 다른 법이 다시 있을 것 같으면 요, 순, 우, 직은 어찌 애를 써가면서 이것을 만들었겠는가? 정전법을 버리고서 전정을 논의하는 것은 모두 어리석고 아득한 말이고, 성인이 어떤 사람인지도 모르는 자이다(經世遺表, 地官修制, 田制).

5 국가관

이상과 같이 조선 후기의 피폐한 경제 산업의 현실과 사회상, 그리고 그런 현실을 만들어 내고 있는 원인을 깊이 있게 분석한 다산은 이런 현실을 타개하기 위해 시급히 갖춰야 할 국가 운영의 철학과 국가가 마땅히 수행해야 할 역할 및 기능들에 대해 논하고 있다. 그의 저작물 여기저기에서 발견되는 제안과 처방을 정리하면 다음과 같다.

1) 철저한 왕정사상과 하향적 국가 운영 체계

정치란 바르게 하는 것이다. 바르게 하는 것은 우리 백성을 고르게 한다는 것이다. 어찌 어떤 이는 토지의 이익을 겸병하여 부유한 데도 더 부유하게 하고, 어찌 어떤 이는 토지의 혜택이 막혀서 가난한 데도 더 가난하게 하는가? 토지를 헤아려 백성에게 주되 균분(均分)하여 바르게 하는 것을 정치라 한다. 정치란 바르게 하는 것이라 함은 우리 백성을 고르게 하는 것이다. 어찌 어떤 이에게는 풍성한 땅의 소출을 쌓아두고

> 도 남아돌아 버리게 하고, 어찌 어떤 이에게는 척박한 땅조차 가지지 못하게 하여 그 모자람을 걱정하게 할 것인가? 배와 수레를 만들고 저울과 표준을 신중히 하며, 물화를 운반하여 유무(有無)를 유통시켜 바르게 하는 것을 정치라 한다. 정치란 바르게 하는 것인데, 다름아니라 우리 백성을 고르게 하는 것이다. 어찌하여 어떤 이는 강한데도 또 병탄을 멋대로 하게 하여 더 커지게 하고 어찌 어떤 이는 약한 데도 더 깎이게 하여 멸하게 하는가? 군사를 크게 일으켜 죄를 세상에 발표하여 토벌하고, 망한 것을 살리게 하고, 끊어진 것을 이어 주며 바르게 함을 정치라 한다. 정치란 바르게 하는 것이라 함은 우리 백성을 고르게 하는 것이다. 어찌하여 어떤 이는 기만하고 몽매한데도 그 사체(四體)를 편안하게 하며, 어찌 어떤 이는 공근(恭勤)하고 충선(忠善)한데도 복이 미치지 못하게 하는가? 벌을 징계하고 상을 제정해 죄와 공을 구별해 바르게 함을 정치라 한다. 정치란 바르게 하는 것이라 함은 우리 백성을 고르게 하는 것이다. 어찌하여 어떤 이는 어리석은데도 높은 지위에 처하여 그 악을 널리 퍼뜨리게 하고, 어찌하여 어떤 이는 어진데도 낮은 지위에 머물러 두어 그 덕을 가리게 하는가? 붕당을 제거하고 공도를 넓히며, 현자를 진출시키고 불초한 자를 퇴출시켜 바르게 함을 정치라 이른다(與猶堂全書 第1集, 第11卷, 原政).

이 인용문에서 보듯이 다산은 철두철미하게 왕도정치를 믿었다. 여기서 다산이 그린 왕도정치 사상에 나타나 있는 국가의 역할을 정리해 본다면 ① 토지의 균분, ② 소득의 균분, ③ 정의의 실현, ④ 상벌의 균형이다. 이런 일들은 오늘날의 기준으로 보아도 전혀 모자람이 없을 정도이다. 이와 관련해 다산은 우선 국왕이 정치에 대한 올바른 생각과 신념을 갖는 것이 선결 요건이지만, 이에 못지않게 중요한 것이 국왕의 뜻을 굽히거나 왜곡함이 없이 제대로 펼쳐 나갈 수 있는 행정 체제의 구비임을 강조했다. 그러면 세상의 모든 일은 “마치 망건(網巾)의 윗부분을 팽팽하게 묶어야 아래가 쫙 펴지는 것처럼” 바로잡아질 것이라고 보았다. 바로 이런 견지에서 다산은 고적제도의 강력한 시행을 주장했다. 당대의 신하들과 같은 썩어빠진 정신 자세로는 왕도 정치의 실현은 처음부터 불가능하다고 보았다.[13] 선한 국왕의 존재도 중요하지만 멸사봉공의 자세로 헌신하는 신하를 중용하되 국왕을 주도면밀하게 통제할 수 있어야만 왕정사상을 실천에 옮길 수 있다고 보았다. 앞에서도 고적제도에 대한 그의 찬사를 보았거니와 여기에 더해 아래 인용문을 보자.

> 당우(唐虞) 시대가 지극한 다스림을 이룩한 이유는 그 묘리(妙理)가 오로지 (관원들로 하여금) 공적을 이뤄도록 주적(奏績)하여 그 고적(考績)한 데에 있었다 (經世遺表, 天官修制, 考績之法).

> 당시의 고적지법은 후세에 소략한 것과 같지 않아서 반드시 친히 주상 앞에 와서 얼굴을 맞대고 제 입으로 말하게 했다. 잘못한 것을 수식하여 숨길 수 없었고, 잘한 것도 겸손하게 감출 수 없었다. 이미 아뢴 후 그 말에 대해 고언(考言)함이 있었으니 고언이란 고적이다 (與猶堂全書 第2集, 尙書古訓 第2卷, 堯典).[14]

> 우(禹)와 직(稷)이 전지를 다스릴 적에 피부의 털이 닳아 없어졌고, 손

---

13) 다산이 이처럼 고적법을 강조한 이유는 당시의 시대상과 밀접한 관련이 있다. 다음 인용문에서 보는 바와 같이 당시의 시대상은 임금의 법령이 백성에게 하달되지 못하고 중간에서 시행되지 않고 왜곡되는 사례가 빈번했다.
"오늘날 수령된 자는 스스로 학정을 해서 원망이 조정으로 돌아오게 한다. 부세의 징수를 연기하라는 조서가 내렸으나 감추어 반포하지 않고 오로지 백성들에게 긁어내 스스로 치부하기 위한 거래를 자행하며, 부채를 탕감하라는 조서가 내렸으나 감추어 반포하지 않고 아전들과 작당 농간하여 그들의 요리(料理)에 이바지하며, 병자를 구호하고 시체를 묻어 주라는 명령은 감추어 반포하지 아니하며, 결혼 못한 자의 혼인을 권하고 부모 없는 어린이를 거두어 주라는 명령은 감추어 반포하지 아니한다. 재상(災傷)을 가로채 먹고는 '조정에서 이것을 인정하지 않고 깎아 버렸다' 하며, 많은 굶주린 백성을 구호 대상에서 제외하고는 '조정에서 구하기 어렵다' 한다 하며, 피해를 호소하면 '조정의 명령이 지엄하니 난들 어찌 하겠나' 하며 무고한 백성을 가두고, 속전의 명목으로 돈을 빼앗고자 할 때는 '조정의 금령이 본래 엄한데 네가 어찌 죄를 범했나' 하여 백성들로 하여금 조정을 원망하여 아우성치게 한다. 아 ! 이래서야 되겠는가?"(牧民心書, 奉公六條, 宣化).

14) 강석화(1989: 225)에서 재인용.

> 발에 굳은살이 박였다. 썰매를 타고 나막신을 끌며, 산을 넘고 구렁을 지나서 9년 동안이나 밖에 있으며 자신의 집 문 앞을 세 번 지나갔으나 들어가지 못했다. 그런 다음에 견(畎)·회(澮)를 파서 냇물에 이르게 하고, 냇물을 파서 4해(海)에 이르게 하여, 그 일을 마쳤다(經世遺表, 地官修制, 田制).

2) 국가재정의 확보와 공평한 조세제도의 구비

다산에게서 탄탄한 국가재정의 확보는 왕도정치 실현을 위한 대전제였다. 이것을 가로막는 요소 중 탐관오리의 수탈과 농간을 최악으로 보았다. 이것이 백성의 삶을 궁핍하게 만들고 국가재정을 좀먹고 있다고 보았다. 원악향리(元惡鄕吏)에 대한 근본 대책을 마련해 이들을 통제하지 못하는 한 민생의 안정을 기하기 어렵고 국가재정의 누수 현상을 방지하기가 어렵다고 보았다. 다산은 중간계층의 수탈을 방지하기 위해 향리들이 가진 재량의 폭을 축소하고 수탈행위에 대한 처벌의 강화를 주문했다. 『경국대전』의 형전(刑典)에 규정된 원악향리의 작폐 금지에 대한 규정이 비현실적이라고 보고 장서원(掌胥院)을 신설해 전국의 향리들을 엄격히 통제하고 하급 관료로서 작폐가 심한 서울 지역 이외의 향리(京外邸吏)를 단속할 것을 제안했다(홍이섭, 1959).[15]

> 임진왜란 이후 온갖 법도가 무너지고 모든 일이 어수선해졌다. 군영을 여러 번 증설하여 나라의 경비가 탕진되고, 전제가 문란해져서 세금을 거두는 것이 공평하지 못했다.…… 관직이 정비되지 않아서 정사(正士)에게 녹(祿)이 없고 탐묵한 풍습이 크게 일어났다. 그윽이 생각하건대 대개 터럭 하나만큼이라도 병통 아닌 것이 없는바, (무너진 국가의 기강(법제)과 탐묵한 풍습을) 지금이라도 고치지 않으면 반드시 나라가 망한 다음이라야 그칠 것이다(經世遺表, 邦禮草本 引).

15) 經世遺表, 秋官刑曹, 刑官之屬.

임진왜란 이후 토지 사유화 및 조세제도의 문란 등으로 야기된 국가재정의 고갈에 대한 다산의 한탄이다. 무너져 가는 국가 기강을 확립하고 국가 본연의 역할을 바로 세우기 위해서는 무엇보다도 국가재정의 확충이 필요하다고 보았다. 이를 위해서는 토지제도와 조세제도를 개혁해 안정적인 조세 기반을 확보하는 한편, 상공업 발전 및 기술발전을 국가가 주도함으로써 국가재정의 원천을 확충해야 한다고 주장했다. 제도의 혼란 속에서 크게 늘어난 사적 지주(私的地主)의 토지겸병은 결국 관료들과 결탁해 토지를 전적(田籍)에 등록시키지 않거나 갖은 방법으로 탈세를 하려는 유인을 강화시킴으로써 직접 국가재정의 궁핍을 초래하고 농업생산력의 저하와 백성들의 삶을 피폐하게 만들 뿐더러, 생활 기반을 상실한 백성들이 세력자에게 삶을 의탁하는 처지에 빠지게 만들어 결국 국방력의 약화로까지 이르게 만든다는 것이 다산의 생각이었다.

> 생각건대, 오늘날 국가에 가장 긴급한 것은 전정(田政)이다. 내가 오랜 시일 전야(田野)에 살면서 전정의 문란함을 직접 보고 참으로 눈물 흘리고 싶은 때가 많았다. 강진 고을은 누락된 전결이 가장 적다고 일컫는 곳이다. 그런데 전안(田案)에 등록된 전지가 6,000여 결(結)이고, 누결(漏結: 누락된 전지)이 거의 2,000결이나 된다고 한다. 이는 공가(公家)에서 4분의 3을 취하고 고을의 아전(縣吏)이 4분의 1을 갖는 것이니, 비록 노(魯)나라의 계씨(季氏)가 공실(公室)의 재물을 4등분했으나 어찌 이보다야 더했겠는가? 해남은 강진과 비교하면 지역은 더욱 작은데 누락된 결수(漏結)는 오히려 많으며, 나주는 누락된 결수가 원안(元案)에 기재된 결수보다 많으니, 천하에 어찌 이런 일이 있는가?(經世遺表, 地官戶曹, 敎官之屬)

다산은 장기적으로 국가가 소유한 공전(公田)을 확대함으로써 왕토주의를 최대한 회복하는 한편, 단기적으로는 조세율을 1/10로 축소해 백성들의 조세 부담을 경감해야 한다고 주장했다. 황극정치(皇極政治)

사상과 대천이물(代天理物)의 상제관(上帝觀)에 따라 모든 토지를 국왕의 소유로 회복하는 것이 옳지만, 이미 토지의 사유화 현상을 되돌릴 수 없다고 본 다산은 실현 가능한 개혁 방안으로 결국 조세제도의 개혁밖에 없다고 생각했던 것이다.

> 국가에 바치는 조세율이 십일(什一)로 되면 국가의 수입이 배로 증가될 것이니, 관리들의 녹봉이 불가불 후하게 될 것이다. 이제 남의 땅을 빼앗아 겸병하는 것을 없애고, 또 게다가 녹봉마저 박하게 준다면 나라에 군자라는 것이 없어질 것이다. 위로는 부모를 섬기기에 족하고 아래로는 처자를 기르기에 족하며 또한 친척을 돕고 빈객을 접대하고, 노복을 부리고 높은 제택(第宅)에 살고 아름다운 의복을 입고 양마(良馬)를 타기에 족한 다음에야 조정 벼슬하기를 원할 것이다(與猶堂全書 第1集, 第11卷, 田論).

> 그러나 1/10을 바치는 세법도 쉽게 말할 수 있는 것은 아니다. 장차 매년 풍흉을 보아 그 세(稅)를 올리고 내릴 것인가? 그러나 그것은 정전제(井田制)에서는 가능하지만 여전제(閭田制)에서는 그렇게 할 수 없다. 토지의 비옥함과 척박함을 살피고, 생산되는 곡식의 많고 적음을 헤아려서 수년의 것을 비교한 중간치를 상수(常數)로 정해 그 총액을 일정하게 하여 가감하지 않도록 해야 한다. 다만 크게 흉년이 든 해에는 그 세를 임시로 대여했다가 크게 풍년이 든 해에 수량대로 상환하게 하면 국가는 국가대로 일정한 세입이 있을 것이고, 백성은 백성대로 일정한 공급이 있게 되어 모든 혼란이 제거될 것이다(與猶堂全書 第1集, 第11卷, 田論).

이와같이 전세(田稅)의 개혁을 주장한 다산은 나아가 국가재정의 확보를 위해서는 농업 이외의 여러 산업 분야를 두루 개발함으로써 세수 기반을 확충해야 한다고 보았다.

> 생각건대, 전등(田等)과 부등(賦等)이 이미 서로 달랐으니 전(田)은 전

> 지에서 내는 것이고 부(賦)는 별도로 거두던 것이었다. 각각 다른 법이어서 서로 혼동할 수 없는데, 선유(先儒)가 경전(經傳)을 주석하면서 매양 그 부를 전지에서 내는 것이라고 했다. 잘못된 풀이와 그릇된 뜻으로 이리저리 얽어 둘러서 문리(이치)에 합당하지 않음이 많으나…… 전법(田法)과 부법(賦法)을 양립시켜 국가 재용의 근원으로 삼았는데, 경서의 뜻이 한 번 어두워지자 선왕의 전장(典章)도 따라서 없어져 버렸다. 국가를 경영하는 자가 나라를 건설하고 표준을 세우는 당초부터 부법을 다스리지 않으니, 그 폐단은 징렴(徵斂)으로 나타나서(한도가 없어져서) 만백성에게 해독을 끼치게 되었으니 아아 ! 경서를 가볍게 말할 것이겠는가 (經世遺表, 地官修制, 賦貢制).

> 지금은 산림과 천택을 버려두고 수입(조세를 거두지) 않으면서 오직 농사짓는 백성만 벗기고 족친다. 이리하여 공사 간에 쓰임이 모자라고 상하가 아울러 곤란을 받는데, 오직 탐관오리와 토호간민(土豪奸民)이 그 이(利)를 (중간에서) 독차지하니, 나라의 무법이 이 지경에까지 이르렀는가 (經世遺表, 冬官工曹, 澤虞寺).

기존 농지 중심인 조세제도를 개편하여 여타의 모든 산업 분야에서 각종의 부(賦)를 거두어들임으로써 국가의 재용(財用)을 넉넉히 하기를 제안하는 한편, 이를 위해 직종별로 부세(賦稅)를 거두어들일 수 있는 기존의 산우시(山虞寺) 외에 산림에서의 수입을 관장하는 임형시(林衡寺), 어업을 관장하는 택우시(澤虞寺)와 천형시(川衡寺) 등 전문 행정기구를 설치하고, 이들이 해당 분야의 기술 개발을 주도해 생산성을 높여 나가도록 해야 한다고 주장했다.

3) 산업 발전을 위한 국가의 주도적 역할

(1) 선진 지식과 기술의 도입과 보급

다산은 산업 진흥과 발전을 촉진하기 위한 국가의 적극적인 역할을 강조했다. 이것이 부국강병의 길이고 이를 도모하기 위해서는 국가 주도의 선진 기술과 지식의 보급이 필수적이라고 보았다.

> 백공(百工)의 기예가 정밀하게 되면 무릇 궁실(宮室)과 기용(器用)을 제조하는 데서부터 성곽(城郭), 주선(舟船), 차여(車輿)의 제도에 이르기까지 모두 견고하고 편리하게 될 것이다. 진실로 그 법을 모두 개발하여 역행(力行)한다면 나라는 부유해질 것이요 군대는 강성해질 것이며 백성은 살기가 넉넉해져 장수하게 될 것이다. 그런데도 바야흐로 익히 바라보기만 하고 도모하지는 않으면서, 누가 차제(車制)를 거론하면 "우리나라는 산천이 험악하다"고 말하고, 누가 목양(牧羊)을 거론하면 "조선에는 양(羊)이 없다"고 말하며, 누가 말 먹이로는 죽(粥)이 맞지 않다고 하면 "풍토가 각기 다르다"고 말한다(與猶堂全書 第1集, 技藝論).

다산은 국가가 다양한 산업의 발전을 적극적으로 도모하는 것이 선왕(先王)의 법도라고 주장한다. 백성들로 하여금 각자의 역량과 능력에 걸맞은 직업을 선택해 분업과 전문화의 원리에 따라 장기적으로 그 일을 도모－전업(專業)과 구임(久任)－하게 해 주는 것이 반드시 필요하다고 본 것이다. "전문(專門)으로 다스리는 직책이 없기 때문에 일을 익힘이 정밀하지 못하고, 오래 맡기는 법이 없으므로 치적을 이룩하지 못함이 이와 같다"(與猶堂全書 第1集, 第8卷, 人才策)고 본 다산은 동종의 기술을 가진 백성들을 한곳에 모이게 하면 기술이 더더욱 발전할 수 있다고 보았다. 지리적 집적(agglomeration) 효과를 인식하고 있어 매우 흥미롭기도 하다.

> 사람에게는 지려(知慮)와 교사(巧思)가 있어서 그들로 하여금 기예를 익히게 하여 자급하게 한 때문이다. 그러나 지려가 미치는 바에 한계가 있고, 교사가 천착하는 바가 점차적이기 때문에, 비록 성인이라고 하더라도 천만인이 함께하는 의론을 당할 수가 없으며 하루아침에 그 좋은 것을 다 할 수 없는 것이다. 그 때문에 사람이 많이 모이면 모일수록, 그리고 시대가 내려오면 내려올수록 그 기예가 더욱 정교해지는 것이니,

> 이것은 사세(事勢)가 그렇게 될 수밖에 없기 때문이다. 그 때문에 촌리(村里)의 사람은 현읍(縣邑)에 공작(工作)이 있는 것만 못하며, 현읍의 사람은 명성(名城)·대도(大都)에 기교가 있는 것만 못하며, 명성·대도의 사람은 경사(京師)에 신식묘제(新式妙制)가 있는 것만 못하다 (與猶堂全書 第1集, 技藝論).

> 지금 우리나라에는 사·농·공·상이 뒤섞여서 구별이 없는데 다만 한 마을에 사민(四民)이 섞여 살 뿐 아니라 또한 한 몸뚱이에 네 가지 업을 겸해 다스리니 이것이 한 가지 기예도 성취된 것이 없고 온갖 일에 규범이 없게 되는 까닭이다.…… 비록 그 사이에 농사하지 않는 사족(士族)이 끼여서 사는 것은 구애하지 않더라도 공상(工商) 두 백성만은 읍성(邑城) 안에다 모아서, 관중이 제(齊)나라 다스리던 법을 따르지 않을 수 없다 (經世遺表, 地官修制, 田制).

더 나아가 다산은 각 지방의 직역(職役)에서 탁월한 성과를 거두는 사람들에게는 관직 참여의 기회를 줌으로써 개인적으로 보상을 얻게 하고 국가적으로는 전문지식의 확산을 꾀하도록 제안했다. 이 역시 흥미로운 부분이 아닐 수 없다.

> 생각건대, 심고 가꾸는 정사는 또한 나라의 쓰임을 넉넉하게 하고 백성의 살림을 돕는 것이다. 봉산·황주의 배, 가평·양주의 밤, 청산·보은의 대추, 풍기·순창의 감, 강진·장흥의 귤과 유자와 치자 따위는 법을 시행해 모두 심도록 권장함이 마땅하다. 그리하여 혹 널리 심어 숲을 이루어서 능히 천주(千株: 천 그루) 만주(萬株: 만 그루)에 이르도록 한 자는 사포서(司圃署)에 보고하여 거짓인가 사실인가를 조사한 다음, 추천하여 서반 말직에 보임되도록 한다. 묘당(廟堂)에서 불러 시험하되 능히 농서를 환하게 알고 그 땅에 알맞은 작물을 가려서 농포(農圃)를 경영할 만한 새 지식이 있는 자는, 사포서 관직에 승진해 보임시킨다. 이와같이 하면 10년을 지나지 않아 나라 안의 진귀한 과일을 이웃 나라에 판매하여 재용(財用)을 넉넉히 하기에 족할 것이다 (經世遺表, 地官戶曹, 司圃署).

다음으로 다산은 백성들이 무지하기 때문에 백성들에게 맡겨서는 산업의 발전을 기대하기 어렵다고 생각해 지식인이 농법 등 선진 지식과 기술을 앞장서 개발해야 한다고 보았다. 또한 이들에게는 일반 백성의 10배에 상응하는 보상을 주어야 한다고 말한다.

> 살피건대 지극히 어리석은 자는 백성이요 지극히 정밀한 것은 농사의 이치이다. 반드시 사리에 밝고 물정에 통달한 군자가 있어 백성을 위해 농사(農師)가 되어 그들을 가르치고 훈도하여 토양에 알맞은 곡식을 분별하고 농기구의 사용을 편리하게 함으로써 그들이 미치지 못한 점을 도와 준 후에라야 백성이 할 일을 알게 되고 농사짓는 것이 농법(農法)에 맞게 된다. 그런데 우리나라 백성은 옛날부터 지금까지 그들 제멋대로 농사를 지었지 군자의 가르침을 들어본 적이 없다. 그러기 때문에 종자를 선택할 때 정밀하지 못하고 종자의 보관함에도 조심성이 없으며 파종을 하는 데도 일정한 법도가 없다.…… 기괴한 짓이 곳곳마다 습속이 되었으니 작은 걱정이 아니다(牧民心書, 戶典六條, 勸農).

> (선비 가운데) 직업을 바꾸어 농사일을 할 수 없는 사람이 있다면 장차 어찌 하겠는가…… 부민(富民)의 자재들을 가르치고 생활을 영위하는 사람도 있을 것이며 실업의 이치를 강구하고 토지의 적성을 분별하고 수리(水利)를 일으키고 기구를 만들어서 인력을 덜게 하고, 곡식을 심고 가꾸는 일과 가축을 기르는 방법을 가르쳐서 농사를 돕는 사람도 있을 것이니, 이러한 사람들은 그 공로가 어찌 팔을 걷고 이물고 힘들여 일하는 사람과 비교할 것이겠는가. 이런 이들의 공을 어찌 육체노동을 하는 사람의 그것에 비하겠는가. 1일의 노역은 10일로 기록하고 10일의 노역은 100일로 기록하여 그 양곡을 분배해 주는 것이 옳다. 선비에게 어찌 분배가 없을 수 있겠는가(박석무 외, 1996).

한편 다산은 청나라에서 선진 지식과 기술을 수입해 국내에 보급하기 위해 이용감(利用監) 등 기술의 도입과 보급을 위한 전담부서의 설치와 이를 통한 산업육성책의 실시를 강조하고 있다.[16] 전지(田地)와 호적(戶籍) 및 부세(賦稅)를 전담하는 경전사(經田司), 판적사(版籍司) 및 평부사(平賦司)를 두고, 목축(牧畜)을 전담하도록 호조(戶曹) 소속으로 사축서(司畜署)를 설치하며, 광산(鑛山)의 개발을 전담하는 사광서(司礦署)를 신설해 금・은・동・철광산을 적극적으로 개발하고, 중국으로부터 제련 기술을 배워 전국에 보급할 것 등을 제안했다.[17]

(2) 사적 독점의 규제와 시장 경쟁의 장려

다산은 소수 유력자에 의한 경제활동의 독점이 아래로는 백성들의 삶을 피폐하게 하고 위로는 국권을 약화시켜 국가 발전에 커다란 장애요인이 된다고 말한다. 다산은 이런 견지에서 국가 재산인 광물은 국가 독점의 필요성을 인정하면서도 반면에 사적(私的) 시장에서 이루어지는 시장의 독점에 대해서는 비판적이었다. 대표적인 예가 소금의 독점이다.

> 소금을 독점하는 것은 백성의 이(利)를 빼앗고 백성의 먹을 것을 방해하는 것이니 독점해서는 안 된다. 오직 금・은・동・철은 반드시 관에서 채굴함이 마땅하며, 백성에게 허가함은 불가하다(經世遺表, 地官修制, 賦貢制).

다산은 시장의 경제적 권력을 독점한 호상활고(豪商猾賈)들의 폐단을 탐관오리의 작폐만큼이나 해롭다고 인식했다. 탐관오리가 백성과 국왕 사이를 가로막고 왕의 조세징수권을 도둑질해 왕의 은덕을 차단하고 백성을 수탈하는 것과 호상활고의 이익독점권이 국가에 미치는 악영향을 유사하게 평가하고 있다.

---

16) 선진 기술 도입의 중요성을 인식한 다산은 이기양이 연경에 사신으로 갈 때 이용후생 차원에서 백성의 삶에 실제적인 도움이 되는 것을 배워 오라고 당부하기도 했다(김문식, 2003).

17) 經世遺表, 地官戶曹, 敎官之屬 참조.

그러므로 천하의 전지는 모두 왕의 전지며 천하의 재물은 모두 왕의 재물이며, 천하의 산림 천택(川澤)은 모두 왕의 산림 천택이었다. 무릇 그런 다음에 왕이 그 전지와 재물을 그 백성들에게 널리 나누어 주었으며 왕이 산림 천택에서 나오는 것을 백성들에게 널리 나누어 주었는데, 이것이 옛 선왕의 뜻이었다. 왕과 백성 사이를 가로막는 사람이 있어서 그 징렴(徵斂)하는 권한(收稅權)을 훔치고 널리 나누어 주는 은덕을 막는다면, 임금이 능히 극(至極)을 세우지 못하며 백성도 능히 고르게 받지 못한다. 탐관오리가 부당하게 거두고 호상과 교활한 관리(猾賈)가 이익을 독점하는 것이 이런 경우이다(經世遺表, 地官修制, 賦貢制).

실제로 다산은 당시 조선 사회에서 백성의 삶을 피폐하게 만드는 탐관과 독점상인들이 유착해 재화의 유통이 어려워지고 상품가격이 급등함으로써 백성이 피해를 입게 되는 사례를 제시하며 이에 대한 대비책을 마련해야 한다고 주장했다. 또한 정조(正祖)의 금난전권(禁難廛權) 폐지 정책(辛亥通共)이 올바른 결단이었다고 추켜세웠다.[18]

신해통공(辛亥通共)이 실시되자 서울의 시전상인들이 반대하기 위해 채제공(蔡濟恭)의 집 앞을 메웠고 원망이 분분했다. 사람들이 모두 신해

18) 조선왕조는 전통적 상업관에서 벗어나지 못한 채 시전(市廛) 상인들에 난전(亂廛)을 금하는 금난전권을 부여하고 이를 바탕으로 매점매석을 일삼는 도고상업을 독점적으로 허용하는 등 특권상인의 이익을 옹호했다. 명분은 국가재정의 확보와 난전에 의한 유통 질서의 문란을 방지한다는 것이었다. 그러나 궁실이나 관리들과 결탁한 특권상인은 엄청난 독점이윤을 축적해 나간 반면, 소규모 생산자 및 상인은 이들의 핍박과 수탈을 견디어 내야 했으며, 소비자들은 물가고에 시달리지 않을 수 없었다. 그럼에도 도시 소상인과 수공업자층은 시전상인의 독점적 지배의 그늘에서도 끊임없이 성장을 계속했고, 급기야는 이 규제의 혁파를 이끌어 내기에 이르렀다. 도고(都賈) 상인의 횡포에 농락당하는 도시 소비자층의 불만과 금난전권의 위협 속에서 어렵게 성장해 간 소상인 및 전업 수공업자층의 저항에 따라 이루어진 1791년 신해통공(辛亥通共)은 오늘날의 용어를 빌려 표현한다면 가히 민간경제, 자유시장경제의 승리라 할 만했다. 이와같이 정부가 국가재정의 확보를 목적으로 주요 산업에 대한 규제를 확대하면서 특정 상인이나 무역상 등에게 독점적 사업권을 부여한 것은 중상주의 시대에 서양의 주요 국가에서 보편적으로 발견되는 현상이다(최병선, 2002).

통공의 시행이 옳지 못하다고 주장했으나 1년쯤 지나고 보니 물화가 모여 백성들의 생활품이 넉넉해져서 크게 기뻐했다. 원망하던 사람들도 모두 통공정책이 옳다고 했다(與猶堂全書 詩文集; 고승제, 1995 재인용).

다산은 경제력 집중에 대해서도 강한 문제 인식을 갖고 있었다. 대표적인 예가 당시의 대지주들의 토지 겸병이었다.

지금 호남지방 백성의 형편을 보면 평균 100호 중에서 남에게 토지를 주어 소작료를 받는 자는 불과 5호이고, 자기의 땅을 경작하는 자는 25호 가량이며, 지주의 땅을 경작하여 소작료를 바치는 농민은 70호나 된다(與猶堂全書 第1集, 第9卷).

지금 우리나라의 전지는 대략 80만 결이고 백성의 수는 대략 800만 명이다. 시험삼아 1호(戶)를 10명으로 잡는다면 매 1호에 전지 1결씩 가져야만 그들의 재산이 균등해진다. 그런데 지금 문무의 고관들과 민간의 부호들 가운데서 1호에서 수천 석의 곡식을 거둬들이는 집들이 심히 많다. 이런 집들의 전지를 따져보면 매호 100결 이하는 내려가지 않을 것이니, 이것은 결국 990명의 인명을 희생시켜 1호를 살찌우게 하는 것이다. 우리나라의 부호 가운데에는 영남 최씨나 호남 왕씨같이 만 석을 수확하는 사람들도 있는데, 그들의 전지를 계산해 보면 400결 이하로 내려가지 않는 것이니 이것은 3,990명을 희생하여 1호를 살찌게 하고 있는 것이다(與猶堂全書 第1集, 第11卷, 田論).

(3) 사회간접자본의 정비와 확충

다산은 사회간접자본의 공급을 국가의 중요한 역할로 보고 하루속히 이에 전력을 기울일 것을 강조했다. 예를 들면 수리사업이 미비해 홍수가 나거나 가뭄이 심해 농사를 망치는 것을 수도 없이 말하고 있다. 조선에서 상공업이 발전하지 못하는 이유도 산업 발전의 기초가 되는 기간산업의 낙후에서 찾았다. 다산이 전궤사(典軌司)와 전선사

(典船司)를 설치해 수레와 선박의 제작과 관리를 전담하는 중앙행정 기관으로 삼을 것을 주장한 것 등은 모두 이런 맥락에서 이해할 수 있다.

> 수레를 만드는 것은 동관(冬官)의 직무인데, 우리나라는 3면이 바다로 둘러싸여서 수운(水運)하기에 편리한 까닭에 예부터 수레는 없었다. 그러나 풍파에 침몰하기도 하며, 편하게 건너기가 극히 어렵고 체류하는 비용이 많아서 이익이 적다. 그리하여 상업이 홍기되지 못하고 물화도 유통하지 못한다. 나라가 여위고 백성이 가난해지는 것이 모두 수레가 없는 연고이다.…… 새 제도를 창안하지 말고, 오직 중국 제도를 모방해서 털끝만큼의 어긋남도 없어야 운행에 결점이 없을 것이다. 왜냐하면 저들은 헌원씨 때부터 운행했으므로 지금까지 그 병통의 연유를 연구한 것이 이미 익숙했고, 그 운용하는 데에 편리하게 되는 연유를 알아낸 것이 이미 진지하다.…… 지금 중국에 가서 배워 온 것이 익숙하거든 별도로 하나의 관청을 설치하여 모든 공사 간에 소용되는 수레는 모두 다 전궤사에서 제작할 것이다. 공비(工費)를 계상하고 일정한 값을 정해서 백성들에게 값을 바치고 수레를 받아가도록 할 것이며 혹 사사로 만드는 것은 엄금하는 것이 가하다(經世遺表, 冬官工曹, 事官之屬).

> 우리나라 연안에 표착하는 중국 배와 왜국(倭國) 배가 해마다 10여 척이나 되고, 유구(琉球)와 여송(呂宋: 루손 섬) 배도 또한 가끔 표착하는데, 그 제도와 모양이 기묘하고 견고하여 능히 풍파에 출몰하면서도 파손되거나 침몰되지 않는다. 이 배들이 표착하는 즉시 이용감(利用監) 낭관(郎官)을 보내 분수(分數)에 정숙하고 솜씨있는 공장(工匠)과 같이 검사하면서 여러 가지 물체의 길고 짧음과 넓고 좁음과 뾰족하고 뭉툭한 것과 높고 낮음을 모두 상세하게 살펴서 그 치수를 기록한다.…… 우리가 스스로 모방해 만들어서 털끝만큼도 어긋남이 없게 하면 이것이 중국에 가서 배워온 것과 같다(經世遺表, 冬官工曹, 事官之屬).

여기서 한 가지 흥미로운 사실은 이런 기간산업의 육성은 관이 주도할 뿐만 아니라 국가 독점으로 만들어야 한다고 본 것이다. 오늘날로 말한다면 이런 일들은 공기업 형태와 방식을 빌려 독점적으로 운영하고, 민간에게는 허용하지 않아야 한다고 말하고 있는 것이다.

다산은 경제사회 발전의 기초로서 도량형의 통일을 주장하기도 했다. 지역마다 표준이 달라서 거래에 지장을 주고, 백성들이 완악향리의 농간에 속수무책으로 당하게 만드는 일이나, 관리가 재정을 올바로 집행하기 어렵게 되는 일들이 모두 도량형이 통일되지 않은 탓이라고 생각했다.

> 생각건대, 율(律), 도(度), 양(量), 형(衡)을 한결같게 하는 것은 왕자의 대법이다.…… 그런데 도, 양, 형의 무법(無法)이 우리나라보다 심한 데가 없다. 한 성(城) 안이라도 저자마다 같지 않고, 한 고을 안에서도 마을마다 같지 않으며, 한 마을 안에도 집마다 같지 않고, 한 집안에서도 거두고 내는 것이 같지 않아서, 그 전래되는 폐단은 이루 말할 수 없다. 아전들은 이것을 인연해서 간사한 짓을 부리고, 장사치는 의심하고 현혹되어 물자를 유통시키지 못하니, 묘당에 있는 신하는 시가(時價)를 들었으나 사방 실정을 알 수가 없고, 일을 맡은 신하는 수입을 요량해서 지출할 수가 없으며, 감수하는 신하는 문부(文簿)를 상고해서 실수(實數)를 책임지울 수 없다 (經世遺表, 秋官刑曹, 刑官之屬).

동일한 이치로 다산은 화폐제도의 확립을 주창했다. 화폐제도가 통일되지 않아 나라의 돈이 공전(公田)으로서의 위상을 상실하고 심지어 민간이 주조한 위조 화폐와 구분조차 어려운 상황을 시급히 바로잡아야 한다고 지적했다.

> '전환서'란 주전소이다. 옛날에 구분환법이라 한 것은 모두 돈 만드는 것을 이른 것이다. 지금 돈 만드는 일은 모두 영문(營門)에서 하는데 그 제도가 만에 하나도 같지 않아서, 혹은 크고 혹은 작으며, 혹은 두껍고 혹은 얇다. 글자가 흐릿하고 분명치 못해, 우둔한 백성은 사사로 주조한

것과 분별해 낼 수가 없다. 하물며 돈 형(型)에 재료를 조합하면서 거칠고 약한 물건을 섞어 손에 닿는 대로 부서져서 능히 10년을 견디지 못한다. 이것도 또한 이용감에서 중국의 주전법을 배워 모두 전환서에서 주조할 것이다(經世遺表, 冬官工曹, 事官之屬).

6 해석과 평가

1) 왕도정치의 이상과 중농주의에 대한 과도한 집착

이상에서 개관해 본 바와 같이 다산은 철저하게 왕도정치를 신봉하고 가부장적인 국가관으로 국가의 주도적·선도적 역할을 강조했다. 방백과 수령들이 시부(詩賦)나 읊조리며 "자신은 큰 줄기나 파악하고 사소한 일들은 아랫사람들에게 맡겨 두어도 문제될 것이 없다"는 지대체(持大體)의 사조에 휩쓸리고 파묻혀 있던 당시에 다산이 파악하는 행정 실상의 세밀함이나 그가 제시하고 있는 각종 개혁 방안의 구체성은 가히 혀를 내두르게 만든다.

그러나 그의 국정철학과 개혁사상의 요체는 놀랍게도 단순하다. 시대가 무수히 바뀌었음에도 불구하고 요순(堯舜)이 보여 주었다는 상고(上古)의 법과 왕도정치의 원형에 우직하리만큼 강한 집착을 보인 점은 이해하기 어려울 정도이다. 그의 경전에 대한 새로운 해석이 모두 이 원형을 복원하는 데 기울어져 있었다고 해도 과언이 아닌데, 이 역시 보통 사람으로서는 상상하기 힘든 일이다. 위대한 개혁사상가인 다산이 이것이 무리일 수도 있다는 생각을 못했을 리 만무하다. 그의 『고전집주』나 『경세유표』는 경전의 오역과 오해를 낱낱이 지적해 비판하고 질타하는 내용으로 가득 차 있다. 요순 시대의 왕도정치 사상과 법제도만큼 그의 마음에 와 닿은 것이 없었던 듯하다. 때로 그가 말하는 이상적인 법제도나 그 밑을 흐르는 사상들이 과연 『주례육전』이나 『상서』에 담겨져 있는 원래의 사상이고 제도인지, 아니면 다산 자신의 것인데 『주례』 등을 빌려 어떤 권위와 정통성을 부여받으려 한 것인지 의문을 품지 않을 수 없는 이유가 바로 여기에 있다.

다산의 이런 집착은 그러나 결국 그의 방대한 사상 체계의 논리적 일체성과 일관성을 상당히 해치는 결과를 초래했다고 생각된다. 그의 전체 사상 체계 속에서 인간관은 비슷한 시기의 서구 계몽철학자들에 못지않다고 평가받을 수 있을 정도로 비교적 자유주의적이고 시장주의적인 요소를 내포하고 있는 반면에, 이것에 기초하고 일관성을 유지해야 할 사회관과 국가관은 논리적으로 상당한 괴리를 보이고 있다. 이것은 기본적으로 다산이 왕정사상에서 전혀 벗어나지 못한 낭연한 결과라 할 수 있겠으나, 농업 중심적 사고에 연유한 바도 크다는 생각이다.

이런 다산의 경세관의 한계는 상공업 등 당시 신흥산업에 대한 제한적인 인식 속에 특히 잘 나타나 있다. 새로운 산업, 새로운 직종의 대두와 부흥에 대해 매우 보수적이고 수구적인 관점과 입장을 취하고 있는 것이다. 이 점은 박제가(朴齊家, 1750-1805)나 유수원(柳壽垣, 1694-1755) 등 다산보다 선대의 학자들이 상공업과 무역의 진흥을 조선의 부국강병책으로 제시한 것을 상기할 때 이례적이라고 말하지 않을 수 없다. 그의 논설과 주장 어디에서도 상공업이나 무역을 이들처럼 긍정적으로 보고 진흥책을 논의하는 것은 찾기 힘들기 때문이다. 물론 다음의 인용문에서 보는 바와 같이 다산은 상업을 억제해야 한다는 주장을 펴지는 않았다.

> 천하의 이익에 장사만한 것이 없다. 그 이익이 많은데 그 명색을 높이면 천하 사람 중에 또 누가 쟁기를 지고 밭고랑에 들어가는 자가 있겠는가? 그러므로 선왕이 농사를 중하게 여겨 사와 농이 서로 통하게 했다.…… 살피건대 상고(商賈)는 이익이 많으므로 그 세도 따라서 과중하니, 이것이 선왕의 법이었다. 그런데 반드시 상업을 억제해서 곤란하게 하는 것도 또한 좋지 않은 듯하다. 있고 없는 것을 교역하는 것은 우·

직(禹稷)도 시행했는데, 어찌 반드시 억제할 것인가(經世遺表, 地官修制, 賦貢制).

다만 호상활고(豪商猾賈)와 아전들의 결탁으로 이루어지는 수탈적 상업을 억제할 필요가 있다고 보았을 뿐이다. 상업에 대해 긍정적으로 보면서도 '농업 중심의 경제 체제를 무너뜨리지 않는 한도 내에서의 상공업 발전'을 추구했던 점에서 다산은 『반계수록』의 저자 유형원(柳馨遠, 1622-1673)과 동일한 한계를 보이는 것으로 판단된다.[19] 한마디로 말해 다산의 상업관은 박제가나 유수원과 같이 상업을 전략적으로 육성해서 자본주의 발전의 맹아로 삼고자 하는 적극적 성격을 띠지는 않는다. 다산이 새로운 산업과 직업이 태동하고 이것이 경제와 산업 발전의 견인차 역할을 담당하리라는 생각을 하지 못했던 것은 그가 극도로 '중농주의' 사상에 치우쳐 있었기 때문이 아닌가 한다.

2) 철두철미한 가부장적 국가관

다산이 신봉한 것은 철두철미 가부장적 국가관이었다. 개인의 강력한 이기적 동기, 경제 욕구 그리고 이것이 이룩해 내는 경제적 성과를 충분히 인식하고 있었으면서도 다산은 이것으로 경제사회가 자율적으로 발전해 갈 것으로는 전혀 생각지 못한 듯하다. 국가는 어디까지나 왕의 것이고, 국법을 중시하고 백성의 편안한 살림을 도모하는 이존국법 이중민생(以尊國法 以重民生)의 철학을 지닌 국왕의 친정 체제(親政體制) 아래에 있어야 하며, 이런 국왕의 뜻을 고루 실현하기 위한 일사불란한 국가 지배-통치 체제가 확립되어야 하고, 이것이 안민(安民)과 부국강병의 유일한 길이라고 믿었던 것으로 보인다. 다산이 바

19) 반계 유형원은 "수공업자와 상인은 선비나 농부와 같이 없을 수 없다. 다만 그것에 종사하는 자가 많으면 농업에 해가 되므로 세를 무겁게 하여 억제하고, 그 수가 적으면 세를 가볍게 하여 물화 유통의 길이 열리게 해야 한다"고 했다(고승제, 1995: 487에서 재인용).

람직한 국가의 모습과 법제도가 어떠해야 하고 어떨 때 백성이 이에 순응하고 안 할지를 역설할 때면 으레 가정의 예, 가장(家長)의 자격과 책무 등을 들어서 논설하고 있는 것도 그의 국가관이 가부장적 국가관임을 방증한다. 자애로운 부모와 효도를 다하는 자식의 관계를 이상적인 국가(왕)와 백성의 관계로 본 것이다. 다만 다산은 일찍이 『탕론』 등에서 보여 주었듯이 민권의식을 분명히 갖고 있었던 학자로서, 국왕이 백성을 자애롭게 다스리기 위해서는 성왕(聖王)이 되지 않으면 안 되고 성심을 다해 몸소 궁행(躬行)해야 함을 틈틈이 역설한다. 국왕이 눈이 어둡고 귀가 어두워 간신배와 헛된 논의나 일삼는 신료들에게 휘말려 국사를 올바로 그리고 세심하게 돌보지 못하면 허수아비가 되고 백성의 원성을 사 끝내 버림받게 될 것임을 누누이 강직하게 경고하고 있는 점은 눈여겨 볼 만하다.

인간의 욕구를 귀(貴)와 부(富)로 나누어 차등을 둔 다산은 무지한 백성이 스스로 알아서 새로운 일을 개척해 나가거나 도모할 수는 없다는 이상한 생각을 끝내 거두지 않았다. 그는 각종 국가개혁론을 피력하면서 늘 관료와 선비의 선도적 역할의 중요성을 강조했다. 이들이 솔선수범하지 않으면 백성은 따라가야 할 방향을 잃고 헤맬 수밖에 없다고 보았다. 애덤 스미스 등 동시대 서양의 계몽사상가들이 시장경쟁이 만들어 내는 사회의 자생적 질서(spontaneous order)를 신봉한 것과 크게 대조되는 부분이 아닐 수 없다.[20] 새로운 지식과 기술의 도입과 확산은 오로지 관료와 선비를 통해서만 가능하다고 보았다. 당시에 백성이 교육을 받지 못하고 따라서 글을 읽을 수 없었던 사정을 이해하지만, 다산은 지식의 속성에 대해 제한된 인식밖에 갖지 못했던 것으로 보인다. 말하자면 시장에서, 특히 재산권을 가진 사람들이 자기 재산의 가치를 증식하고 여기서 최대한의 이득을 취하려는 과정에

---

20) 하이에크(Friedrich A. von Hayek)의 사회의 자생적 질서와 관한 자세한 설명과 논의는 최병선(2000), 『하이에크의 자유주의 사상과 정치경제학 이론』을 참고하시오.

서 새로운 지식과 정보가 창출된다는 사실 그리고 이것은 학자만이 아니라 범인들도 일상적으로 해내는 일이라는 사실(Pejovich, 1998)을 다산은 인식하지 못했던 셈이다. 오로지 경서와 문서에 기록된 것만을 지식으로 보고 개인적 지식(personal knowledge) 혹은 암묵적 지식(implicit knowledge)이 사회에서 어떻게 자라나는지에 대해서는 특별한 주의를 기울이지 못했던 것이다.

3) 국가의 역할과 법제도에 대한 인식

가부장적 국가관에 투철했지만 다산이 『경세유표』 등 국가개혁론 전반에서 국가의 고유 역할과 기능을 어떻게 이해하고 있었는지는 비교적 분명하다. 국가재정의 확립, 이를 뒷받침하는 측량제도와 예산제도·통계제도, 농업 발전의 기반으로서 수리사업의 중요성, 공평한 조세와 상공업 발전의 기반이 될 도량형의 통일 필요성 등 그가 제시하는 국가 역할은 무수하고 이 모든 제안에서 다산은 왜 그것들이 국가의 책무가 되어야 하는지를 분명하게 밝히고 있다. 그가 제시하는 이유들은 오늘날의 경제이론에 비추어서도 모두 타당하다.

더 나아가 공정한 법질서 확립의 중요성을 누누이 강조하는 것은 다산의 뛰어난 점으로서 오늘날 신제도경제학에서 강조하는 사항들을 모두 고려하고 있다고 해도 과언이 아니다. 예를 들면 신제도경제학은 제도가 인간의 행동을 유인한다는 점을 강조하고 있는데, 이와 동일한 관점에서 다산은 법제도가 그릇될 때 수령과 백성들이 엉뚱한 행동을 취하게 된다는 점을 강조하고 이를 무수한 예를 통해 거증하고 있다. 특히 법제도가 잘못되어 있을 때 부조리와 부정부패를 낳게 된다는 사실도 부각시키고 있다. 말하자면 제도의 실패 요인에 대한 이해가 매우 풍부했던 셈이다. 그의 모든 저술, 특히 『목민심서』나 『경세유표』에 나타난 각종 비리와 부조리 현상은 물론이고, 이런 비리의 발생과 수탈이 자행되는 구조와 과정에 대한 분석은 오늘날 정치경제이론을 빠치고 남는다. 일찍이 부친을 따라 여러 고을 행정의 난맥상을 눈여겨 보고, 스스로 각종 직책을 제수받아 수행하면서, 혹은 고된 유배지 생활을 통해 얻은 무수한 경험에 기초해 이루어지고 있는 다산의 법제도의 현실 분석, 특히 부정부패와 가렴주구의 다양한 유형과 패턴에 대한 예리하고 통찰력 넘치는 분석은 오늘날 어떤 학자도 감히 넘볼 수 없는 독특한 경지의 것이라고 말하지 않을 수 없다.

참고 문헌

고승제(1995). 『다산을 찾아서』. 서울: 중앙일보사.

김문식(2003). 다산의 대외 인식과 국방론. 『다산학』, 4: 129-162.

김태영(2003). 다산의 국가 산업행정 체제 개혁론. 「한국실학연구」, 5: 317-366.

다산연구회(역주)(1979). 『역주 목민심서』(1-6). 서울: 창작과비평사.

박석무 · 정해렴(편역)(1996). 『다산논설선집』. 서울: 현대실학사.

박현모(2003). 정약용의 군주론: 정조와의 관계를 중심으로, 『정치사상연구』, 8: 7-30.

박홍식(1994). 다산 정약용의 인간관. 『유교사상연구』, 7(1): 457-476.

이영훈(2002). 다산 경제학의 발견. 『한국경제논단』.

이익성(역)(1997). 『經世遺表』(Ⅰ-Ⅲ). 서울: 한길사.

최병선(1992). 『정부규제론』. 서울: 법문사.

최병선(1998). 규제 완화의 정치: 사상, 이해관계, 제도의 역학, 진창수(편). 『규제 완화의 정치: 비교연구』. 세종연구소.

최병선(2000). 경제개혁의 평가와 과제: 제도개혁과 재량적 개입의 상충성을 중심으로, IMF 체제 이후를 대비하는 국정관리 방향: 경제 분야. 『한국행정연구』, 9(2): 24-47.

최병선(2000). 하이에크의 자유주의 사상과 정치경제학 이론, 안청시 외(편). 『현대 정치경제학의 주요 이론가들 論文集』. 서울: 아카넷.

최병선(2001). 정부 주도 경제사회의 운영과 행정윤리, 오석홍(편). 『현대사회와 행정윤리』. 서울: 박영사.

최병선(2002). 중상주의(신중상주의) 정책의 지대추구 측면에 관한 연구. 『국제・지역연구』, 11(4): 21-55.

최병선(2003. 6. 13). 법의 지배와 행정: 행정/복지국가에서의 법과 정책. 한국제도경제학회 창립학술대회 『인치・법치・관치: 법의 지배 확립』 발표 논문, 서울: 프레스센터.

최병선(2006a). 코오스: 시장의 진실과 세상의 이치. 『자유주의: 시장과 정치』. 서울: 부키.

최병선(2006b). 『규제의 역설』. 서울: 삼성경제연구소.

최병선(2006c). 제도경제학의 관점에서 본 규제정책: 이견과 확장. 『행정논총』, 44(2): 179-216.

홍이섭(1959). 『정약용의 정치경세사상 연구』. 서울: 한국연구도서관.

Alchian, Armen. & Harold Demsetz(1973). The Property Right Paradigm. *Journal of Economic History,* 33(1): 16-27.

Alston, Lee J., Thrainn Eggertsson & Douglas C. North(1998). *Empirical Studies in Institutional Change.* Cambridge: Cambridge University Press.

Coase, Ronald H.(1960). The Problem of Social Cost. *The Journal of Law and Economics,* 3: 1-44.

Kasper, Wolfgang & Manfred E. Streit(1998). *Institutional Economics: Social Order and Public Policy.* Cheltenham, UK: Edward Elgar.

North, Douglas C.(1990). *Institutions, Institutional Change and Economic Performance.* Cambridge: Cambridge University Press.

North, Douglas C. & R. P. Thomas(1973). *The Rise of the Western World.* Cambridge: Cambridge University Press.

Olson, Mansur(1982). The Implications, *The Rise and Decline of Nations: Economic Growth, Stagflation, and Social Rigidities.* New Heaven: Yale University Press.

Pejovich, Svetozar(1998). *Economic Analysis of Institutions and Systems.* London: Kluwer Academic Publishers, revised 2nd edition.

Rapaczynski, Andrzej(1996). The Roles of the State and the Market in Establishing Property Rights. *The Journal of Economic Perspectives,* 10(2): 87-103.

Williamson, Oliver E.(2000). The New Institutional Economics: Taking Stock, Looking Ahead. *Journal of Economic Literature,* XXXVIII(Sep.): 595-613.

제3장 조직관

김성현

1 서 론

다산 정약용(1762-1836)은 500여 편이 넘는 많은 저서를 통해 국가 전반에 걸친 근본적이고 총체적인 개혁의 필요성을 역설했다. 특히 『경세유표』를 통해 관제 · 군현제 · 전제 · 부역 · 과거제 · 세제 등 국가 경영에 관계된 제도들을 개혁하고자 했다. 이러한 개혁 의도와 구체적인 대안은 합법성과 효율성을 최대한 추구하고자 하는 조직의 구조와 관련된 조직이론으로서 접근할 수 있을 것이다. 그러나 중세와 근대의 시대적 배경을 갖는 다산의 개혁 의도의 의미와 기준 그리고 관점을 모색하는 것이 과연 의미있는 작업인지는 별개의 논의로 하더라도 현실적으로 현대적 의미의 조직이론을 적용하는 데에는 어려움이 많다.[1)]

사회에서 조직은 일반적으로 직접 또는 간접으로 우리의 삶에 많은 영향을 미치고 있다. 이러한 이유에서 조직을 바람직한 상태로 개선하는 것이 필요하고 이를 위해 올바른 진단과 이해가 우선된다. 그러나 조직은 다양한 속성의 행태를 지닌 사람들의 집합체이기 때문에 복잡

---

1) 과거를 비판하는 문제 제기는 일반적으로 전향적 비판과 복고적 비판의 두 가지 목적이다(조혜인, 1998). 이 글은 과거를 비판함으로써 앞으로 나아가기 위한 전향적 목적의 연구이다.

다양하고 모호하다. 더욱이 같은 조직을 판단하는 경우에도 사람마다 다르게 판단 및 해석하기도 한다. 이러한 이유에서 조직을 진단하고 이해하는 접근 방법은 각기 다르게 나타나고 있다. 에치오니(Amitai Etzioni, 1975)의 경우 시간의 흐름에 따라 조직이론의 변화를 고전이론 · 인간관계론 · 구조론으로 이해하고 해석했으며, 볼먼과 딜(Lee G. Bolman & Terrence E. Deal, 1984)은 구조적 접근 방법 · 인적자원적 접근 방법 · 정치적 접근 방법 · 상징적 접근 방법으로 구분해 조직을 이해하려 했다. 특히 버렐과 모건(Gibson Barrell & Gareth Morgan, 1979)은 조직이론을 사회학적 맥락에 결부시키고자 하는 의도에서 기능주의 조직이론, 해석학적 이론, 반조직 이론, 급진조직 이론으로 분류했다(김병섭 외, 2003: 24).

다산 정약용은 『경세유표』, 『목민심서』 등 정치 · 경제 · 사회에 걸쳐 500여 편이 넘는 수많은 저서를 완성함으로써 후세에 개혁적 사상의 지표로 삼을 만한 업적을 남겼다. 또한 이들 저서를 통해 다산은 보편적이며 구체적이고 실천 가능한 개혁 원리와 대안들을 제시했다. 이러한 개혁 원리와 대안들을 적당한 분석틀에 넣고 분류하고 분석한다면 현대적 의미의 조직이론을 적용하는 것은 물론 새로운 시각의 이론적 · 사상적 틀을 이끌어 낼 수 있을 것이다. 그러므로 다산 정약용의 개혁 원리와 대안들을 분석하기 위한 분석틀이 필요한데, 이러한 분석틀로서 조직이론을 사회학적 맥락에 결부시키고자 한 버렐과 모건의 분류는 다산 정약용의 저서에서 이론적 · 사상적 틀을 이끌어 낼 수 있는 도구가 된다. 특히 버렐과 모건이 제시한 사회학적 맥락의 분석틀은 다산의 조직이론, 즉 조직관이 현재 어디에 있으며 어떻게 변화되었고 어떻게 변화가 가능한지 살펴볼 수 있다는 장점이 있다. 이러한 점에서 다산 정약용의 저서에 나타나는 보편적 원리와 대안들을 현대적 의미의 준거틀, 즉 사회학적 맥락에 적용함으로써 다산의 조직관을 살펴볼 수 있을 뿐더러 현대 조직연구에 함의를 도출할 수 있는 새로운 시각을 살펴볼 수 있을 것이다.

2 주관과 객관 차원에서 다산의 조직관

1) 존재론적 접근

존재론은 크게 유명론과 실재론의 대치로 설명된다. 유명론의 입장은 개인 인식의 외부에 있는 사회적 세계란 현실을 구성하는 데 사용하는 이름, 개념 및 명명으로 구성될 뿐이라는 가정에 충실하므로 이러한 개념을 사용해 기술하는 세계의 어떤 '실재적' 구조의 존재를 인정하지 않는다. 반면 실재론은 개인 인식의 외부에 있는 사회적 세계는 엄격하고 가시적이며 비교적 불변하는 구조로 이루어진 실재적 세계라고 가정하는 것이다.

이러한 분류 차원에 따라 다산의 조직관을 분석하기 이전에 성리학에서 나타나는 이기론(理氣論)의 개념을 살펴볼 필요가 있다. 이(理)는 이치로서 사물들의 어떠한 활동이나 작용이 있게 하는 근원이다. 그렇지만 그 스스로 작용을 하지는 못하고 다른 기운의 흐름에 동행하면서 사물이 있게 만드는 존재이다. 이는 무형의 형이상학적인 것이다. 반면 기(氣)는 기운으로서 스스로 작용하면서 무엇인가를 만들어낼 수 있는 존재이다. 기는 유형의 형이하학적인 기로, 이치에 따라 만물을 생성, 소멸시키는 존재이다(이대희, 1999: 172-173). 이러한 이와 기에 대한 논의는 오래되었다.

다산의 경우 이와 기의 관계에서 이를 보편적인 원리로서 우선시하는 정주학적 사유 체계를 벗어나 구체적이고 개별적이며 경험적인 존재인 기를 중시하는 입장에 서 있다(윤재풍, 2005). 다산은 다음과 같은 은유로써 기는 독립된 자유로운 존재이고 이는 기에 의존하는 존재로 파악하고 있다.

> 이의 뜻은 본디 옥이나 돌의 결(脈理)이다. 옥을 다듬는 자는 그 결을 살핀다. 옥이 있어 결이 있듯이 이는 기에 의존해 존재한다. 다시 말하면 모든 기는 자유로운 존재(自由之物)이고 이는 의존하는 존재(依附之品)이다. 따라서 의존자는 반드시 자유로운 자에게 의지한다(孟子要義, 中庸講義).

2) 인식론적 접근

다산의 저서에서 나타나는 인식론에 대한 논의에 앞서 '격물치지(格物致知)'라는 성리학적 논의와 구분하는 것이 먼저 이루어져야 한다. 정이천과 주희를 중심으로 한 정주학의 인식론은 인간에게 내재되어 있는 선험적인 지를 외부 사물과의 접촉을 통해 확인하고 자각해 나가는 일련의 과정을 의미한다. 인식의 주체는 나이지만 인식의 궁극적 대상은 외부에 객관적으로 존재하는 대상적 사물이 아니라 나 자신에 대한 인식을 의미한다. 즉 외적인 인식 대상을 통한 지식은 자신의 내부에서 존재하는 선험적 지를 인식하기 위한 수단 내지 경로에 지나지 않는다는 것이다. 따라서 정이천의 인식 사상은 객관적으로 존재하는 외부 사물에 대한 경험적 인식으로 이해해서는 곤란하다(장복동, 2004). 이는 뒤에 언급되겠지만 동양철학 특히 성리학에서 나타나는 자연과 인간을 동일시하는 인간동형론과도 연관된다. 반면 이와 관련하여 정약용은 인간과 자연을 동일시하는 성리학과는 달리 인성과 물성의 분리를 엄격히 하고 있다(김경태, 2005).[2]

우선 다산은 인간과 자연을 엄격히 분리한 후 '격물치지'를 실천적인 자기 수양의 의미로 귀결시켰다. 결국 인식의 문제를 자기 수양에 토대를 둔 실천의 문제와 결부시키고, 인식과 실천의 주체인 마음의 본질을 해명하는 데 중점을 둔다. 마음은 인간이 태어날 때 선천적으

---

2) 다산의 인간성에 대한 논의는 서학의 영향 아래 형성된 것으로 유추할 수 있다. 즉 성선설과 성악설의 인간과 만물의 본성이 동일하다는 인간동형론을 부정하고 인간과 자연을 엄격히 분리했다.

로 부여받은 무형의 본체로서 신체의 구속으로부터 자유롭고 모든 현상을 포괄할 뿐만 아니라 모든 이치를 신묘하게 깨달으며, 선악에 대한 가치 판단의 주체이다. 동시에 사람의 마음은 그 속성상 활동적이고 신묘해서, 공간적으로 무한의 경계까지, 시간적으로는 과거로부터 현재에 이르기까지 모두 궁구해 나갈 수 있다. 인간이 온갖 이치를 미루어 다 깨달을 수 있다는 것은 감각기관을 통해 획득한 구체적 사물에 대한 감각적 지각을 구성하여 그 연관 관계를 파악하는 추상적 인식 능력을 지니고 있다는 것을 의미한다.

> 내가 사물과 만나는 통로는 감각기관에 있다. 귀는 소리를 모아 심에 바치고 눈은 색깔을 거두어 심에 바치니 이것이 그 직분이다. 눈과 귀는 다만 그 직분을 다할 뿐이다. 어찌 이 심으로 하여금 억지로 그 바친 바를 다르도록 할 수 있겠는가(孟子要義 第2卷).

이러한 내용은 프랑스 실존주의자 사르트르(Jean Paul Sartre)의 '무(無)'의 개념과 유사하다. 실재 세계와 개개인의 의식 사이에 놓인 간격을 '무'라 불렀다. 이는 감각기관을 통해 획득한 구체적 사물에 대한 감각적 지각을 구성해 그 연관 관계를 파악하는 추상적 인식 능력과 상호 연관된다 할 수 있다. 이런 점에서 다산의 인식론의 경우 주관에 가깝다고 할 수 있다. 그러나 이전 정이천의 사상과는 달리 기와 관련해 구체적인 외부 사물을 인식했다는 점에서 또 다른 의미를 찾을 수 있겠다.

3) 인간성 접근

인간성에 대한 논의는 여러 사회적·과학적 이론에서 인간모형이 어떻게 반영되고 있는가의 문제로 크게 주의주의(voluntarism)와 결정론(determinism) 논쟁으로 대표된다. 인간과 인간의 활동은 그것이 존재하는 상황이나 환경에 따라서 완전히 결정된다고 생각하는 결정론적 견해와 인간이란 완전히 자율적이며 자유의지를 가진 존재라는 주의주의적 견해로 구분된다. 이렇게 서양에서 출발한 인간성에 대한 논의를 정확하게 다산의 저서에서 찾기는 쉽지 않다. 다만 우리는 맹자와 순자의 성선설과 성악설을 분석함으로써 다산의 인간관을 유추해 볼 수 있다. 맹자와 순자의 사상에서 나타나는 사상은 다 같이 자연에 대한 가치평가를 인간 사회의 규범으로 채택한 점에서 자연의 인간동형론, 즉 인간중심주의적 사고를 공유하고 있다고 할 수 있다. 그러나 같은 인간중심주의적 사고이지만 그 방향성에서는 약간의 차이를 보인다. 이러한 차이는 서양 학문에서의 인간성 논의에 대한 적용을 구체화시킬 수 있다.

우선 맹자의 성선설을 살펴보면, 자연을 단적으로 아름답고 좋은 것으로 판단하며 이러한 자연과 인간을 동일시하고 있다. 다만 인간은 사회생활에서 동물적인 본능이 육체적이고 이기적 향락으로 전환해 인간의 정신생활을 어지럽히는 결과를 빚는다고 여겼다. 반면 성악적인 순자는 자연을 맹자처럼 낭만적으로 평가하지 않았다. 자연은 생존투쟁의 싸움이 벌어지는 무대이며 이러한 자연에서 싸우는 생명(인간)이 성선적일 수 없기 때문이다. 그러나 이러한 생존 본능이 인간에게는 매우 취약하기 때문에 본능 대신 지능을 갖고 태어났다. 그러므로 자발적으로 사회생활을 유지하지 못하는 인간의 지능적 사회생활을 인위적으로 관리해야 하는 것으로 보고 있다(김형효, 2004).

위의 성선설과 성악설의 내용에서 방향성을 살펴볼 수가 있다. 성선설의 경우 자연과 인간을 동일시하고 있지만 인간의 본능이 사회생활을 통해 육체적이고 이기적 향락으로 전환해 인간의 정신생활을 어지럽히는 결과를 빚는다는 점에서 인간의 주의주의적인 측면이 나타난다 하겠다. 반면 성악설의 경우, 자연은 생존을 위한 싸움의 장으로 해석되며, 이러한 성선적이지 못한 상황에서 생존을 유지하기 위해 또는 자연에 적응하기 위해 인위적인 지능적 사회생활을 인정하고 있다는 점에서 결정주의적인 측면이 있다.

다산의 인성론은 『논어고금주』에서도 언급하고 있듯이 맹자의 성선설을 기본으로 한다. 다산에 의하면 사람은 배태하자마자 선천적으로 영명무형(靈明無形)한 체(體)를 부여받았으므로 선과 덕을 좋아하고 악을 부끄럽고 더러운 것으로 여기는 것이 인성이고 따라서 성선이라는 것이다. 이러한 내용은 『중용자잠』에서 찾을 수 있다.

> 대개 사람이 배태하여 이미 태어나면 하늘(天)은 곧 영명무형한 체(體)를 부여했는데 그 물(物)이 됨은 선을 기뻐하고 악을 미워하며 덕을 좋아하고 더러운 것을 부끄러워한다. 이를 일러 성(性)이라 하고 이를 일러 성선(性善)이라 한다(中庸自箴).

그리고 위의 인간이 부여받은 영명무형한 체를 영지의 기호라고 하며 영지의 기호는 인간 본심의 기호이고 참된 것, 착한 것을 밝게 할 수 있는 놀라운 힘을 가지고 있는데, 영지란 이러한 마음의 놀라운 능력을 말한다(최동희, 1980). 이러한 영지의 기호는 대체(大體)이며 이 대체를 따르면 선이 되지만, 소체(小體)를 따르면 악하기 쉽다고 한다. 즉 선을 좋아하고 악을 부끄러워하는 성(性)과 선하기는 어렵고 악하기 쉬운 중간에 선을 행할 수도 있는 자주권을 인간에게 주었다는 것이다(김경태, 2005). 이러한 논의 결과 다산의 경학에서 찾을 수 있는 인간성에 대한 방향은 주의주의에 가깝다 하겠다.

4) 방법론적 접근

방법론에 대한 정의는 크게 개별 기술적 접근 방법과 일반 법칙적 접근 방법으로 나눌 수 있다. 개별 기술적 접근 방법은 연구 대상으로부터 직접 지식을 얻음으로써만 사회적 세계를 이해할 수 있다는 견해에 근거한다. 반면 일반 법칙적 접근 방법은 체계적인 절차와 기법에 바탕을 둔 조사의 중요성을 강조한다. 이는 보통 자연과학에서 사용하는 접근 방법이다(윤재풍 역, 2001). 그러나 이러한 서양의 과학적 방법을 동양의 그것에 적용시키기에는 무리한 점이 없지 않다. 이런 이유에서 이 방법론에 대한 논의를 하기 위해서는 새로운 접근 방법이 필요하다.

이러한 방법의 하나로 환원의 방법을 중심으로 분석해 보고자 한다. 자연과학에서의 방법론은 '사실적 확보'를 의미하며 다른 사람들의 경험들과의 공통성을 확보한다는 의미로서 해석할 수 있다. 이러한 공통성을 확보하기 위해 사실적 요소와 가치적 요소를 구별함을 물론 A는 B와 C라는 대상으로 대치할 수 있어야 하며 B와 C는 A로 대치할 수 있어야 한다(여기서 B와 C는 독립변수이다). 반면 개별 기술적 접근 방법은 개개인의 주관을 환원시키는 것으로 현상학에서의 반성(reflection)의 의미로 받아들일 수 있다(박선영, 1995). 이는 문학적 용어인 환유(metonymy)와 은유(metaphor)로서 설명할 수 있다. 즉 전자의 경우 환유로서 설명되고 후자의 경우 은유로서 설명된다.

이러한 기준에서 다산의 방법론을 살펴보기 이전에, 먼저 위에서도 언급되었듯이 성선설과 성악설이 어떻게 설명되는지 살펴볼 필요가 있다. 김형효(2004)는 성선설의 경우 자연의 '선'과 같이 인간이 옳음을 실천해야 함에도 그 자연의 '선'이 인간의 사회생활에 노출되어 있지 않고 상징적으로 숨어 있어서 이를 표현하기 위해서는 은유가 필요하다고 했다. 반면 성악설의 경우 자연의 '악'이 인간의 '악'으로 이동한 결과 무수히 관찰할 수 있는 특징을 가지고 있으며 이러한 특징은 환유로서 설명된다고 했다. 이러한 기준에서 다산의 방법론을 유추해 보면 은유적인 형태를 보이고 있는 것으로 판단된다. 이는 다음의 『논어고금주』의 내용에서 살펴볼 수 있다.

> 젖먹이 아이라도 칭찬하는 말을 들으면 얼굴에 기쁜 빛을 나타내고 어린아이라도 꾸지람을 들으면 부끄러운 마음을 가진다. 이것은 선의

고귀함을 알기 때문에 칭찬을 듣고 얼굴에 기쁜 빛을 보이는 것이며 악을 부끄러워할 줄 알기 때문에 꾸지람을 듣고 부끄러운 마음이 일게 되는 것이다. 도척은 악인이지만 그를 모르는 사람이 그에게 청렴하다 칭찬하면 그는 즐거워하고 음란한 자는 악인이지만 그를 모르는 사람이 그에게 정숙한 여인이라 칭찬하면 그가 좋아함은 무엇 때문인가? 덕을 좋아하거나 악을 부끄럽게 여기는 마음이 천성에 근본하여 비록 이 천성을 깡그리 손상하여 남은 게 없어도 오히려 없어지지 않는 것이 있기 때문이다. 맹자의 성선설이 어찌 잘못된 일이겠는가(論語古今註).

이처럼 다산은 성선을 증명하기 위해 젖먹이 아이와 기쁜 빛 등을 은유하고 있음이 드러난다. 그러나 다산의 모든 저서는 조선의 실제 상황에 대한 객관적이고 실증적인 조사를 토대로 이루어졌다고 평가되기도 한다. 특히 그는 자신의 경험을 구체적으로 기록해서 자료로 남겼고 이를 자신의 저술 작업의 기본 자료로 적극 활용했다(김기승, 2005). 이러한 점에서 무조건적인 은유만을 논하지는 않은 것으로 판단할 수 있다.

3 규제와 변동 차원에서 다산의 조직관

실학사상은 정치적으로는 민권의식의 발아, 경제적으로는 농민의 토지 소유의 가능성과 상품 화폐경제로의 변화 가능성을, 사회적으로는 신분제의 해체와 평등사회의 지향성 등을 강조했다. 그러나 정약용을 비롯한 실학사상의 내용을 '국가재조론(國家再造論)'이란 관점에서 다음과 같이 해석하기도 한다.

정치, 사회, 경제 제도의 개혁론도 기존 왕조 체제의 틀을 근본적으로 벗어나지 않았다는 점이 지적된다. 이 점에서 실학파의 국가개혁론은 근대 국가로의 지향성보다는 왕조 국가 체제를 다시 구축하고자 했다는 '국가재조론'이라는 관점에서 파악되기도 한다(지두환, 1987).

한편 정약용의 『경세유표』는 『주례』를 모델로 저술되었다. 『주례』의 육전 체제를 원용했는데, 이것은 주대의 제도를 이상적인 국가 제도로 보았기 때문이다. 주대의 국가 제도는 그 이전 요순의 선왕들이 정치를 법제화한 것이다. 따라서 다산 역시 요순 시대, 선왕의 정치를 이상으로 삼았다. 그리고 이에 대한 재해석을 통해 과거 역사상에 존재했던 모든 사례를 비판적으로 검토하는 방법으로 자신의 국가개혁사상을 피력했다(김기승,.2005). 또한 현재의 총체적 위기 법도가 무너져 모든 일이 어수선하고 무질서한 상황으로 파악했다. 즉 정약용은 당시의 상황을 법질서가 완전히 무너져서 병들지 않은 것이 없기 때문에 개혁하지 않으면 곧 나라가 멸망하게 될 총체적 위기 상황으로 파악하고 있었다. 이는 다음의 글에서도 찾을 수 있다.

> 임진왜란 이후 온갖 법도가 무너져 버렸고 모든 일이 어지러워졌다. 군문이 여러 번 증설되어 국용이 탕진되었다. 전제가 문란해졌고 부세 제도는 편벽되었다. 생재(生財)의 원천은 있는 힘을 다해 막았고, 재물을 소비하는 구멍은 마음대로 뚫었다. 이에 오직 기관을 혁파하고 인원을 줄이는 것으로 구급의 처방을 삼았다. 이익이 되는 바는 되와 말이었는데, 손해 보는 바는 산더미였다. 백관이 갖추어지지 않았고 올바른 선비는 녹봉을 받지 못했다. 일찍이 내가 생각하건대 병들지 않은 터럭이 하나도 없다. 지금 개혁하지 않으면 반드시 나라가 멸망하고 말 것이다. 이 어찌 충신과 지사가 수수방관할 바이겠는가?(經世遺表 引)

이렇듯 다산 정약용은 규제사회학의 맥락에 속한다고 할 수 있다. 뒤르켐(Émile Durkeim, 1938)의 경우 사회의 자연적인 발전 과정에서 나타나는 '아노미(anomies)'와 '무규범성(normlessness)'의 상태가 병리학적인 일탈 현상이라고 보고 있다. 이러한 점에서 주대의 법제를 이상향으로 보고 비판적인 검토 과정에서 나타나는 문제점을 병리 현상으로 본다는 점에서 규제사회학의 맥락에 속한다. 이는 현대 조직론의 패러다임과도 일맥 상통한다 하겠다.

3) 분석 결과에 대한 논의

지금까지의 분석을 정리하면 다산 정약용의 사상은 주관적이며 질서와 규제를 강조한다. 특히 새로운 변화를 추구하는 것이 아니라 기존 체제에서의 병폐를 고쳐 나간다는 점에서 의의를 찾을 수 있다. 이는 현대의 현상학·해석학적 입장의 성격이 강함을 보여 준다.

물론 다산의 조직이론을 현대의 현상학과 해석학적 입장과 비교분석해야 한다는 당위성을 주장하는 것은 아니다. 즉 기능주의의 대표격이라 할 수 있는 '체제이론'의 경우도 그 방법론에서는 많은 실증주의자들이 주장하고 있는 환원 방법과는 달리 은유를 사용하고 있다는 점이다. 즉 조직화의 개념을 '체제'로서 은유하고 있는 것이다. 앞에서도 언급했지만 이처럼 위에서 분류된 분석틀이 명백하게 구분되는 것이 아니라 그 가정들 안에는 많은 변이가 존재할 여지가 있음을 직시해야 할 것이다. 또한 서론에서도 언급되었지만 이러한 준거틀을 기초로 하여 다산의 조직이론, 즉 조직관이 현재 어디에 있으며 어떻게 변화되었고 어떻게 변화가 가능한지 살펴볼 수 있다는 점이다. 이러한 점은 서양 과학에서 나타나는 객관과 주관의 논쟁 속에서 나타난 새로운 접합점인 '사회적 행위론', 질서와 변동의 논쟁 속에서 나타나는 '갈등기능주의'와 같은 통합이론이 나오기까지의 과정과 비교해 볼 수 있는 근거가 된다. 이러한 비교 과정에서 다산의 조직관에 대한 정의와 그 속에서 찾을 수 있는 장점과 부족한 부분을 언급한다면 이 연구의 목적을 달성할 수 있을 것이다.

우선 주관과 객관의 분류 기준인 철학적 가정의 분석 과정에서 찾을 수 있는 논점은 자연과학의 발달과 함께한 서양과는 달리 다산은 주관적 차원의 성격이 강하다는 점이다. 인식론 및 인간성 측면에서 확실한 주관적 차원을 보여 준다. 물론 방법론에서도 개별 기술적 측면이 강하게 나타나고 있지만 자신의 경험을 기본 자료로 적극 활용했다는 점과 조선의 실제 상황에 대해 객관적이고 실증적인 조사를 토대로 설명했다는 점은 객관적 차원으로 많은 변화 과정을 보여 주고 있는 것으로 분석할 수 있다. 특히 존재론의 경우 기(氣)를 중시하는 실재론 쪽으로 좀 더 기운 형상을 보여 준다. 정리하면 다산 정약용의 분석 결과 특징은 주관적 측면에서 객관적 측면으로 이동한다는 점이다. 이러한 점은 다산 정약용이 서학의 영향을 받았다는 점에서 그 원인을 유추할 수 있다(김경태, 2005). 결과적으로 현재의 패러다임이 객관적 측면의 기능주의 패러다임이지만 주관적 측면의 해석학적·현상학적 패러다임의 영향을 받으며 발전하고 있다는 점에서 다산의 분석 결과와 공통점을 찾을 수 있다.

한편 다산 정약용의 사회 성격적 차원의 분석 결과로는 규제사회학의 맥락에 속하는 것으로 판단할 수 있다. 즉 주대의 법제를 이상향으로 보고 비판적인 검토 과정에서 나타나는 문제점을 병리 현상으로 본다는 점이다. 이런 점에서 우리가 논할 부분은 명백해진다. 급진적 변동의 사회학 논점인 구조적 갈등, 지배 양식, 모순, 소외와 같은 박탈 등을 다산에게서 찾는 것이 아니라 규제사회학의 관심인 현상 유지, 사회 질서, 합의, 사회 통합, 욕구 충족 등을 논해야 한다는 것이다. 특히 다산이 본 경학사상에서 나타나는 병리 현상의 원인을 찾아내는 것도 현재에 적용할 수 있는 하나의 논제라 할 수 있다.

4 해석과 평가

1) 주관과 객관 사이의 과도기

다산 정약용의 경학사상에서 나타나는 조직이론의 특징은 주관과 객관 사이에 있다는 것이다. 그 원인이 서학의 영향이라는 점은 뒤로 하더라도 이전의 정주학에서 주관성을 강조하던 점과는 달리 이(理)와 기(氣)를 분리하고, 더 나아가 기를 중시한 점과 방법론에서 개별기술적 접근 방법과 가깝지만 객관적이고 실증적인 조사가 기본이 되었다는 점 등이 이를 대변한다.

이런 특성은 실증주의가 지향하는 인식론의 범위 내에서 관념론과 실증주의를 종합하려고 시도했던 베버(Max Weber)의 '이념적 이해론(ideal interests)'과 '사회적 행위론(social action theory)'과 비교할 수 있는 단서를 제시한다. 베버가 주관과 객관 사이에 위치한다는 대표적인 예는 다음의 예에서와 같이 서로 다른 두 종류의 이해를 통해 설명할 수 있다. 즉 첫째 문장의 '이해(interest)'와 둘째 문장의 '이념(ideal)'이 그것으로 경학에서 기(氣)에 해당하는 '이해(interest)'를 물질적 이해와 이념적 이해로 나누고 있는 것이다(김상준, 2000). 이러한 이념적 이해는 사회적 행위론의 근거가 되기도 한다.

> 이념이 아닌 물질적이고 이념적인 이해(interest)가 인간의 행위를 직접 지배한다. 그러나 이념(ideal)에 의해 창조된 '세계에 관한 이미지'들이 마치 전철수(switchman)처럼, 이해의 역학에 의해 추동되는 행동이 달려 나가는 경로를 결정하는 경우가 매우 빈번하다(Weber, 1958: 김상준, 2000 재인용).

사회적 행태론에 주의주의(voluntarism)의 방법을 주입함으로써 개인이 자신들의 상황을 해석하고 정의함으로써 그것에 따라 행위한다는 '사회적 행위론'은, 사회적 사상의 설명에는 개인이 그들의 상황에 대해 주관적 의미를 부여하는 방법과 그와 같은 상황들에 대해 개인들이 갖는 인지에 따라 그들의 행위를 정향하는 방법을 고려해야 한다는 의미이다(윤재풍 역, 2002). 이러한 조직관의 유사점은 코헨(P. S. Cohen)이 언급했듯이 베버의 '행위론'은 전형적인 상황 속에 있는 전형적인 개인들의 행위나 행동을 설명하기 위한 분석양식의 가정을 제공한다는 점에서 다산 정약용이 남긴 『경세유표』, 『목민심서』 등을 해석하는 기초가 될 수 있다. 한편 베버와 다산의 사상을 대상으로 비교 연구가 활발히 진행되어 온 이유 역시 이러한 조직관이 서로 유사하기 때문이라고 추측할 수 있는 대목이다.

2) 기술을 중시한 개방적 조직관

경세치용(經世致用) 학파로 불리는 다산 정약용은 기계 설계, 제작, 한강 주교 설계, 수원성 축조에 거중기, 활차 고안 등 기술의 중요성에 대해 강조했다. 다산 정약용의 기술에 대한 강조는 이용후생(利用厚生) 학파에도 영향을 주었으며, 더 나아가 기예론(技藝論)을 통해 기술 발전과 인간 역사와의 관계에 대한 자신의 생각을 이론적으로 정리했다. 이러한 기예론의 해석에서도 분석 결과 새로운 접근 방법이 제시될 수 있음을 논하고자 한다. 즉 다산이 기술을 중시하고 이에 따른 조직의 변화를 제시한 점은 현대적 의미에서 조직이 환경의 변화에 수동적일 수 있다는 개방적 조직관과 의미가 상통한다. 조직 내에서의 문제점 분석과 조직의 효율에 초점을 맞춘 전통적 조직론에서 한 발 앞선 개방적 조직관이다.

환경을 조직에 영향을 주는 변수로 인식하기 시작한 개방적 조직관의 시초는 타비스톡연구소(Tavistock Institute)에서 시작된 기술적 요인과 사회적 요인의 상호작용 연구인 사회기술 체제(social-technical system) 이론이다. 즉 호손 연구(Hawthorne experiment)로 인해 직무만족, 리더십 유형, 인간관계 이외의 요소가 무시되다 기술이 사회적 요인을 변화시킬 수 있는 요인으로 작용할 수 있음을 제시했다는 의미를 갖고 있다. 영국의 광산에서 장벽 석탄 채굴 방식의 도입이 미친 영향을 조사한 것으로 기계화된 대량 생산형의 석탄 채굴 방식이 '손으로 석탄을 파는' 전통 방식을 바꾸었으며 그것은 갱 안에서의 작업과 사회적 관계를 완전히 재편성하는 작용을 했다는 점이다. 즉 작업집단을 단순한 기술 체제나 사회 체제로 분리하는 것이 아니라 사회기술 체제로서 상호 의존하는 것으로 보게 되었다는 점이다. 이러한 연구는 균형모형의 가정에 의해 뒷받침된다고 할 수 있다. 새로운 장벽 채굴 방식의 형성에 반영된 기술 변화는 '기계화 이전의 균형'을 교란하게 하는 것으로 보았으며, 따라서 광부들의 반응은 이 교란에 대한 대응이라고 해석했다. 기술의 발달과 더불어 나타나는 조직의 변화를 규제사회학의 관심인 현상 유지, 사회 질서, 합의, 사회 통합, 욕구 충족 등의 개념으로 해석해야 한다는 의미로 볼 수 있다.

> 많은 사람의 힘이 성인(聖人) 한 사람보다 나으므로 사람이 많이 모일수록 기술이 좀더 정밀해지며 시대가 내려올수록 점차 기술이 발전하는데 이것은 필연적인 형세이다. 또한 중국의 기술이 우리보다 발달되어 있고 따라서 중국에서 새로운 기술을 배워야 한다(與猶堂全書, 第1集, 技藝論).

이런 점에서 다산 정약용의 기예론 해석을 기술의 중요성을 강조하는 단순한 논리에서 벗어나 기술의 발전과 더불어 사회적 요인인 국가 제도의 개혁과 어떻게 연결되는지 이전과는 달리 해석해야 할 것이다. 즉 위의 예에서와 같이 『경세유표』 및 『목민심서』, 『흠흠심서』 등에서 나타난 주된 개혁 방법들이 왜 중국의 제도를 모태로 하고 있는지 추측할 수 있는 대목이며 또한 다산이 제시한 기술 발전과 개혁 방법들이 어떻게 상호작용하는지 조사해야 하는 이유를 제시하고 있다.

3) 병리 현상의 원인을 찾는 규제의 사회학

다산 정약용은 『경세유표』를 통해 『주례』의 육전 체제를 원용했는데, 이유는 주대의 제도를 이상적인 국가 제도로 보았기 때문이다. 그러므로 다산은 그 시대에 나타나는 총체적 문제를 주대의 제도를 잘못 파악 운영하는 과정에서 나타나는 병리 현상으로 파악하고 있음을 짐작할 수 있다. 이러한 다산의 관점은 병리 현상의 원인을 어디에 두고 있는지 살펴봐야 하는 또 다른 접근 방법에 의해 논의될 수 있을 것이다.

이러한 점은 합리성과 비합리성의 논의 과정에서 나타나는 특징에서 추론할 수 있다. 이러한 논의의 대표적인 학자는 사이먼(Herbert A. Simon)과 셀즈닉(Philip Selznick)의 논리에서 찾을 수 있다. 우선 사이먼은 행정행태론에서 조직의 구성을 조직 내의 의사결정에 초점을 맞추는 동기적 접근과 조직의 구성 요소인 구조적 접근으로 나누고 조직에서 나타나는 병리 현상을 의사결정의 주체인 인간의 비합리적인 요소로 인해 나타나는 것으로 설명한다. 반면 셀즈닉은 인간적 요인과 구조적 요인으로 나누어 설명하는 것은 동일하나 사이먼과는 달리 비합리적 구조적 요인에 초점을 맞추고 있다. 즉 공식조직이 비공식적 사회적 측면에 영향을 받아 조직구조의 변화가 일어나야 하는 것으로 판단하고 있다.

이러한 논점은 다산 정약용의 개혁사상을 논하는 데 도움이 될 것이다. 다산 정약용은 『경세유표』, 『목민심서』, 『흠흠심서』 등에서 개혁을 통한 왕조 체제의 재편과 보완에 노력했다. 즉 이러한 저서에서 나타나는 병리 현상의 원인을 추적해 볼 필요가 있는 것이다. 예를 들면 정약용은 주된 병리 현상의 이유로 법질서와 그에 따른 제도가 완전히 무너진 것을 원인으로 파악하고 있다. 이러한 법제도의 문제점은 관리들의 탐학이 만연하고 생민(生民)이 빈곤 속에서 고통을 당하게 되는 원인으로 설명할 수 있으며, 본래 성선설을 주장하는 다산 정약용의 인간성에 대한 의도에도 불구하고 법제도를 강화해야 한다는 계기를 설명할 수 있는 기제가 될 것이다.

4) 다산 정약용의 저서에서 나타나는 조직관의 한계

다산의 저서에서 나타나는 조직관을 이 연구에서 사용한 사회학적 맥락의 분석틀을 기준으로 설명할 때 현대 조직이론에서 중점적으로 다루고 있는 소외 현상 및 구조적 모순, 갈등의 개념 등을 다산의 저서에서는 찾기 어렵다.

조직관 분석 과정에서 설명하듯이 다산의 조직관은 주관 차원에서 객관 차원으로 변동하는 과정에 있으며, 급진적 변동보다는 질서 및 규제의 사회학에 가깝다. 이런 이유에서 급진적 인간주의 패러다임에서 제기된 자신과 자신의 참된 의식 사이에 인지적인 쐐기이며 진정한 인간의 실현을 억제하거나 방해한다는 '소외' 개념을 찾을 수 없을 뿐더러 양반 및 중인 간에 발생할 수 있는 여러 갈등의 원인을 그 당시 구조의 모순에서 찾는 점은 찾아볼 수 없다. 더욱이 계급 갈등 문제는 뒤로 하더라도 갈등의 순기능에 초점을 맞춘 '갈등기능주의'와 같은 요소 또한 찾을 수 없다.

다만 갈등이 발생하는 상황을 관리구조의 비합리성 측면에서 언급하고 있을 뿐이다. 즉 아래의 예와 같이 수령과 아전 간의 갈등 상황을 고을에서 기득권을 확보하고 이를 세습하고 있는 아전들과 임기제로 그 고을을 다스리는 수령의 관계에 기인하는 것으로 판단한다.

> 지금의 수령은 그 임기가 길어야 혹 2년 가고, 그렇지 않으면 몇 달 만에 바뀌게 되니, 그 됨됨이가 주막에 지나가는 나그네와 같은데, 저들 좌(佐)·보(輔)·막빈(幕賓)·복례(僕隷) 등은 모두 아비가 전하고 자식이 이어받아 옛날 세습하는 경(卿)과 같다. 주인과 나그네란 형세가 이미 다른 데다 오래고 오래지 못한 사정이 또한 다르다. 군신(君臣)의 대의(大義)도, 천지의 정분(定分)도 있는 것이 아니기 때문에 죄를 지은 자는 도피했다가 나그네가 떠나면 주인이 자기 집에 돌아오는 것 같아서 그 부를 즐기기를 그대로 하니, 또 무엇을 겁내겠는가 (牧民心書, 赴任六條, 第1章, 除拜).

이렇듯 다산 정약용의 조직관을 현대 조직 개념에 적용함에도 어느 정도 한계가 있음을 인식해야 할 것이다. 이 점은 다산의 수많은 저서에서 함의를 찾는 연구에도 그 범위가 한정되어야 한다는 점을 보여주는 결과이기도 하다. 시대적으로 또한 위치적으로 그 형태를 달리하는 다산 정약용의 이론이지만 이를 현대적 분석틀에 적용했을 때 위에서 언급한 한계점들이 나타나고 있는 패러다임과는 달리 분석되었기 때문이다.

참고 문헌

김경태(2005). 다산의 인성론과 서학과의 관련성 고찰. 『교육발전연구』, 21(1): 5-21.

김기승(2005). 다산 정약용의 부국강병형 국가 개혁사상. 『한국사학보』, 19: 61-93.

김병섭 · 박광국 · 조경호(2003). 『조직의 이해와 관리』. 서울: 대영문화사.

김상준(2000). 예의 사회학적 해석을 위한 이론적 서서: 막스 베버의 이념적 이해(ideal interests). 『2000년 후기 사회학대회 발표문 요약집』, 198-206.

김성현(2006). 다산의 경학사상에 나타나는 조직이론 연구: 버렐과 모건의 사회학적 준거틀을 적용하여. 『정부학연구』, 12(1): 61-82.

김정우(2005). 다산 정약용과 브레바드 S. 차일즈의 유신론적 경전 해석학 비교연구. 『종교연구』, 38(봄호): 61-91.

김진규(2004). 다산 잡문 연구. 『새얼 어문론집』, 16: 187-206.

김현수(2002). 다산 정약용의 국가례 고찰. 『한국철학논집』, 12: 143-173.

김형효(2004). '존재와 무(無)'의 문화적 상징과 철학적 의미. 『기호학연구』, 16: 47-78.

안대회(2005). 다산 제자 이강회의 이용후생학. 『한국실학연구』, 10: 289-321.

양해림(2003). 제2부 딜타이와 정신과학의 해석학: 이해와 설명의 방법: 딜타이와 베버의 수단/목적의 행위 이론 고찰. 『해석학연구』, 12: 156-198.

윤재풍(2005). 다산의 행정사상에 관한 연구. 『한국행정학회 추계학술대회 발표논문집』.

윤재풍 역(2001). 『사회과학과 조직이론』. 서울: 박영사.

이대희(1999). 『한국의 인식론: 한국인들의 세상보기』, 서울: 대영문화사.

이병량(2002). 조선 초 관료제의 근대성에 관한 연구: 막스 베버의 관료제 이념형을 통한 해석. 『정부학연구』, 8(1): 239-273.

임의영(1995). 과학적 방법론과 현상학적 방법론의 이질 동형성 비판. 『한국행정학보』, 29(4): 1134-1151.

장복동(2004). 정약용의 인식론과 실천윤리. 『동서철학연구』, 32: 187-206.

조혜인(1998). 유교와 포스트모더니즘: 베버 유교관의 지양을 통한 전향적 대화. 『동아연구』, 35: 301-361.

지두환(1987). 조선 후기 실학 연구의 문제점과 방향. 『태동고전연구』 3.

최동희(1984). 『서학에 대한 한국실학의 반응』. 서울: 고려대학교 민족문화연구소.

최호근(2005). 19세기 말의 문화사 담론과 막스 베버의 역사적 문화과학. 『역사학보』, 186: 237-265.

Bolman, Lee G. & Ierrence E. Deal(1984). *Mordern Approaches to Understanding and Managing Organizations*. San Francisco, California: Jossey-Bass Publishers.

Burrell, G. & G. Morgan(1982). *Sociological Paradigms and Organizational Analysis: Elements of the Socialogy of Corporate Life*. London · Exeter, New Hampshire: Heinemann.

Cohen, P. S.(1968). *Modern Social Theory*. London: Heinemann.

Durkheim, Émils(1938). *The Rules of the Sociological Method*. New York: Free Press.

Etzioni, Amitai(1975). *Comparative Analysis of Complex Organizations*. Glencoe, IL: Free Press.

Weber, Max(1958). *The Prostestant Ethic and the Spirit of Capitalism*. NY: Charles Scribner's Son.

제4장 공직관

김성기

1 서 론

공직윤리는 공직이라는 특수한 분야에서 공직자들이 따라야 할 도리(principle)로, 공직을 수행하기 위해서는 어쩔 수 없이 이행(do)해야 하는 규칙이고 도덕 원리이다. 도덕 원리는 행위의 규칙이나 평가 기준으로 인간관계에서 인간 행위의 옳고 그름을 가름하거나, 규범적인 방향을 안내해 준다. 그래서 공직윤리는 공직자들이 수행하는 업무가 좋은 것인지 나쁜 것인지, 요구되는 것인지 금지되는 것인지를 판단하고 정당화하는 근거가 되는 도덕 원리라 할 수 있다(Thompson, 1985: 560).

이러한 공직윤리에 대한 시공을 넘어 고찰할 수 있는 분석 체계는 옛날과 지금의 공직윤리를 비교 파악하는 준거가 되고, 윤리문제가 발생할 때 그 문제를 둘러싼 인간관계가 어떤 윤리 체계에 속하는가를 파악하게 함으로써 불화하는 쟁점들에 관한 의사소통을 원활하게 해 조화에 이르게 할 수 있다. 그러한 분석 체계의 세 가지 구성 요소로 '공직윤리의 근거', '공직윤리의 적용 대상', '판단의 기준'을 들 수 있다 (원한식, 1994: 57-64).

공직윤리라는 행위규칙이나 기준이 필요한 이유는 우선 공직자는 국민 전체를 위한 공익에 대한 봉사자이며 국민 생활에 중대한 영향을 미칠 수 있는 권력을 행사하기 때문에 높은 수준의 직업윤리로서 공직윤리가 필요하고(오석홍, 1993: 644-645), 다음으로 공직의 기능과 역할의 증대로 인해 공직자들에게 주어진 재량의 범위가 넓어짐에 따라 그로 인한 권한 남용과 부패 가능성을 억제하기 위해(Peter A. French, 1983: 15-24) 공직윤리가 필요한 것이다. 공직윤리는 공직자가 수행하는 공공 업무에 초점을 맞춰, 공직 수행 행위에 대한 지식을 가지고 자발적으로 자유로운 상태에서 업무 행위가 이루어졌는가를 살펴 공직자 업무 행위의 옳고 그름을 밝힌다. 공직자의 행위를 판단하는 준거로는 대의적·정치적 윤리관(representative or polity-based ethics), 국가주의 윤리관(statist ethics) 그리고 비현세적 윤리관(transcendent ethics)이 제시된다 (Huddleston, 1981: 68-73).

대의·정치적 윤리관은 어떤 사회의 지배적인 세력의 정치사회적 가치와 신념이 공직자 행위의 옳고 그름과 재량권 행사의 판단 기준이 되어야 한다는 것이다. 국가주의 윤리관은 국가를 하나의 총체적 유기체로 이해해, 행정윤리의 원천은 국가 자체가 추구하는 가치와 요구(공익)이어야 한다는 입장이다. 비현세적 윤리관은 공직자의 행동은 선험적, 형이상학적 또는 종교적 가치 등 고차의 절대적 진리와 조화될 때에만 윤리적 정당성을 인정받는다는 입장이다. 그러나 이상의 윤리관 가운데 어느 하나에 입각해 공직자의 윤리를 가름할 수 없고 실제로는 윤리적 다원주의를 따라 다양한 가치 기준이 적용된다.

위에서 밝힌 공직윤리의 개념과 근거, 적용 대상 그리고 판단 기준에 입각해 다산의 공직관과 공직윤리를 살펴보고 오늘의 행정에서 윤리로 삼아야 할 덕목들을 추적해 보았을 때, 다산은 그가 살던 시대를 지배하던 성리학적 사고를 비판하고 민본적인 공직관 위에 백성을 위한 공직 임무와 윤리를 체계화하고 있는 것으로 보아 그는 대의·정치적 윤리관보다는 국가주의적 윤리관을 따르고 있다고 볼 수 있다. 또한 인(仁), 성선(性善), 이(利), 성(誠), 서(恕) 등의 절대 가치를 바탕으로 윤리 체계를 형성해 그것을 원칙과 기준으로 삼아 세상을 경영하고자 했다고 볼 수 있다.

한편 인간관계의 범주에 변등(辨等)을 넣음으로써 신분제도를 확립하고자 한 것으로 보일 수 있겠으나 어느 시대에나 망나니는 있을 수 있으려니와 그러한 망나니는 변등으로 처리할 수밖에 없었음도 직시할 수 있다. 즉 국가주의적 공직관과 윤리관에 비추어 보면 국가의 동량인 사족에게 동기를 부여하고 국가 위기에 대처하기 위해 취한 어쩔 수 없는 방편이라 할 수 있다. 특히 청렴성은 다산의 모든 공직윤리의 원천으로 경세관의 전편을 꿰뚫고 있는바 이는 오늘의 행정윤리에서 더 큰 의미를 지닌다 하겠다. 다만 백성을 두려워하고 중하게 여기면서도 공직 운영의 주체로까지는 여기지 않았던 점은 시대적 제약 때문이라고 할 수 있다. 이러한 결과는 다산의 경학관에 기초해 인(仁)과 성(性) 그리고 성(誠)과 서(恕)를 살피고, 이를 기초로 펼치는 공직관과 그 공직의 윤리를 『목민심서』와 『경세유표』 그리고 기타 다산의 여러 글을 중심으로 살핀 결과로 자세한 내용은 다음과 같다.

2 다산 윤리의 기초

공직의 정의를 공적으로 규정된 사회적 가치를 협동해 추구하는 일을 하는 것이라 한다면 협동을 어떻게 하느냐가 중요 관심사가 된다. 협동은 어떤 일에 대해 여러 사람이 즐거운 마음으로 자발적으로 관심을 갖고 힘을 모아 그 일을 완성하는 것이다. 국가의 일은 여러 사람이 합심해서 이룩하게 된다. 여러 사람이 합심하는 것은 사람 사이의 관계가 잘 이루어질 때 가능하다.

1) 인간관계의 기초: 인(仁)

다산의 주된 관심사는 사람이 다른 사람과 더불어 살아가면서 어떻게 사는 것이 올바른 삶인가 하는 것이었다. 그는 "우리의 도(道)는 교제(交際)를 잘하는 데 불과할 뿐이다"라고 단정한다. 교제란 인간 생활에서 빚어지는 다양한 인간관계를 통칭하는 말로 바람직한 교제를 정립하는 것이 다산의 최대 관심사였다(송재소, 1966: 119).

> 원래 사람이 이 세상에 태어날 때 땅에 떨어지는 순간부터 관 뚜껑을 덮는 날까지 함께 사는 것은 사람일 뿐이다.…… 무릇 나와 똑같이 둥근 머리와 모난 발로 하늘을 이고 땅을 밟는 자는 모두 나와 더불어 서로 필요로 하며 서로 힘입으며 서로 사귀며 서로 접촉하며 서로 바로잡아 주면서 살아가는 자이다. 나도 한 사람이고 그도 한 사람이니 두 사람 사이에는 교제(交際)가 생기게 된다.…… 우리의 도(道)는 무엇을 하자는 것인가? 교제를 잘 하자는 데에 불과할 따름이다(與猶堂全書 第2集, 論語古今註 第7卷).

그렇듯 다산은 교제를 잘하는 것, 즉 바람직한 인간관계의 최고의 형태를 인(仁)이라 했다(송재소, 1966: 120). 다산은 사람의 일생행사(一生行事)와 천성상전(千聖相傳)의 도(道)가 인(仁)한 자에 있다고 본다(詩文集 第19卷, 與猶堂全書 第2集, 論語古今註 第6卷). 왜냐하면 인은 인륜의 사랑이기 때문이다. 천하의 일이 인륜에서 벗어나는 것이 없으니 부자, 형제, 군신, 붕우로부터 천하 만민에 이르기까지 다 윤리적 존재로서 이것을 잘하면 인(仁)이 되고 이것을 잘하지 못하면 불인(不仁)이 된다는 것이다(與猶堂全書 第2集, 論語古今註 第6卷).

(1) 인(仁)의 개념

인(仁) 자는 마치 손(孫) 자가 子자와 子자가 포개진 것처럼 人자와 人자가 겹쳐진 문자이다(與猶堂全書 第2集, 論語古今註 第10卷). 따라서 仁은 人으로 두 사람이 仁이 되며, 仁의 명칭은 반드시 두 사람 사이에서 생기는 것이다. 인(仁)이란 이인상여(二人相與)이다. 또 다산은 인이란 다른 사람을 향한 사랑이며 사람과 사람이 그 도를 다하는 것, 그 본분을 극진히 하는 것이니 이를 인륜의 완성된 덕이라 파악한다 (김영호, 1996: 346).

> 인(仁)이란 남을 향한 사랑이다. 자식이 부모를 향하고, 아우가 형을 향하며, 신하가 임금을 향하고, 수령이 백성을 향하니 무릇 인간과 인간이 서로 향해 온화하게 사랑하는 것을 인이라 한다(與猶堂全書 第2集, 論語古今註 第3卷).

그렇듯 그는 사회공동체가 성립할 수 있는 근거를 남을 향한 사랑에서 찾았다. 그리하여 이 사회를 운영하는 통치 원리도 근원적으로 인(仁)의 사랑에 의한 것이라야 한다는 인정(仁政)의 원리를 확인했다 (금장태, 2001: 218).

(2) 인(仁)의 성질: 실천

다산은 인(仁)을 심덕이나 천리가 아니고 인덕이라 하고(與猶堂全書 第2集, 論語古今註 第7卷), 인은 행사에서 이루어지지 결코 마음에 있는 이치가 아니라(與猶堂全書 第2集, 論語古今註 第7卷) 했다.

> 인의예지(仁義禮智)의 이름은 행사 뒤에 붙는 것이다. 사람을 사랑한 뒤에 인(仁)이라 할 수 있고 사람을 사랑하기 전에는 인(仁)이란 이름은 성립되지 않는다. 나를 착하게 한 뒤에 의(義)라 할 수 있고 나를 착하게 하기 전에 의(義)란 이름은 성립하지 않는다. 손과 주인이 절하고 인사한 뒤에 예(禮)의 이름이 서고 사물을 판단한 뒤에 지(智)의 이름이 선다. 어찌 인의예지의 네 덩이가 복숭아 속의 복숭아씨처럼 인심 가운데 들어 있겠는가(與猶堂全書 第2集, 孟子要義 第1卷; 김영호, 2003: 275).

그리하여 다산은 논어의 구절 “자왈(子曰) 인원호재 아욕인 사인지의(仁遠乎哉 我欲仁 斯仁至矣)를 인(仁)이 어찌 멀리 있겠는가? 누구나 인(仁)을 원하면 인(仁)에 이르게 된다"고 해석한다. 윤리의 선험적 내재설을 부정하고 경험적 실천적 윤리 설을 확립하고자 했다(윤재풍, 2005: 37). 여기에서 누구나라는 인칭은 사(士)뿐만 아니라 농(農), 공(工), 상(商) 모두를 포함한다고 볼 수 있다. 그것은 다산 실학에서 사(士)를 농공상(農工商)과 구별하지 않는 '사농(士農)', '사공(士工)', '사상(士商)' 개념이 전개되거나 그것을 지향하고 있다는 사실을 엿볼 수 있게 한다(김영호, 2003: 275).

(3) 인(仁)의 실천 방법: 서(恕)

다산은 인(仁)의 실천 방법으로 용서(恕)를 강조한다. 『논어』 위령공 편의 "기서호 기소불욕 물시어인(其恕乎 己所不欲 勿施於人)" 그것은 서(恕)라는 말로, 자기가 하고자 하지 않는 것은 남에게 베풀지(시키지) 말라는 것이다 이 구절을 다음과 같이 주(註)한다.

> 인도란 인(仁)을 추구하는 데서 벗어나지 않으며, 인을 추구하는 것은 인륜에서 벗어나지 않는다. 경례(經禮) 삼백과 곡례(曲禮) 삼천에서 천하의 만사와 만물에 이르기까지 모두 인륜에서 일어난다. 서(恕)는 인륜에 대처하는 것이니 이는 일이관지(一以慣之)니 이 서(恕) 한 자로 몸이 다하도록 행하는 것이다(與猶堂全書 第2集, 論語古今註 第8卷).

인도(人道)와 인(仁) 그리고 인륜(人倫)과 서(恕)가 하나로 연결되어 서로 소통하는 것임을 밝히면서 그 실천 방법으로 서(恕)를 강조한다. 또 『논어』 옹야(擁也)의 "인자 선난이후확(仁者 先難而後獲)"을 주하여 "어려운 일에는 남보다 앞서고 이익을 얻는 일에는 남보다 뒤에 가는 것이 서(恕)이다"(與猶堂全書 第2集, 論語古今註 第3卷)라 하여 남에 대한 배려를 인(仁)을 실천하는 방법으로서의 서(恕)의 뜻으로 풀이한다. 또한 그는 "인간과 인간의 만남에서는 오직 추서(推恕)가 중요한 방법이라 하여 서(恕)의 본래 뜻은 남의 허물을 너그럽게 받아들이는 포용성으로서의 용서(容恕)가 아니라, 자신의 선함을 실현하는 수양적인 방법으로서의 추서(推恕)에 있다고 보았다"(與猶堂全書 第2集, 大學公議 第1卷). 이처럼 다산은 인(仁)을 실천하는 기본 방법을 바로 자기 마음을 남의 마음과 일치시켜 가는 서(恕)로서 제시한다 (금장태, 2001: 219). 그 인(仁)의 실천 방법으로서 서(恕)는 자신의 선(善)을 계발해 남의 선(善)과 일치시켜 가는 것으로 본다고 할 것이다. 이렇듯 다산에서는 서(恕)를 행하고 난 후에 인(仁)이 이룩되니 서(恕)는 인(仁)을 완성하는 방법이다 (김영호, 1996: 355). 이와 같은 생각은 준법과의 관계에서 법을 각박하게 지키는 것을 유예(猶豫)하는 것에서도 볼 수 있다 (牧民心書, 刑典, 斷獄).

(4) 인간관계의 범주

앞에서 보았듯이 바람직한 인간관계를 정립하는 것이 다산의 최대 관심사였다. 다산은 사회의 인간관계를 천속(天屬)과 의합(義合) 그리고 족류(族類)로 범주화하고 있다 (이영훈, 2003).

① 천속(天屬)

천속이란 부자 형제와 같이 다른 어떠한 인간관계로도 치환될 수 없는 인간관계에서의 절대 범주이다. 다산은 유가 오륜(五倫), 부자유친, 군신유의, 부부유별, 장유유서, 붕우유신 대신에 부의(父義), 자모(母慈), 형우(兄友), 제공(弟恭), 자효(子孝)로 정의하면서 이를 요약해 효(孝)·제(弟)·자(慈)라 한다. 군신과 부부와 장유와 붕우는 이에 끼이지 않는다. 끼이지 않는다 함은 제쳐두는 것은 아니다. "효하면 반드시 충하고 제하면 반드시 공하고 부부의 화(和)도 힘쓰지 않아도 되고 붕우의 신(信)도 다시 수고할 필요가 없다"는 것이다 (박석무, 1995: 99). 다산은 효·제·자에서 군신의 충, 부부의 화, 장유의 공, 붕우의 신이 저절로 파생된 것으로 본다. 그만큼 효·제·자를 근원적인 윤리로 보는 것이다. 오륜을 친속의 관계로 한정하고 그 윤리인

효・제・자를 여타의 윤리가 그로부터 파생되는 근원적인 것으로 자리매김하고 있다.

그는『대학』의 기본 강령인 명덕(明德)을 효・제・자로 해석한다. 그렇듯 "효・제・자는 친민(親民)을 위한 것이며 명명덕(明明德)은 인륜을 밝히는 것이요, 친민은 백성을 친애하는 것"이라 밝혔다(與猶堂全書 第2集, 大學公議 第1卷; 금장태, 2001: 217). 여기서 친민은 구체적인 인간관계 속에서 명덕(덕행이 신명에 통한 것)을 실천하는 것으로 노인을 노인으로 대접하고(老老), 어른을 어른으로 대접하고(長長), 고아를 긍휼히 여기는(恤孤) 것으로 인간관계 속에서 효・제・자를 실현하는 것이요, 이를 통해 백성을 친애하는 것이다. 이로 미루어 다산은 인륜을 선의 기준으로 인식하고 사회적으로 실현해야 할 질서의 기준으로 보고 있다고 하겠다.

② 의합(義合)

"천속의 친(親)이 아닌 자는 처음 상견할 때 반드시 예물(禮物)이 있다. 군신과 부부와 붕우 이 셋은 의(義)로 합한 것이다. 천속이 아니다. 의로 합한 자는 진실로 예물이 없으면 서로 상견하지 않는다(非天屬之親者 其始與相見 必有贊物 君臣也夫婦也朋友也 此三者 以義而合者也<非天屬也>以義而合者 苟無贊物 不與之相見)"고 하여 의합의 관계를 제시한다(이영훈, 2003: 15). 의합이란 말은 가공언(賈公彦)의 부와 모 곧 부부는 의합이어서 절도가 있는 반면 모와 자는 지친이어서 절도가 없다는 말 등에서 찾을 수 있다(이영훈, 2003: 15). 의합에 절도가 있다는 말은 의가 바르지 않으면 그 인간관계가 끊어질 수 있다는 말로 그만큼 의합은 후천적이며 인위적인 관계라는 말이다. 이 관계가 유지되기 위해서는 의가 바르지 않으면 안 된다. 그래서 이 관계에는 반드시 소정의 의례와 예물이 수반되는 법이다(이영훈, 2003: 16). 다산은 군신, 부부, 붕우의 세 관계를 의합으로 분류했다. 이는 군왕을 의합으로 다루는 것이다. 그리하여 다산의 경세관은 황극에서 군왕이 인륜 도덕의 실천에 모범이 된다면, 정치 교화는 물론이요 농사일까지 형통한다는 무위이화(無爲而化)의 도덕주의적 왕정론이 폐기되고, 스스로 홍작분발(興作奮發)하여 부국강병을 추구하는 작위의 위정론으로 변했다는 것이다 (이영훈, 2003: 33-34; 윤재풍, 2005: 37). 또한 이러한 인간관계에 기초해 바른 의례와 법장제도의 마련을 주선했다 할 수 있다.

③ 족류(族類): 변등(辨等)

이는 백관과 만민으로서 사회적 지위가 귀하고 천함으로 구별되는 범주를 말한다. 인간의 사회적 지위를 두 족류(族類)로 구분하게 된 경학적 근거는 다산의 『논어고금주』 이인(理仁) 편에서 발견된다. 인간은 상제로부터 부여받은 그 선천적인 도덕 능력에서는 차이가 없지만 후천적인 도덕의 실천에서는 차이가 있어 처음에는 호리(豪釐)에 불과한 차이가 발생하나 나중에는 천양(天壤)의 차이가 벌어져 한쪽이 인간이라면 다른 한쪽은 금수와 같아져 확연히 구분되고 만다 (이영훈 2003: 36). 그렇게 후천적으로 도덕적 실천의 차이로 한 부류는 군자가 되고 다른 한 부류는 소인이 된다. 그리하여 군자는 귀, 의, 선하고 곧고, 소인은 천, 이, 악하고 굽어진다. 군자는 벼슬하는 관인이고 소인은 이(利)를 밝히는 일에 종사하는 농망(農氓), 공장(工匠)과 상가(商賈)이다. 이렇듯 악하고 비뚤어진 소인배들을 어떻게 다스릴 것인가? 천속의 윤리인 효제자(孝弟慈)로는 가(家)와 종족(宗族)을 통합할 수 있을 뿐 인륜과 의리를 모르는 소인배를 다스릴 수 없다. 천하를 다스리기 위해서는 별개의 법장제도(法章制度)가 필요하다. 그리하여 "정치는 바른 교령에서 나오는바, 교령은 군령과 같은 것이어서 장수가 병졸에 임하듯이 장(莊)해야 한다. 그래야 백성들이 교령을 두려워하고 믿고 따라 나라가 다스려진다"고 다산은 보았다 (이영훈,

2003: 37).

『목민심서』 예전에서 변등(辨等)의 취지를 밝힌다. 즉 변등은 백성을 안정시키고 그 뜻을 정향시키는 요체이다. 등위가 명확치 않아서 위계가 문란하면 백성들은 흐트러지고 기강이 없게 된다는 것이다. 신분제도를 확립하여 사회를 안정시키는 것으로 이해할 수 있다. 다산은 다음의 세 가지를 수령에게 권한다. 첫째, 비록 벼슬에 나가지 못한 사족의 자손이라도 학문과 예를 지키면 역시 귀족이니 상민들이 공손히 예를 지키도록 할 것, 둘째, 수령을 보좌하는 좌수, 별감 등의 향승(鄕丞)에 대해서도 상민이 마땅히 예모를 차리도록 할 것, 셋째, 상민으로서 재물을 모아 족보를 꾸미고 나아가 귀족과 혼인하는 폐습을 막을 것, 더구나 마을의 하천(下賤)들이 술에 취해 소란을 일으키는 행위를 처벌할 것 등이다(이영훈, 2003: 39). 다산의 변등론은 분열하는 사회를 작위적으로 통합하기 위한 고심 어린 모색으로 볼 수 있다(이영훈, 2003: 38). 그러나 다산이 변등에서, 노비법이 변한 후에는 민속이 크게 변했는데 이는 국가의 이익이 아니라고 하여 노비제도를 복구하자는 듯한 주장을 했는데 이는 신분제도의 확립을 꾀하면서 노비제도를 복구하고자 했다는 비판을 받을 수도 있다. 그렇지만 영조의 종량법 개혁으로 노비 인구가 줄자 국가의 동량인 사족(士族)의 원기가 시들어 장차 국가에 급한 변란이 생기더라도 이를 막을 수가 없게 되었기 때문에 그러한 주장을 했다고 할 수도 있겠다. 그러나 다산의 인간관계는 결국 사족을 위한 것이라 할 수 있다.

2) 성선(性善)의 추구

(1) 성(性)의 개념

다산은 성을 본심의 호오(好惡) 또는 기호(嗜好)로 정의한다(與猶堂全書 第2集, 論語古今註 第9卷). 다산이 성(性)을 기호로 보는 이유는 다음과 같다.

> 사람들은 영명(靈明)한 전체를 가지고 성(性)으로 삼는데 하필이면 기호(嗜好)로써 성을 삼는 것은 무엇이냐 하면 사람들은 항상 말하기를 '나의 성(性)은 회와 불고기를 좋아한다' '나의 성은 썩는 것을 싫어한다,' '나의 성(性)은 관현을 좋아한다' '나의 성(性)은 개구리 소리를 싫어한다' 하여 사람들은 본래 기호로써 성(性)을 삼는다. 그러므로 맹자는 성선의 이치를 논할 때 문득 기호로써 이를 밝혔으며 공자는 '민지병의 호시의덕(民之秉彝 好是懿德: 백성이 떳떳함을 지녔으니 이 아름다운 덕을 좋아하네)'의 시를 인용하여 인성을 증명했으니 기호를 버리고 성을 말하는 것은 수사(洙泗)의 옛 학문이 아니다 (與猶堂全書 第2集, 中庸自箴 第1卷).

이렇듯 그는 성기호설이 공자와 맹자에 의해 제시된 성(性)의 개념임을 강조한다. 다산이 성을 기호(嗜好)로 파악한 것은 성리학이 설명하는 성즉리(性卽理)가 불분명할 뿐만 아니라 성(性)을 전적으로 천인(天人) 관계의 사유 범주에서 선천적인 도덕 규범으로만 해석하는 것에 반대하고 이를 최대한으로 축소해 단순한 선천적인 경향성의 본질로 보려는 데 의도가 있다고 하겠다 (한탁근, 1999: 25).

(2) 성기호설(性嗜好說)

앞의 성(性)의 개념에서 보았듯이 다산은 성(性)이란 하늘이 사람에게 부여한 "인심(人心)의 기호(嗜好)"(與猶堂全書 第2集, 論語古今註 第9卷)라고 했다. 이는 주자가 "성(性)은 이(理)이다(性卽理也)"라고 규정하는 입장과 근본적인 차이를 드러낸 것이다. 그 자체로서 근원적 정당성을 지닌 원리요, 가치판단의 기준이 되는 형이상학적 본체인 이(理)에 비해 기호(嗜好)란 호오(好惡)의 감정적 태도를 가리키는 것이며 어떤 대상이나 가치를 지향하는 자세이다 (금장태, 2001: 95). 다산은 성(性)이란 성리설(性理說)에서 보여 주는 높고 까마득한 말로 이루어진 것이 아니라 마땅히 꿩(雉性), 사슴(鹿性), 풀(草性), 나무(木性) 등과 같이 사물의 속성, 즉 기호로써 이해해야 한다는 것이다 (心

經密驗, 61; 임재윤, 2002: 58에서 재인용). 다산은 이렇듯 성(性)을 형이상학적 최고 원리인 이(理)로 파악하지 않고, 개개 사물에 내재한 일반적 경향성 또는 속성으로 파악한다.

또한 다산은 『중용』 첫머리의 '천명지위성(天命之謂性)'의 '성(性)'을 인간 존재의 생성 근원에서 부여된 인간의 고유한 성을 가리키는 것으로 인식해 성을 인용과 같이 정의한다.

> 사람의 잉태함이 이미 이루어지면, 하늘이 영명(靈明)하고 형상이 없는 실체를 부여하는데 그 실체라는 것은 선을 즐거워하고 악을 미워하며 덕을 좋아하고 욕됨을 부끄러워하니 이를 성(性)이라 한다(與猶堂全書 第2集, 中庸自箴 第1卷).

다산에게 하늘이 인간에게 부여하는 '영명하고 형상이 없는 실체(靈明無形之體)'는 바로 인간의 마음이고, 그 마음이 '선을 즐거워하고 악을 미워하며 덕을 좋아하고 욕됨을 부끄러워하는' 성질이 바로 성(性)이다. 인간의 생명이 잉태될 때 하늘로부터 영명한 마음(心)을 부여받으면서 그 마음의 속성인 성(性)을 동시에 받게 된다는 것이다. 그렇기 때문에 하늘로부터 인간 존재의 근원적인 실체, 즉 본체는 마음(心)이 있을 뿐이요 성(性)이란 실체가 아니라 실체로서의 마음(心)이 지닌 속성일 뿐이라는 것이다(금장태, 2001: 96). 그에게 기호의 양상에는 '눈앞을 즐거워함(目下之耽樂)'과 '구경(究竟)의 타고난 성향(畢竟之生成)' 두 가지가 있다. 이에 근거해서 사람의 성이 선을 좋아하고 악을 싫어하는 기호(嗜好)라는 것을 입증한다(금장태, 2001: 99).

(3) 성삼품설(性三品說)과 기동성이설(氣同性異說)

성기호설로 인간의 성(性)이 선(善)을 기호(嗜好)함을 밝혔다. 성삼품설에서 다산은 인간이 동물과 구별되는 특징으로 선(善)의 개념을 내세운다. 선을 추구하는 데 인간으로서의 존재 의미가 있다는 것이다. 그의 성삼품설에서 그것을 찾을 수 있다.

> 성(性)에 삼품(三品)이 있는데 초목의 성은 생(生)만 있고 각(覺)이 없으며 금수의 성은 생과 각을 겸하고 있다. 그런데 사람의 성은 생과 각을 겸했을 뿐만 아니라 또 영(靈)하고 또 선(善)하다(與猶堂全書 第2集, 中庸講義補 第1卷; 김영호, 2003: 250).

다산의 이러한 성삼품설은 성선(性善)의 개념이 모든 사람에게 열려 있다는 점에서 한유(韓愈)의 성삼품설과 구분된다. 즉 한유의 성삼품설은 상품을 타고난 사람은 착하지만 하품을 타고난 사람은 악하다는 것으로 고정시킴으로써, 그리고 중품을 타고난 사람은 노력에 따라 상품도 되지만 악품(惡品)도 된다는 점에서 다산의 성삼품설과 대조된다. 그래서 다산은 한유의 성삼품설을 비판해 "사람들이 선(善)으로 향하는 길을 막고 자폭(自暴)하는 길을 열어 주고 있으며 천리(天理)를 손상해 인도를 해치는 품이 지극히 독하고 가슴 아픈 일이다"라고 한다(論語古今註). 이렇게 누구나 선하게 될 수 있다는 다산의 성선설에서 우리는 그의 평등 의식을 찾을 수 있다.

또한 그는 기동성이설(氣同性異說)로 인성과 동물성이 상이함을 주장하면서 인간의 성선을 주장한다. "진실로 호랑이와 벌레들의 성(性)이 과연 우리 사람들의 성과 똑같은 한 물건이겠는가? …… 어찌 이(理)는 같고 기(氣)는 다르다고 할 수 있겠는가?"(孟子要義) 하여 사람의 성은 선(善)을 즐긴다는 사실을 주장한다.

앞에서 본 기호의 두 양상, 즉 목하지탐닉(目下之耽樂)과 필경지생성(畢竟之生成)과 같은 맥락으로 '현재의 징험(見在之徵驗)'과 '구경의 공효(究竟之功效)'를 들어 사람의 성(性)이 선(善)을 즐기고 악(惡)을 싫어함을 밝힌다. 곧 도둑이 악을 행했는데도 사람들이 모르고 칭찬하면 좋아하는 것이나 기녀가 악을 행했는데 사람들이 더럽다고 욕하면 부끄러워하는 사실은 성(性)이 선을 좋아하고 악을 부끄러워하는 현재

(現在)의 징험(徵驗)이라 들고 있다. 아울러 벼가 그 성질이 좋아하는 물을 얻으면 싹이 트고 자라서 번성해 결실하는 것처럼 사람이 하루하루 선(善)하고 의(義)로움을 쌓아 오래 지속해 가면 마음이 넓어지고 호연지기가 길러져 천지 사이에 가득 차게 되는 인격의 성취가 이루어지고, 마음에 걸리는 일을 거듭 행하게 되면 우러러 하늘에 부끄럽고 굽어 사람들에게 수치스러워서 머리가 수그러들고 눈동자가 흐려지며 몸의 정기(正氣)가 막히는 상태가 되어 마치 초목이 시드는 것과 같이 되니, 이런 현상을 '구경의 공효'라 한다(금장태, 2001: 99-100). 이와 같은 철저한 성선의 입장을 다음에서도 볼 수 있다.

> 판지를 뚫는 도적이 장물을 지고 달아나면서 유쾌하고 잘한 것 같지만 이튿날 이웃에 가서 청렴한 선비의 행위를 보고 땀을 흘리면서 속으로 부끄러워한다. 옛날 양상군자(梁上君子)와 함께 선한 행위가 가능하다고 함은 본성이 선하다는 명험(明驗)이 되는 것이다(與猶堂全書 第2集, 孟子要義 第1卷).

다산은 "어린이도 칭찬을 들으면 기뻐하고 꾸지람을 들으면 싫어한다"(與猶堂全書 第2集, 論語古今註 第9卷)는 것과 "도적은 악인(惡人)이라고 할 수 있지만 모르는 사람이 염사(廉士)라고 칭찬하면 즐거워한다"(與猶堂全書 第2集, 孟子要義 第1卷)는 것이다. 그리고 "간악한 사람도 인의(仁義)로 감화시키면 눈물을 흘리며 뉘우칠 수 있다"(與猶堂全書 第2集, 孟子要義 第1卷)는 데에서도 성선의 증거를 보인다. 그렇듯 인간이 선을 좋아하는 것은 물이 아래로 흐르는 것과 같이 자연스러운 것이라 지적한다.

> 사람이 선을 행할 때마다 그 마음이 유연 호연하여 막힘이 없는 것은 물이 그 흐름을 따라가는 것과 같으며…… 이로써 그 성(性)을 알 수 있다(與猶堂全書 第2集, 孟子要義 第2卷).

3) 이(利)의 추구

다산에게 인간은 선을 추구하는 동시에 이익을 추구하는 존재이기도 하다.

> 백성이 이(利)를 좇는 것은 물이 아래로 흐름과 같고…… 백성이 해(害)를 피하려는 것은 불이 습기를 피하려는 것과 같다(與猶堂全書, 第1集, 田論 第4卷).

이처럼 다산은 인간의 이기심과 욕망을 지극히 자연스러운 것으로 인식하고 그것이야말로 천하의 모든 일을 이루어지게 하는 추동력이자 사회 발전의 동인으로 보았다(최병선 외, 2006: 7).

이와 같은 입장에서 다산은 고상한 교덕(敎德)이 가난한 일반 백성에게는 의미가 없는 것이라고 지적하고 "먹고 입는 것이 넉넉해야 예의를 아는 것이니 굶주리고 떠는 백성에게는 억지로 실행시킬 수 없는 것"이며 "군자는 백성에게 먼저 생활문제를 해결해 준 다음 도덕을 가르치고 학문을 가르칠 것"이라고 지적했다(牧民心書).

> 도덕이란 고기와 같은 것이니 만약 심한 위장병을 앓는 사람이 미음죽도 먹지 못한다면 고기가 아무리 좋다고 한들 어떻게 먹을 수 있겠는가(與猶堂全書 第5集, 牧民心書 第1卷).

이상에서 보듯이 다산은 선을 추구하는 것도 인성의 일부이고 이(利)를 추구하는 것도 인성의 일부라고 본다. 결국 선(善)을 추구하는 성과 이(利)를 추구하는 성이 합해 인성이 된다는 것을 보여 준다. 그것은 "대개 인성이란 도의·기질 두 성을 합해 만든 성(性)이다"(與猶堂全書 第2集, 孟子要義 第2卷)라고 밝힌다.

이 두 가지 성(性)의 관계는 다음 인용문에 잘 나타난다.

> 이제 인성을 논의해 보건대, 사람에게는 항시 두 가지의 상반되는 뜻이 있고 그것이 동시에 나타나는 것이다. 음식이 있을 경우 그것이 장차 의로운 음식이 아닐 것으로 여겨진다면, 받아먹고 싶기는 하고, 받아먹지 않으려고도 할 것이다. 환난이 있을 경우 사람의 구실을 할 수 있을 것으로 여겨진다면, 피하고 싶기도 하고 피하지 않으려고도 할 것이다. 음식을 받아먹고 싶거나 환난을 피하고 싶어 하는 것은 기질(氣質)의 욕심이고 받아먹지 않으려 했거나, 환난을 피하려고 하지 않은 것은 도의(道義)의 욕심이다(與猶堂全書 第2集, 孟子要義 第2卷).

그런데 성기호설(性嗜好說)에서는 기호(嗜好)를 대체의 기호와 소체의 기호로 나누는바 이것을 달리 말해 영지(靈知)의 기호와 형구(形軀)의 기호라 할 수 있다.

> 이목구체(耳目口體)의 기호의 성이 되는 것은 형구의 기호이며 천명의 성이라거나 성(性)과 천도(天道)라거나 성선(性善), 진성(盡性)이라거나 하는 성들은 영지(靈知)의 성인 것이다(與猶堂全書 第1集, 詩文集, 墓地銘).

이(利)를 추구하는 인성은 여기서 말하는 형구의 기호 혹은 소체의 기호와 연결된다. 이것은 인성에 내재하는 인간의 기본 욕구로 선할 수도 있고 악할 수도 있는 선악미분(善惡未分)의 것이다(與猶堂全書 第2集, 論語古今註 第9卷; 김영호, 2003: 263).

이처럼 다산이 인간이 선(善)을 추구하면서 동시에 이(利)를 추구한다는 것을 인정하는 것은 인간 개념을 소체의 욕구와 대체의 욕구가 서로 다투는 교전의 장으로 파악하고 있다고 할 수 있다(이을호, 1996: 86). 이 교전에서 대체의 기호와 소체의 기호, 즉 선(善)과 이(利)가 충돌할 때 그 가운데서 어느 것을 선택하는 것은 심(心)의 주권이다. 그래서 인간은 어느 쪽이든 선택할 수 있는 자유를 갖지만 동시에 자신의 행동에 대해서는 도덕적 책임을 져야 하는 것이다. 이것은 오늘의 윤리론에서 자발성을 따지는 것과 같다.

> 하늘은 인간에게 자주권을 부여해 줌으로써 그로 하여금 선을 행하고자 하게 되면 선을 행하고 악을 행하고자 하면 악을 행하게 한다. 혼돈되고 부정한 권한은 자기에게 있으니 금수에 정해진 마음이 있는 것과는 같지 않다. 그러므로 선을 행해도 실은 자기의 공이요 악을 행해도 실은 자기의 죄이니 그것은 마음(心)의 권능이지 성(性)이 아니다(與猶堂全書 第2集, 孟子要義 第1卷).

그렇다면 선과 악을 행하는 주체는 마음(心)의 자주권이지 성(性) 자체에 있는 것이 아니라는 것이다. 그리하여 행동에 대한 마음의 선택 주권을 인정하고 타고난 기질지성(氣質之性)으로부터 해방시켰다고 할 수 있다.

> 기질(氣質)의 성(性)은 요순도 일찍이 그의 밝고 밝은 점만을 치우치게 받지는 않았으며 걸주(桀紂)도 일찍이 그의 탁한 찌꺼기만을 치우치게 받지는 않았을 것이다.…… 진실로 기질을 타고났기 때문에 선악이 구분된다고 한다면, 요순(堯舜)은 저절로 선하게 되었으니 우리들이 사모할 것까지도 없고 걸주도 저절로 악하게 되었으니 우리들이 경계할 것까지도 없을 것이다. 오직 타고난 기질에 행·불행이 달려 있을 따름일 것이다(與猶堂全書 第2集, 論語古今註 第9卷).

이어서 선의 추구와 이의 추구의 관계에서 어느 것이 우선시되고 중요하게 여겨졌는가를 따져볼 수 있다. 이것은 선택 주권의 문제로 볼 수 있지만 다산은 선(善)의 추구에 절대적 우위를 두고 있다고 할 수 있다. 이(利)를 따르는 것이 물이 아래로 흐르는 것처럼 당연한 것이지만 "선을 따르기는 오르는 것처럼 어렵고 악을 따르기는 무너져 내리는 것처럼 쉽다"(與猶堂全書 第2集, 大學講義 第2卷)는 말에서 보듯 다산은 현실적으로 인간은 늘 악을 선택할 개연성이 높은 존재라고 인식했다(최병선 외, 2006: 8). 그렇기 때문에 인간이 선(善)을 행하도록 하고 사회의 질서와 기강을 확립하기 위해서는 외부의 규율수단으로 정밀하고 엄정한 법과 제도의 도입이 필요하다는 인식을 하고 있었던 것이다(최병선 외, 2006: 8). 그러한 제도와 법은 선의 논리가 바탕이 되는 것이었음을 짐작할 수 있다. 그러나 일반 가난한 백성에게는 고상한 교덕(敎德)이 의미가 없는 것이므로 먹고 입는 것이 넉넉해야 예의를 아는 것이니 굶주리고 떠는 백성에게 억지로 실행시킬 수는 없는 것이니 군자는 먼저 백성에게 생활문제를 해결해 준 다음에 도덕을 가르치고 학문을 가르칠 것이다(牧民心書, 赴任, 莅事). 이는 선의 추구는 이의 추구를 전제로 한다고 할 수 있다. 그렇듯 다산은 용인(用人)과 이재(理財)에서 인간의 이(利) 추구의 욕구, 즉 지위를 갖는 귀와 재물을 갖는 부를 강조한다(윤재풍, 2005: 36). 그리고 휼민책(恤民策), 권농책(勸農策), 인재책(人材策) 등으로 백성들의 이(利)를 추구하고자 했다 하겠다.

4) 성(誠)의 실천

다산에게 성의(誠意)는 시작이요 끝이었다. 성의로써 정심(正心) 수신(修身)의 자기를 이룩하는 것이고 성의로써 치국평천하(治國平天下)의 대상물을 이룩하는 것으로 보았다. 그러므로 성의는 시작이요 끝이었다. 『대학(大學)』 8조라 하는 격물(格物), 치지(致知), 성의(誠意), 정심(正心), 수신(修身), 제가(齊家), 치국(治國), 평천하(平天下)에 대해 다산은 다음과 같이 밝힌다.

> 이 세상 만물은 한량없이 많아서 교력(巧歷) 같은 사람도 그 수를 다 셀 수 없을 것이고 박물군자(博物君子)도 그 이치에 통달할 수 없을 것이니, 비록 요순 같은 성인에게 팽전(彭籛) 같은 수명을 주더라도 반드시 그 까닭을 다 알아 낼 수는 없을 것이다. 이렇게 만물을 헤아리고 아는 것이 투철하게 되기를 기다린 연후에 비로소 이에 성의(誠意)를 하려

고 하고 수신(修身)을 하고자 한다면 결국 늦어지고 말 것이다(與猶堂全書 第2集, 大學公議 第1卷).

수신에는 성의로 으뜸가는 공적으로 삼으며, 이에 따라 시작하고 이에 따라 손을 떼는 것이니, 어찌 그 위에 또 2층의 공부가 있겠는가(與猶堂全書 第2集, 大學公議 第1卷).

여기서 우리는 다산이 자연의 물리와 인간의 도리를 구별하고 성(誠)을 가장 중시해 그 앞의 다른 단계(격물, 치지)가 필요하지 않다고 함을 알 수 있다(김영호, 2003: 271).

또한 다산은 내면적인 성(誠)에서 출발해 평천하하고 윗사람의 뜻을 얻어야 함을 주장한다. 『중용』의 "무릇 일은 예비하면 성립한다(凡事豫則立)"는 구절에 대해 다음과 같이 해석한다.

예즉입삼자(豫則入三字)는 『중용』과 『대학』의 전체적 의리를 간직한 것으로 평천하를 하고자 하면 먼저 치국하고 치국을 하고자 하면 먼저 제가하고 제가하고자 하면 먼저 수신하고 수신하고자 하면 먼저 정심하고 정심하고자 하면 먼저 성실해야 한다. 성(誠)이 만사를 예비하는 바이다. 윗사람의 뜻을 얻고자 하면 먼저 벗의 신뢰를 얻어야 하고 부모에 순종해야 하고 자신에 돌이켜 성실해야 하는 것으로 제시하여 성(誠)은 모든 일을 미리 하는 것이라(與猶堂全書 第2集, 中庸自箴 第3卷).

다산에게서 성의(誠意)·정심(正心)은 사업을 떠나서 따로 있을 수 없고 성리(性理)로서가 아니라 사업의 실천 속에서 확립된다(김영호, 2003: 274).

성의정심(誠意正心)은 경(經)의 큰 조목이 되는 까닭에 고현은 이로써 심치선성(心治繕性)의 방법으로 삼았다. 그러나 심치선성은 매양 일을 실천함에 있었고 일을 실천하는 것은 인륜 밖에 따로 있는 것이 아니었다.…… 성의와 정심은 매양 일을 실천하는 곳에 의거하고 성의와 정심은 매양 인륜에 붙어 있는 것이다(與猶堂全書 第2集, 大學公議 第1卷).

이러한 생각은 목민관이 백성을 보살필 때 어미가 어린아이를 살피듯이 해야 한다는 목민자(牧民慈) 윤리로 이어냄을 볼 수 있다.

3 다산의 공직관

1) 공직관의 바탕

(1) 민본주의

다산은 민(民)의 존재를 재인식하면서 정치의식과 현실의 근원적인 개혁을 요구하는 경세론을 펼친다. 그는 『원목』과 『탕론』에서 민에 대한 그의 인식을 밝히고 있는바 공직이 그 이념으로 받들어야 하는 것으로 제시했다. 먼저 『원목』에서 "목이 민을 위해 존재하는가? 민이 목을 위해 존재하는가?" 물으며 "목(牧)은 민을 위해 존재하는 것이다(牧爲民有也)"라고 하여 위민사상을 주장했다(금장태, 2001: 220). 상고 시대에는 원래 민(民)이 있었을 뿐 목(牧)이 없었고 법률도 민(民)의 편익을 위해 아래의 작은 사회 단위에서 점차 위의 큰 사회 단위로 올라가며 제정되던 것이 황제로부터 자기 욕심대로 법을 만들어 내려가면서 "그 법이 모든 군주를 높이고 민을 낮추며 아랫사람에서 긁어다가 윗사람에게 붙여 주는 것이니 오로지 민(民)이 목(牧)을 위해 살아가는 것같이 보인다"고 비판한다(與猶堂全書 第1集 第10卷, 詩文集, 原牧). 이렇듯 그는 당시의 정치가 민이 목을 위해 생존하는(民爲牧生) 왜곡된 전제정치임을 밝히고 '목(牧)이 민을 위해 존재하는(牧爲民有) 민본정치를 정당하고 이상적인 정치 질서로 제시했던 것이다.

『탕론』에서는 좀더 적극적으로 민이 정치의 주체적 지위를 지니고 있음을 지적한다. "탕(湯)이 걸(桀)을 쫓아낸 것이 옳은 일인가? 신하로서 임금을 쳤는데도 옳은 일인가?"라는 문제를 제기해 역성혁명에 대해 신하로서 임금을 친 것을 비판적으로 검토한다. 그는 "옛날에는 아래에서 위로 추대했으니 아래에서 위로 추대하는 것이 순(順)인데, 지금은 위에서 아래로 임명해 내리니 아래에서 위로 추대하는 것은 역이다"(與猶堂全書 第1集 第10卷, 詩文集, 湯論). 그러므로 천자가 백성의 뜻에 어긋났을 때 이를 갈아세우는 것은 당연한 것이다. 그는 정치 권력의 원천이 민에 있고 이 권력의 주체가 민임을 파악하고 있다.

『원정(原政)』에서도 다산은 "정치란 바르게 하는 것이다. 바르게 하는 것이라 함은 우리 백성을 고르게 한다는 것이다"(與猶堂全書, 第1集 第10卷, 詩文集, 原政)라고 주장한다.

여기서 다산은 정치란 것이 모든 것을 바르게 하여 백성들의 삶을 곤궁하지 않게 꾸려나가는 것이 중요하다고 보았다. 이렇듯 다산의 정치철학은 백성에 대한 사랑을 기본 정신으로 한다(장승희, 2002: 86).

(2) 제도주의

누구나 쉽게 취할 수 있는 본능적인 소체의 기호와 이(利)의 추구를 억제하기 위해 또 왕의 자의적인 권력 행사를 경계하기 위해, 인간의 본성에 맞고 치밀하고 공정한 제도가 짜여지고 엄정하게 운영되어야 한다(최병선 외, 2006: 9). 그렇듯 『목민심서』의 이(吏), 호(戶), 예(禮), 병(兵), 형(刑), 공(工)의 6관조의 정부 체계를 중심으로 전체 12강 72조로 목민관의 생활을 망라하고 있으며, 『경세유표』를 통해 천(天: 吏), 지(地: 戶), 춘(春: 禮), 하(夏: 兵), 추(秋: 刑), 동(冬: 工)의 6관조와 조별로 동·서반, 관계, 종친, 훈척, 외명부, 외관지품, 삼관계, 군현, 분등, 고적지법, 전제, 전정제 등을 비롯해 과거지규, 진보지제에 이르기까지 여러 조목을 규정해 제도화하고 있음을 본다(윤재풍, 2005: 42).

(3) 유기체주의

백성과 정부가 하나의 유기적 생명체로 일체를 이루어야 함을 역설하고, 그 사이에 단절이 일어나면 생명 자체가 위험에 빠진다고 경고한다.

> 조정은 백성의 심장이요 간이며, 백성은 조정의 팔이요 다리니, 힘줄과 경락의 연결과 혈맥의 유통이 한순간도 막히거나 끊어짐이 있어서는 안 된다(與猶堂全書 第1集, 與金公厚(履載)).

이는 위급한 상황에서 관리들이 백성을 구하지 않고 침탈에만 급급함을 경계해 백성과 나라가 무너진 다음에 관리들이 존재할 수 없음을 강조한 것이라고 하겠다.

(4) 균평주의

다산은『원정(原政)』에서 "정치란 바르게 하는 것이니, 우리 백성을 균평하게 하는 것이다(政也者 正也, 均吾民也)"(與猶堂全書, 第1集, 詩文集, 原政)라는 말로 균평의 원리를 주장한다. 그리하여 토지의 균분, 물하의 균통, 세력의 균형, 상벌의 균공, 인재의 균용 등을 공정한 정치의 실현을 위한 과제로 제시하고 있다. 손상익하(損上益下)의 방법을 제시해 "조정의 높은 자리에서 부지런하고 급급하게 부자의 것을 덜어내어 가난한 자에게 보태어 주어 그 살림을 고르게 하는 것을 그 임무로 하지 않는 자는 임금과 수령이 행해야 할 도리로서 그 임금을 섬기는 자가 아니다"라고 했다(금장태, 2001: 227). 아울러 그는 제가(齊家)의 문제도 고르게 하는 것임을 강조한다.

> 제가(齊家)는 대중을 통솔하는 방법이다. 통솔하는 데 고르고 공정하지 않으면 원망이 시작되고 분쟁이 일어난다. 분쟁이 일어나면 다스리기가 어려워지므로 반드시 가지런해야 한다. 가지런하게 한다는 것은

길고 짧음이 없고 두텁고 얇음이 없는 것을 말한다(與猶堂全書 第2集, 大學講義 第2卷).

(5) 지성주의

다산은 목민관이 백성을 보살피는 태도는 지극히 정성스러워야 함을 역설한다. "백성에 대한 목민관의 사랑은 마치 어미가 갓난아이를 돌보듯이 지성이라야 가능한 것이라 했다. 갓난아이를 보살피듯 한다는 것은 지성(至誠)이다. 치국하고 목민함은 그 일이 지극히 어려워 오직 정성스러워야 할 수 있으니 마치 새색시가 자식을 기르는 것과 같다"(與猶堂全書 第2集, 大學公議 第1卷)는 지적이다. 이에서 우리는 그가 성(誠)을 일(行事)에서 찾고 있음을 확인할 수 있다.

2) 공직의 임무: 부국유민

다산은 경세의 기본 이념을 나라를 부(富)하고 강하게 하며 백성의 생활을 넉넉하고 편안하게 하는 것이라 했다. 그는 왕정을 일러 "전지의 균등한 배분, 배와 수레를 만들고, 저울과 표준을 신중히 해 물산의 유무상통을 도모함, 군사를 일으켜 적을 토벌함, 법으로 약자를 보살핌, 신상필벌, 붕당 타파와 공평한 인재의 천거, 수리사업, 과수임목으로 먹을 것을 풍족하게 함, 축산으로 군대와 농민을 먹이고 노인을 봉양함, 맹수를 포획해 활용함, 광물을 발굴해 재원을 확보함, 병리를 연구하고 약성(藥性)을 감별해 질병을 미연에 방지하는 것"이라 한다(윤재풍, 2005: 39). 이는 오늘날 정부의 기본 역할(role of government)과 거의 같은(Hughes, 1998: 81-128) 것으로 나라를 강하고 백성을 편안하고 부자로 만드는 것이 공직임을 밝히는 것이라 하겠다.

또한 다산은 목민관이 생민을 위해 수행해야 할 구체적 과제를 행정조직인 육관제도에 따라 이전·호전·예전·병전·형전·공전의 실무 6전과 재난을 당했을 때의 대응책인 진황을 제시하고 있다. 이것은 민생을 위한 기본 실무이며 공직의 임무이다.

이처럼 『경세유표』가 제시하는 모든 제도도 부국유민(富國裕民)을 위한 것이라 할 수 있다.

3) 국가 발전 주체로서의 공직

다산은 공직을 긍정적으로는 왕권 유지 기구와 국가 발전의 주체로 또한 민생에의 봉사 기구로 보았다.

(1) 왕권 유지 기구로서의 공직

다산은 백성을 위해 지성을 다해 정치를 해야 한다고 하지만 국가는 왕의 것이고 국왕의 뜻을 고루 실현하기 위한 일사불란한 국가 지배-통치 체제가 확립되어야 하는 것으로 보고 있어 공직은 어디까지나 왕권을 유지하기 위한 도구였다. 효제자(孝弟慈)를 바탕으로 한 천속의 윤리를 국가 운영에 적용하고자 하는 가부장제적 국왕의 친정 체제를 강조하는 것을 볼 수 있는데, 이는 가례를 천리(天理)에 합하고 인정에 합한 방례에 그대로 전환해 치민의 논리로 삼고자 하는 데서도 찾을 수 있다.

(2) 국가 발전의 주체

다산은 민본적인 위민사상 위에서도 백성의 능력은 믿지 않은 듯하다. 호전 6조의 권농에서 백성이 지극히 어리석고 농사의 이치는 지극히 정묘하다. 이 이치에 밝고 널리 아는 군자가 토지와 농구의 개량을 가르치지 않으면 안 된다고 지적했다. 그뿐만 아니라 선진 지식과 기술을 도입하고 보급하는 것도 공직의 역할로 본다. 그리하여 다산은 이용감(利用監)을 설치해 선진 지식과 기술을 청나라에서 수입하고 이를 통해 산업 육성정책의 실시를 강조한다. 경전사(經田司)를 두어 전지와 호적 그리고 부세를 전담시키고, 사축서(司畜署)를 두어 목축을 전담케 하고, 사광서(司鑛署)를 신설해 금은동철의 광산을 개발하고 중국으로부터 제련술을 배워 전국에 보급할 것을 제안했다(최병선 외, 2006: 24). 그리고 사회간접자본과 기간산업의 육성도 관 주도로 한다.

(3) 민생에게 봉사하는 기구

국가는 국법을 중시하고 백성의 생활을 존중해야 한다는 말로(以尊國法 以重民生) 다산은 공직이 민생을 위한 기구여야 한다고 표현한다. 그리하여 공직은 부국유민을 실현해야 하는 것이다. 이를 위해 『경세유표』와 『목민심서』에 각종 기구와 제도를 마련했다.

그러나 다산이 본 당시의 공직은 백성의 삶을 착취하는 수탈 도구였다. 다산은 "백성은 토지를 밭으로 여기는데 벼슬아치들은 백성을 밭으로 삼으니, 살갗을 벗기고 골수를 두들기는 것을 밭갈이로 삼으며 머릿수를 세어 거두어들이는 것을 가을걷이로 삼는다"(박석무, 1994)고 하여, 당시의 부패한 목민관들이 백성을 심하게 침탈함을 지적하고, 이들 탐관오리를 도적으로 지목했다. 인(仁)과 성선(性善) 그리고 성의(誠意)를 사고의 기저에 깔고 있는 다산으로서는 그와 같은 부패상을 보고 청렴성을 주장하지 않을 수 없었을 것이다.

4 다산의 공직윤리

다산은 앞 절에서 논의한 공직관 속에서 공직과 국민 사이의 윤리관계를 인(仁)에 기초해 성선(性善)과 이(利)의 추구 그리고 성(誠)의 실천을 『목민심서』에서 구체화했다. 목민관(牧民官)의 기본 덕목을 주로 자신의 통제인 '율기(律己)', 공공을 위한 봉사인 '봉공(奉公)', 백성에 대한 사랑인 '애민(愛民)'에서 찾을 수 있다. 공직윤리는 개인적 차원, 구조적 차원 그리고 정책적 차원 등으로 나누어 설명할 수 있다(백완기, 2006: 399-410).

1) 개인적 차원

다산이 언급하는 개인적 차원의 윤리는 공무원 개개인에게 요구되는 윤리로서 청렴성, 전문성, 절약성, 외민성으로 나누어 설명할 수 있다.

(1) 청렴성

다산은 무엇보다 목민관의 청렴성을 강조한다. 다산은 『목민심서』의 서두에서 "다른 관직은 구해도 좋다. 목민의 관직은 함부로 구해서는 안 된다(他官可求 牧民之官 不可求也)"(牧民心書, 赴任六條, 除拜)라고 밝혀 목민관의 중요성을 일깨운다. 다산은 중앙의 관직인 경직(京職)보다 지방의 관직인 외직(外職)을 더욱 중시했다. 그 이유는 중앙 관료들은 주로 왕을 상대하지만, 지방 관료들은 경직과 달리 직접 백성을 다스리고 대면하고 허가하고 처벌하는 역할을 하기 때문에, 이 과정에서 이권과 부정부패가 개입될 소지가 크기 때문이다. 그뿐만 아니라 목민관은 전정, 군정, 환곡, 세금 징수, 노역의 부과 등 금전 및 현물 문제를 다루기 때문에, 청렴성을 갖춘 사람이 아니고는 감히 목민관이 될 수 없다는 것이다. 지방행정의 수장으로 목민관은 임금을 대신해서 백성을 다스리기 때문에 각별한 도덕심, 청렴성, 공평성, 봉사성이 요구될 뿐만 아니라, 지방행정의 수장은 관할 지역의 규모만 다르지 하는 일은 왕이 하는 일과 거의 비슷해 아무나 해서는 안 되는 직책이라는 것이다. 그렇기 때문에 다른 벼슬은 구할 수 있으나, 백성을 다스리는 목민관은 함부로 하겠다고 구해서는 안 된다는 것이다. 다산은 지방행정을 담당하는 수령으로 나가는 친구의 아들에게 준 글에서 수령을 잘하는 비결로 여섯 글자를 주었는데 모두 염(廉)이라는 글자였다. 재물에 청렴해야 하고 여색과 직위에 청렴하기만 하면 제대로 수령 노릇을 할 수 있고 그 글자를 밝게 하는 데와 위엄이 나오는 데 그리고 강직하게 하는 데 사용하면 백성을 다스리는 데 부족함이 없다고 했다(박석무, 1994: 4).

> 청렴이란 목민관의 본무요 만 가지 착함의 근원이며 모든 덕의 뿌리다. 청렴하지 않고서 목민관 노릇할 사람은 아무도 없다. 청렴이야말로 세상에서 가장 큰 장사꾼이니, 때문에 큰 욕심쟁이는 반드시 청렴하기 마련이다. 사람 중에서 청렴하지 않으려고 하는 이유는 그 지혜가 짧아서이다(牧民心書, 律己, 淸心).

> 염결(廉潔)한 벼슬아치를 귀히 여기는 것은 그가 지나가는 곳의 산림이나 천석(泉石)도 모두 맑은 빛을 받게 되기 때문이다(牧民心書, 律己, 淸心).

다산은 공직의 시작인 부임에서부터 시작해 해관에 이르기까지 청렴을 강조하고 있음을 볼 수 있다. 율기(律己)의 청심(淸心), 칙궁(飭躬), 제가(齊家), 이전(吏典)의 속리(束吏)와 어중(馭衆), 형전(刑典)의 청송(聽訟), 해관(解官)의 체대(遞代)와 귀장(歸裝) 그리고 은졸(隱卒) 등에서 검소한 행장과 몸가짐, 청탁 배제, 공사 구별, 여색과 방탕에 대한 경계, 신독(愼獨), 대중에 대한 권위 확보, 장부의 정리, 집안 단속, 사치 경계를 구체적으로 제시했다. 특히 청렴을 억지로 내보이기 위한 일을 배척하고, 죽은 후에까지도 청렴함을 유지해야 한다고 했다.

한편으로는 착함을 좋아하고 악함을 부끄러워하는 성선적 인성의 실현을 위해, 다른 한편으로는 이(利)를 추구하는 소체기호(小體嗜好) 혹은 형구(形軀)의 기호(嗜好)를 견제하기 위해 청렴성을 특히 강조하고 있다고 볼 수 있다.

이와 같은 내용은 오늘날 국가공무원법과 공무원 복무규정에서도 공무원의 행동규범으로 상당히 포괄적이고 엄격하게 규정하고 있다. 신분 관련 규정인 품위 유지와 직무 관련 규정인 금품 수수 금지(사례·증여·향응 수수 금지) 등은 엄격히 규정되어 그것의 위반은 그 자체로도 비윤리적인 것이 된다. 공직자윤리법과 그 시행령은 재산 등록, 선물 신고, 퇴직 후 취업 제한을 규정해 공무원의 사익 추구행위를 사전에 방지하고 있다. 이는 어떤 행위 자체가 나쁘다고 단정할 수는 없지만 그 행위가 나쁜 목적과 연결될 수 있는 가능성을 예방하기 위한 규정이라 할 수 있다. 또한 부패방지법과 그 시행령은 부패행위의 신고 의무, 부패행위 신고자 보호, 국민감사 청구를 규정해 공직부패 방지의 실효성을 높이고 있다. 공무원 신조도 "생활에는 청렴과 질서를"로 규정하고 있다.

시대적 배경의 차이를 감안한다면 다산이 청렴성을 유지하기 위해 규정한 윤리 규정은 오늘의 국가공무원법, 공직자윤리법, 부패방지법의 기본 틀을 모두 갖추고 있다고 하겠다.

(2) 전문성

목민관은 군자로서 인품과 청렴한 자세를 갖추어야 하지만, 혼자만 윤리적인 결함이 없다 하더라도, 그러한 전문 능력을 구비하지 않으면 간악한 하급관리의 비행을 다스릴 수 없어 목민관이 될 자격이 없고, 백성은 고통과 질곡 속에서 헤맬 수밖에 없다고 했다.

> 아전들은 그 직업을 세습하며, 종신토록 하나의 직업에다 한 가지 뜻을 정일하게 하기 때문에, 그 일에는 길이 들고 익숙해서, 앉아서 지도자 거치기를 마치 여관 주인이 길손 대하듯 한다. 수령이 된 자는 어려서 글쓰기나 활쏘기를 익히고 한담과 잡희를 일삼다가, 하루아침에 부절을 차고 일산을 펴고서 부임하니, 이는 우연히 들른 나그네와 같다. 저들이 허리를 굽히고 숨가쁘게 뛰어다니면서 공손하게 하니, 그들의 속을 모르는 자는 고개를 쳐들고 스스로 잘난 체하여 벌레 보듯 내려다보지만, 어깨를 맞대고 땅에 엎드린 그들이 낮은 소리로 소곤거리는 것이 모두 관가를 기롱하며 비웃는 말이라는 것을 알지 못한다. 곡식장부

> 와 전정(田政)에서도 그 이치를 자세히 모르는 사람은 그들을 불러다 자세히 묻고 상세히 배워 그 농간을 살펴야 할 것이다(박석무, 1996: 7).

또한 다산은 효제(孝悌)와 예악(禮樂)을 통한 사회통제와 백성의 교화는 물론 범법자를 다스리는 형정(刑政)과 나라를 지키는 군사학, 백성을 편안하고 배부르게 할 농업에 관한 실질적인 지식이 있어야 한다고 지적했다. 그 밖의 부역, 화재(貨財) 등의 모든 업무에 밝지 않고서는 공직을 제대로 수행할 수 없다고 보았다.

> 학문을 연구하는 기본 입장은 효제(孝悌)로써 근본을 삼고 예악(禮樂)으로 수식하도록 해야 하고 형정(刑政)으로써 도움을 받고 군사학과 농업정책으로 이익을 얻을 수 있어야 한다(與猶堂全書 第1集, 詩文集, 答二兒).

이 전문성의 윤리 덕목은 오늘날 공무원의 윤리헌장에 규정된 공무원 신조의 하나인 “직무에는 창의와 책임을”과 그 실천 강령 가운데 하나인 “실속 없는 전시행정이나 지속성 없는 졸속행정의 폐습을 지양한다”는 조항과 맥락을 같이한다. 그러나 행정 전문성에 대해서는 오늘날의 공무원 윤리 관계 법률이나 규정보다 다산이 더 간절해 하고 있다 하겠다.

(3) 절약성

율기 6조 절용에서 목민관은 절약할 것을 지적한다.

> 목민관 노릇을 잘하려면 자애(慈愛)로워야 하고, 자애롭지 못하면 반드시 청렴해야 하고, 청렴하자면 반드시 절약해야 한다(牧民心書, 律己, 節用).

(4) 외민성(畏民性)

다산은 백성이 산처럼 높고 무겁고 힘을 가진 자라는 것을 일깨우며 공직자는 네 가지를 두려워할 줄 알아야 한다고 한다.

> 온 세상에서 가장 천하여 호소할 데 없는 것도 소민이요, 세상에서 가장 높고 무거워 산과 같은 것도 소민이다. 요순 이래로 성현들이 서로 이으며 경계한 바가 요컨대 소민을 보호하려는 것이라 이것은 모든 책 속에 실려 있고 사람의 귀와 눈에 달려 있다. 그러므로 상관의 지위가 아무리 높다 하더라도 백성을 머리에 이고 싸우면 대개 굽히지 않을 자가 드물다(牧民心書, 奉公, 文報).

> 아래로는 백성을 두려워하고 위로는 탄핵기관인 각신(閣臣)을 두려워하고 또 그 위로는 조정을 두려워하고, 그 위로는 하늘을 두려워할 줄 알아야 한다(牧民者 有四畏 下畏民 上畏臺省 又上而畏朝廷 又上而畏天)(박석무, 1996: 8).

여기서 다산은 백성을 위해 공직을 수행하며 맨 먼저 백성을 두려워하는 자세를 공직자는 가져야 한다고 지적하는 것을 알 수 있다.

오늘의 공무원 윤리헌장 실천 강령은 "모든 업무는 나와 관청의 편의보다는 국민 편의 위주로 처리한다"고 규정하며 공무원은 "국민에 대한 헌신과 충성을" 신조로 하고 있다.

2) 구조적 차원

다산이 언급하고 있는 공직윤리의 구조적 차원은 절차, 결정 방식, 관례, 규칙으로 나누어 설명할 수 있다.

(1) 명령 복종

봉공 6조 선화(宣化)는 목민관이 조정의 명령을 성실히 시행해야 함을 논한다. 아래의 예처럼 군수나 현령은 임금의 뜻을 백성에게 전달하는 중대한 임무를 갖고 있음을 천명하고 있다. 또한 백성에게 알기 쉽게 사실의 요점만을 전달해야 함도 지적한다. 오늘의 행정관리에서도 법규, 권위, 계층제 등을 통해 조정의 한 형태로 명령 복종을 확보하고 있다.

> 군수나 현령(縣令)은 본래 임금의 뜻을 백성들이 이어받도록 하며, 임금의 은혜를 백성들에 베푸는 것인데 오늘날에는 오직 감사만이 이 책임이 있다고 말하는 것은 잘못이다 (牧民心書, 奉公, 宣化).

> 임금의 말씀이 고을에 이르게 되면 마땅히 백성들을 모아 놓고 친히 공포하여 임금의 어진 뜻을 알게 해야 한다 (牧民心書, 奉公, 宣化).

> 유시문(諭示文)이나 사면령이 고을에 이르게 되면 또한 사실의 요점만을 따서 백성들에게 공포해 각각 알게 해야 한다 (牧民心書, 奉公, 宣化).

> 상사(上司)에서 차출해서 파견하면 모두 받들어 행하는 것이 마땅하다. 사고나 병을 칭탁(稱託)하여 스스로 편하기를 도모하는 것은 군자의 의(義)가 아니다 (牧民心書, 奉公, 守法).

(2) 준법성

봉공 6조 수법(守法)에서 목민관의 준법을 강조한다. 특히 명령 복종을 강조하고 있지만 부당하고 백성에 이롭지 않은 명령에 대해서는 복종하지 않아도 된다고 한다. 상사의 명령이라도 법에 위반될 경우 자신의 주장을 지켜야 함을 공직윤리로 삼고 있다.

> 아무리 상사의 명령이라 하더라도 공법에 위반되거나 민생에 해롭다면 마땅히 의연하게 굽히지 않고 확고하게 자신의 주장을 지켜야 한다

(牧民心書, 奉公, 禮際).

> 법은 임금의 명령이니, 법을 지키지 않음은 곧 임금의 명령을 좇지 않는다는 것이다. 신하된 자가 감히 그렇게 할 수 있겠는가(牧民心書, 奉公, 守法).

> 확연히 법을 지켜서 굽히지도 말고 빼앗기지도 아니하면, 문득 인욕(人慾)이 물러나고 천리(天理)가 흘러 행해질 것이다(牧民心書, 奉公, 守法).

> 법으로서 해가 없는 것은 비켜서 변경하지 말고, 관례로서 사리에 맞는 것은 좇아서 잃지 말도록 할 것이다(牧民心書, 奉公, 守法).

> 상사(上司)의 명령하는 것이 공법에 어긋나고 민생에 해를 끼치는 것이면 마땅히 의연하게 굴하지 말고 확연히 자신을 지키도록 하라(牧民心書, 奉公, 禮際).

그러나 형전, 단옥(斷獄)에서는 법을 지키되 혹독한 형벌을 경계하고, 신형(愼刑)에서는 민사와 공사, 관사와 사사에 따라 등급별로 신중한 형벌을 요구한다. 또한 휼수(恤囚)에서는 인간애에 바탕을 둔 감옥에 갇힌 힘없는 자를 세세히 보살필 것을 지적해 서(恕)와 성(誠)을 법집행에서 실천할 것을 제시했다. 오늘의 법치행정은 바로 이와 같은 준법성을 이르는 것이라 할 수 있다.

> 혹독한 관리가 참혹하고 각박하게 해서 오로지 법문만을 따져서 그 위엄과 밝음을 드러내고자 하는 자는 뒤끝이 좋지 않았다(牧民心書, 刑典, 斷獄).

3) 정책적 차원

이 차원은 모든 집단에 가치를 적절히 배분하는 공익 문제와 직결되는 것으로 특수 이익을 벗어나 불특정 다수의 이익을 대표하는 전체성을 지녀야만 윤리성을 지닌다는 것이다.

(1) 공사 구별

율기의 병객(屛客)과 청심(淸心)에서 각각 다음과 같이 주장해 공과 사를 구별할 것을 요구한다. 사사로운 정에 의해 관청에 손님이 드나드는 것에서 뇌물이라 할 수 있는 사소한 선물에 이르기까지 공사를 명백히 구별해야 함을 지적한다.

> 관청에 손님이 있는 것은 좋지 않다. 관청 안은 엄숙하고 참신해야 한다(牧民心書, 律己, 屛客).

> 보내는 물건이 비록 사소하다 하더라도 온정이 이미 맺어졌으니 사사로움이 이미 오고간 것이다(牧民心書, 律己, 屛客).

(2) 공정성

봉공 6조의 공납(貢納)은 전조(田租), 전포(田布), 군포(軍布) 징수의 공정을, 호전 6조의 평부(平賦)에서는 백성들의 부역(賦役) 부과의 공정을, 병전 6조에서는 병무행정의 공정을 요구한다.

이는 공직 수행에서 공사를 구별해 공정성을 확보할 것을 강조하는 것이다. 오늘날에는 이를 국가공무원법에서 성실, 친절, 공정의 의무로 규정하고 있다. 또한 공무원 윤리헌장 실천 강령에서 "공익 우선의 정신으로 특정 개인이나 단체에 대한 차별적 특혜를 거부한다"고 규정한 오늘에도 지켜져야 할 공직윤리이다.

(3) 봉사성

부임 6조의 제배에서, 목민관의 직책은 기능적 직책이 아니라 백성의 생명을 보호하고 육성하는 일이기 때문에, 자신의 이익을 위해 직책에 나아가지 말고 오직 봉사하기 위해 나아가야 한다는 출발점의 자세를 다짐시키고 있다. 그리고 애민 6조의 양로(養老), 자유(慈幼), 진궁(振窮), 애상(哀喪), 관질(寬疾), 구재(救災)와 진황 6조의 비자(備資), 권분(勸分), 규모(規模), 설시(設施), 보력(補力), 준사(竣事)는 성의를 다하는 봉사를 요구한다. 오늘날의 공무원 윤리헌장에서 "국민에겐 정직과 봉사를"의 규정을 공무원의 신조로 규정하고 있는 것이다.

참고 문헌

금장태(2001). 『다산실학 탐구』. 서울: 소학사.

금장태(2004). 치도(治道)의 원리와 실현 : 다산(茶山)과 오규 소라이(荻生徂徠)의 「중용」 해석. 『다산학』 5호, 다산학술문화재단.

김영호(金暎鎬), (1996). 정약용의 경학관, 한국사상사연구회 편. 『실학의 철학』, 337-372. 서울: 예문서원.

김영호(金泳鎬), (2003). 茶山實學에 있어서 倫理와 經濟, 연세대학교 국학연구원 편. 『연세실학강좌 I 』, 247-286. 서울: 혜안.

박석무(1984). 다산학의 연원과 시대적 배경 고찰. 『다산학보』, 6집: 1-27, 다산학연구원.

박석무(1994). 다산의 정치지도자상. 미발표 논문.

박석무(1995). 『유배지에서 보낸 편지』. 서울: 창작과비평사.

박석무 · 정해렴(공편역)(1996). 『다산논설선집』. 서울: 현대실학사.

송재소(1996). 『鄭孝子傳』을 동하여 본 茶山 倫理觀의 一端. 『다산의 학문과 사상』, 119-125. 민족문화추진회.

오석홍(1993). 『인사행정론』. 서울: 박영사.
원한식(1994). 행정윤리를 위한 이론틀의 구성, 『전주대학교 논문집』, 23집: 53-67.
윤재풍(1996). 다산의 행정사상. 『한국의 정치행정체계론』. 서울: 박영사.
윤재풍(2005). 다산의 행정사상에 관한 연구. 한국행정학회 2005년 추계학술대회 발표 논문, 한국행정학회.
이영훈(2000). 다산 경세론의 경학적 기초. 『다산학』, 창간호: 122-161, 다산학술문화재단.
이영훈(2003). 다산의 인간관계 범주 구분과 사회 인식. 『다산학』, 4: 8-53. 다산학술문화재단.
이을호(1966). 『다산경학사상연구』. 서울: 을유문화사.
임재윤(2002). 『정약용의 교육개혁사상』. 광주: 전남대학교출판부.
장동희(1995). 다산의 공직관과 목민관의 책임. 『다산학보』, 15집: 121-137, 다산학연구원.
장승희(2005). 다산 정약용의 공직윤리. 『동양철학연구』, 30: 77-103.
정재동(2006). 다산의 관료제 기구 존폐론을 통한 조직관 분석. 『다산연구시리즈』, 1호: 4-15. 다산행정연구회.
최병선 외(2006). 다산의 인간・사회・국가관 연구: 산업경제 분야의 국가 역할을 중심으로. 『다산연구시리즈』, 1호: 16-47, 다산행정학연구회.
한탁근(1999). 丁茶山의 公職倫理思想 硏究, 성균관대학교 유학대학원 석사학위 논문.
홍덕기(2001). 『다산 정약용의 토지개혁사상』. 광주: 전남대학교출판부.
French, Peter A.(1983). *Ethics in Government*. Englewood Cliffs, New Jersey: Prentice-Hall.
Hughes, Owen E.(1998). *Public Management and Administration*. London; Macmillan Press.
Huddleston, Mark W.(1981). Comparative Perspectives on Administrative Ethics: Some Implications for American Public Administration. *Public Personnel Management,* 10(1): 68-73.
Thompson, Dennis P.(1985). The Possibility of Administrative Ethics. *PAR*, 45(5): 555-561.

제5장 부정부패에 대한 인식

최병선 · 조병훈

1 서 론

다산 정약용의 저작, 특히 『목민심서』에는 공직윤리가 흐리고 행정 지식과 전문성이 부족해 교활하고 간악한 아전들의 농간에 속수무책인 목민관에 대한 규탄과 경계가 가득하다. 『경세유표』에는 당시 사회가 썩고 문드러진 부란(腐爛)의 상태에 처해 백성의 삶이 궁박하기 그지없고 도탄에 빠지게 된 중요한 이유가 제도의 미비와 악용에 있다고 보아 이것에 대한 개혁안들로 가득 차 있다. 이렇게 볼 때 어쩌면 다산 전체의 개혁사상이 부정부패와 관련이 있는지도 모른다.

그러나 막상 부정부패를 중심으로 다산의 개혁사상을 천착해 보려한 필자들은 연구의 시작 단계에서 상당한 당혹감을 갖지 않을 수 없었다. 실제로 다산의 저작에서 부정부패로 규정할 수 있는 세태들은 무수하게 거론되고 있지만 이론적으로 깊이 탐구할 만한 연구 대상을 찾기는 어려웠기 때문이다. 겨우 가부장적인 관점에서 민권이 보장될 뿐이고 권리가 침탈된 백성이 적극적으로 문제 제기할 수 있는 기회나 가능성은 매우 적었던 전제군주의 시대에 저질러진 숱하고 다양한 부정부패의 양상들에 대한 대책이란 고작해야 왕도정치의 이상을 강조하고 수령방백 등 국가 관료의 청렴과 온정을 강조하는 것 이상의 대책은 나오기 어렵다고 생각되었기 때문이다.

이런 고민 끝에 필자들은 이 글의 주제를 선정하게 되었다. 부정부패는 크게 보아 국가의 조세와 재정의 운영 그리고 규제의 집행 과정에서 발생하는 것으로 대분류할 수 있다. 이 글에서 다루는 환곡제도의 운영 과정에서 나타난 부정부패는 전자에 속한다. 성격상 매우 복잡할 수밖에 없는 조세와 재정의 운영 과정에서 나타난 부정부패의 유형은 실로 다양했다. 국가로부터 부여받은 대소의 행정 권한이 어떻게 백성을 수탈하고 축재 수단으로 전락할 수 있는지를 너무나 실감나게 보여 주었다.

이 글은 우선 환곡제도의 유래와 변천 과정을 살피고 그것이 조선후기에 이르러 어떤 변질 과정을 거치면서 극도의 폐단, 극심한 부정부패를 낳는 온상이 되었는지를 설명한다. 다음으로는 환곡제도를 둘러싼 다종다양한 부정부패의 양상과 방법에 대한 다산의 분석과 설명을 간략하게 소개하고, 이어서 이런 부정부패의 극복책으로 다산이 제시한 법제도 개혁안과 운영개선안을 정리한 다음, 그것의 특색은 무엇이고 한계는 무엇이었는지를 평가했다.

2 환곡의 문란과 부정부패의 양상

1) 환곡제도의 변천 개요

(1) 환곡의 유래와 기능

환곡, 일명 환상(還上) 또는 환자(還子)는 오랜 역사를 지닌 구휼(진휼)제도의 하나로서 흉년이 아니라도 단경기(端境期)인 봄에 관곡(官穀)을 농민에게 대여했다가 가을에 환수하는 말한다.[1] 조선왕조는 건

1) 환곡제도는 삼국 시대부터 실시되었던 것으로, 고구려에서는 194년(고국천왕 16)에 진대법(賑貸法)을 시행했으며, 신라에서는 진휼의 목적을 위해 점찰보(占察寶)가 설치된 바 있다. 고려에서는 태조 때 흑창(黑倉)을, 986년(성종 5)에는 의창(義倉)을, 993년에는 상평창(常平倉) 등을 두어 진휼사업을 확장했으나, 이것들은 모두 당시의 상

국 이후 『경국대전』에 군자창(軍資倉)과 상평창(常平倉)을 설치하고, 조세로 수취한 곡물의 일부분을 군자창에 비축해 전란과 가뭄에 대비하도록 하는 한편, 의창(義倉)과 상평창을 설치해 무상 혹은 유상으로 농민을 구휼하는 제도를 채택했다. 때로는 농민들로 하여금 자치적으로 사창(社倉)을 설치하도록 하고 여기에 관곡을 대여해 주는 방식을 취하기도 했다.

환곡의 본래 취지가 구휼에 있는 한 대여에 필요한 곡물, 즉 원곡(元穀)의 유지는 매우 중요했다. 이를 위해 상평법 및 조적법에 의거 곡가가 싼 가을에 곡물을 사들이고 비싼 봄에 처분해 얻은 매매 차익으로 원곡을 복원하기도 했으나, 여기에는 한계가 있었다. 상평법 등에 의한 원곡의 확충은 물가 조절 등의 순기능이 있었으나 명분상의 문제와 제도상의 미비로 부작용이 심했다.[2] 따라서 환곡을 상환할 때에 원곡을 창고에 보관하는 5~6개월 동안 새와 쥐가 먹어 줄어드는 분량을 벌충한다는 명목으로 보통 분급된 환곡의 1/10에 해당하는 곡물을 모곡(耗穀)이란 이름으로 추가 상환하도록 하는 것이 보통이었다.[3] 또한 법제화된 것은 아니지만 관행적으로 창고를 관리하는 아전, 노예, 창고를 지키는 병졸의 생계비조로 각기 간색미(看色米), 낙정미(落庭米), 타석미(打石米)를 부담시키기도 했다. 이 네 가지는 모두 오늘날로 말하면 분급된 환곡에 따르는 이자인 셈이다.[4]

황에 따라 두었던 긴급조치였으며, 이것이 제도로서 확립된 것은 조선 시대이다.

2) 상평법은 무엇보다도 국가가 가난한 농민들을 상대로 상업 이윤을 추구하는 것이므로 성리학적 명분상 받아들이기 어렵다는 단점이 있으며, 화폐제도가 발달하지 않은 상황에서 곡가의 결정 과정에 지방관리의 부정이 개입되는 등의 문제를 갖고 있었다.

3) 조선 전기에는 모곡의 수취 액수를 명확하게 법으로 규정하지 않은 채 다양한 비율의 모법(耗法)이 관행적으로 시행되었다. 모곡의 법정 비율이 처음 등장한 것은 1746년(영조 22)으로서 『속대전』에 원곡 1석(15두)에 1두 5승의 곡물을 부가한다는 일할모법(一割耗法)이 명문화되었다(정윤형, 1990a: 85).

4) 일반적으로 간색미는 환곡 1석에 5승(升), 낙정미는 1두(斗), 타석미는 1승(升)이었다. 그러나 실제로는 간색미가 1두, 낙정미 2두, 타석미 2승을 거두는 경우도 있었다(정윤형, 1990a: 131-132). 이런 의미에서 다산은 원래의 모곡에 이 세 가지를 더해 사모

(2) 환곡의 변질과 폐단

비교적 큰 탈 없이 운영되던 환곡제도는 조선 후기에 이르러 성격이 크게 변화되었다. 무엇보다도 임진왜란과 병자호란을 거치면서 조선의 재정은 파탄 상태에 직면해 있었다. 조세의 기반인 전지가 양난으로 인해 황폐화되었고, 사지주(私地主)에 의한 토지 겸병의 지속으로 공전이 줄어들고 사전이 확대되었다. 반면에 국가의 재정 수요는 전후 복구비 및 군사비 등의 지출로 크게 늘어나고 있었다.[5] 이런 가운데 조선은 재정의 확보를 위해 두 가지 재정개혁을 단행했으니 그것이 대동법(1608~1708)과 균역법(1750)의 시행이다. 이 재정개혁을 통해 중앙의 재정은 다소간 여유를 갖게 되었다. 왜냐하면 이 두 개혁은 봉건적 지배층의 자의적인 수탈의 강화로 무거워진 농민의 부담을 경감시킨다는 명분으로 이루어졌으나 실질적으로는 재정 원천의 중앙 집중화로 특징지을 수 있는 것이었기 때문이다 (정윤형, 1990a: 144).[6]

바로 이런 상황에서 기존 재원을 상실한 중앙 또는 지방의 여러 아문, 특히 지방의 감영과 군영(병영과 수영)은 독자적인 재정수입원으로서 환곡에 주목하지 않을 수 없게 되었다. 그것은 무엇보다도 환곡제도가 가진 모곡 때문이었다. 다시 말하면 다른 어떤 재정 원천과 달리 환곡은 이자가 자라나는 자체 증식 기능이 있었기 때문이다. 환곡의 모곡이 재정을 보충하는 취모보용(取耗補用)의 법제가 만들어지자 재정난에 허덕이던 중앙과 지방의 기관들은 앞다투어 환곡에 매달리게 되었다.[7] 이 과정에서 국가재정의 환곡 의존도는 점점 심화될 수

(四耗)라고도 불렀다 (정약용, 역주목민심서 3권, 1979: 34).

5) 순조 22년(1822) 호조판서 심상규(沈象奎)는 당시의 재정 상태에 대해 "2년간의 세입을 합쳐도 한 해의 지출을 감당하지 못할 정도"라고 말한다 (오일주, 1984: 70).

6) 예컨대 중앙 재정의 결손을 메우기 위해 명종 때에 환곡 모곡의 1할을 호조에 납부하는 일분모회록법(一分耗會錄法)을 도입하고, 임진왜란과 병자호란 이후에는 환곡 모곡의 3할을 중앙에 납부하는 삼분모회록법(三分耗會錄法)을 실시했다. 회록법(會錄法)이란 환곡 모곡의 일부를 호조, 비변사, 균역청 등 중앙아문이 재원으로 사용하기 위해 공부에 등록하는 것을 말한다.

밖에 없었고, 환곡은 본래의 기능을 상실하고 점차 부세(賦稅)와 비슷한 형태로 변질되어 간 것이다.[8)]

이와같이 환곡이 국가와 지방 재정의 주요 원천이 되면서 환곡을 둘러싼 폐단도 나날이 심화되어 갔다. 『속대전』에 규정된 반류반분(半留半分)의 법칙, 즉 원곡의 반은 창고에 보관하고 반만 분급하도록 하는 원칙이 잘 지켜지지 않고, 진분(盡分) 즉 완전하게 분급되는 일이 늘어난 것도 문제지만, 자원자에게만 대여되어야 할 환곡이 백성의 의사와는 관계없이 일방적으로 환곡이 배정되고 마는 '강제적 현물대여제도'로 거의 완전히 탈바꿈해 버린 것이다. 조선 후기 환곡을 둘러싼 탐관오리의 농간과 수탈이 얼마나 심했던지는 1862년의 임술민란(壬戌民亂) 등 수많은 농민반란을 일으키게 된 삼정(三政)의 문란 중 으뜸으로 환곡의 폐단이 지목된 데서도 잘 나타나 있다. 백성의 안정적인 생계를 돕는다는 환곡제도의 아름다운 명분은 오간 데 없고 오히려 백성들에게 뼈를 깎는 고통을 주는 폭정 수단으로 전락한 것이다. 다산이 목격한 것은 환곡제도의 폐단이 극에 달하고 있던 바로 이 당시의 현실이었다.

> 지금 환상(還上)은 위로는 나라의 용도를 보충하고 중간으로는 온 관청의 용도를 유지하며 아래로는 영읍(營邑)의 재정을 넉넉하게 하는데, 백성은 생각지도 않는 것이다(經世遺表, 地官修制, 倉廩之儲).

> 맨 처음 이 법을 만든 본 뜻은 반은 백성의 양식을 위함이요, 반은 나라의 경비를 위한 것이니 어찌 반드시 백성에게 모질고 사납게 하기 위

7) 18세기 이후부터 19세기 초반의 상황을 살펴보면, 농민 구휼에 관여했던 호조, 상진청, 비변사 이외에 균역청, 선혜청, 장용영 등과 같이 농민 구휼과 무관한 중앙아문들이 많은 환곡을 독자적으로 보유하고 있었다. 또한 감영, 병영, 수영 등 지방아문들도 농민 구휼곡의 운영을 대행하던 종래의 방식과는 달리 자체의 재원 조달을 위해 독자적으로 환곡을 보유·운영하고 있었다(정윤형, 1990a: 86).

8) 오일주, 1984: 72-80 참조. 환곡의 부세화 주장에 대해서는 이견도 많다(정윤형, 1990a 참고).

해 만든 것이겠는가. 지금은 폐단 위에 폐단이 생기고 문란에 문란을 더해 구름이 변하듯 안개가 사라지듯 모래가 흘러내리고 물결이 출렁이듯하여 천하에 따져서 밝혀낼 수 없는 것이 되어 버렸다. 나라에서 쓰는 경비에 보탬은 열 가운데 하나요, 여러 아문에서 관장해 자기들의 몫으로 삼은 것이 열 가운데 둘이요, 군현의 아전들이 농간질하고 판매를 해서 스스로 장삿속으로 이득을 취하게 되는 것이 열 가운데 일곱이다. 쌀한 톨도 백성은 일찍이 가루조차 보지 못했는데도 거저 가져다 바치는 쌀이랑 조가 해마다 천이나 만이나 되니, 이것이 부렴(賦斂)이지 어찌 진대라 하겠으며 이것이 늑탈이지 어찌 부렴이라 할 수 있겠는가(牧民心書, 戶典六條, 穀簿).

무릇 폐막을 구제함에는 모두 모곡으로 돌리는데 균역청·진휼청·준천사의 지용(支用)과 추조(秋曹)·경조(京兆) 및 5부의 서리·조례의 요포(料布)와 공해(公廨)·성첩의 영선(營繕)과 전선(戰船)·집기(什器)의 준비도 오직 모조라 말한다. 결전(結錢)을 탕감하는 큰 혜택도 모곡으로 대신하고, 조사(詔使)의 접대와 산릉 역사(山陵役事)를 위해 거둘 것도 모곡으로 충당한다. 저의 돈과 나의 곡식이 쓰이는 데가 다르건만 저의 이식과 나의 모조를 받는 것은 같으니(經世遺表, 地官修制, 倉廩之儲).

무릇 천고(千古)를 헤아려 보더라도 이재(理財)를 이와같이 하고도 스스로 나라를 다스린다고 할 수 있는 자가 아직까지 없었다. 백성은 물이나 불 속에서 아우성치고 뒹굴고 있는데, 재상으로서 조정에 앉은 자는 바야흐로 정유구(政由舊)[9] 석 자로 요체를 삼으니, 슬프다 이를 어찌하랴!(牧民心書, 戶典六條, 穀簿)

2) 환곡을 이용한 부정부패의 유형과 양상

다산은 『목민심서』 호전 6조 곡부(穀簿) 편에서 환곡을 이용한 다양한 부정부패의 양상과 수탈 방법 등을 상세하게 기술하고 있다. 환곡을 둘러싼 부정부패에는 위아래의 구분이 없었으니, 다산은 감사의

9) 정사(政事)는 옛것을 따라야 한다는 뜻이다.

농간으로 이무(移貿)를, 수령의 농간으로 번질(反作), 가분(加分), 허류(虛留), 입본(立本), 증고(增估), 가집(加執)의 여섯 가지를, 아전의 농간으로 번질(反作), 입본(立本), 가집(加執), 암류(暗留), 반백(半白), 분석(分石), 집신(執新), 탄정(呑停), 세전(稅轉), 요합(徭合), 사혼(私混), 채륵(債勒) 등 열두 가지를 대표적 유형으로 분류했다.

(1) 이무(移貿) · 입본(立本) · 보속(步粟)

본래 이무란 산군(山郡)에는 곡식이 많이 쌓이고 연군(沿郡)에는 곡식이 적기 때문에 적은 곳은 더해 주고, 많은 곳은 덜고자 하여 만들어진 제도였다. 이 업무는 감영에 맡겨져 있었다. 이무의 업무를 수행하는 과정에서 감사는 각 지방 곡식의 가격정보를 손쉽게 입수할 수 있는 위치에 있었다. 이런 곡가정보를 이용해 사악한 감사는 장사치를 능가하는 축재를 일삼았다. 즉 환곡의 일차적 수납 대상을 곡가가 비싼 지역으로 삼아 이곳에서 수납된 환곡을 팔아 생긴 돈의 일부를 착복한 다음, 남은 돈으로 곡가가 싼 지역에서 곡식을 사들여 환곡으로 다시 채워 넣음으로써 장부상의 액수를 유지(이것이 원본을 다시 채운다는 의미의 입본이다)하는 수법을 사용한 것이다. 이와같이 이무가 이루어지게 되면 곡가가 비싼 고을의 곡식은 오히려 줄어들고, 곡가가 싼 지역의 곡식은 오히려 늘어나게 된다. 다시 말하면 곡식이 물리적으로 이동한 바 없지만 이동한 것과 같은 효과를 내게 되는 것이다. 이것이 발 없는 곡식이 걸어간다고 해서 보속이다.[10)]

> 감사가 여러 고을에 달마다 물가를 보고하도록 하여 곡가의 높고 낮음을 상세히 알고서, 이에 장사치 노릇을 한다. 만약 벼 1석에 갑현에서는 시가가 7전이고, 을현에서는 시가가 1냥 4전이면 을현의 벼 2,000석

---

10) 이것은 매우 기이한 현상이다. 가격이 낮은 곳에서 높은 곳으로 물건이 이동하는 것은 시장의 기본 원리이기 때문이다. 그러나 이 당시 수송 수단이 부족하고 가격정보가 부재했기 때문에 이런 시장 원리는 작동하지 못했던 것이다.

> 을 취해 팔아서 돈 2,800냥을 만들어 그 반은 훔쳐 자기가 먹고 그 반(1,400냥)은 갑현에 던져서 곡식을 사들여 다시 벼 2,000석을 만든다. 이것이 바로 이무(移貿)요 이것이 이른바 입본(立本)이요 이것이 이른바 보속(步粟)이다.……쌀을 방출하는 고을에서는 비싼 값으로 돈을 거두고 쌀을 수매하는 고을에서는 싼 값으로 돈을 푸니 백성의 피해가 어찌 그치겠는가? (牧民心書, 戶典六條, 穀簿)

여기에 더해 곡가의 보고도 조작이 있었다. 즉 "수령으로서 물가를 보고하는 자는 감사의 태도를 살피고 속마음에 영합해 마땅히 곡식을 방출해야 할 고을에서는 시가보다 높은 값으로 보고하고, 곡식을 수매해야 하는 고을에서는 반드시 시가보다 싼 값으로 보고"했다. 그러면 감사는 이웃한 대여섯 고을에서 보고된 물가 중 전자의 경우는 가장 높은 가격을, 후자의 경우는 가장 낮은 가격을 적용해 축재를 극대화하는 것이 당시의 관행이었다.

입본은 일반적으로 환곡 창고에 있어야 할 곡식을 다시 채워 넣는 것을 말하는데, 환곡을 실제로 출납하지 않고서 저지르는 부정도 입본의 한 형태였다. 이런 입본은 환곡의 반납을 돈으로 대신할 수 있도록 한 제도를 악용한 것으로 볼 수 있다.

> 입본이란 무엇인가.……가을이 되어 돈을 거두는데 가령 갑년에 흉년이 들어 환조(還租) 1석에 시가가 2냥이면 돈으로 대신 거두는데 백성도 또한 좋아한다. 을년의 봄에 백성이 바야흐로 굶주리고 곤란하면 관에서는 이에 영을 내려 말하기를 '올 가을에 풍년이 들면 1석의 벼가 1냥에 지나지 않을 것이니 너희는 이제 돈을 먹고 가을을 기다려 벼를 바치면 좋지 않겠느냐'고 하면 백성 또한 좋아한다. 이러는 동안에 이익이 1냥이 되고 만약 1천 석을 가지고 있으면 1,000냥이 되니 이것이 이른바 입본이다 (牧民心書, 戶典六條, 穀簿).

이런 방식의 입본이 더 가증스러운 것은 백성의 어려운 사정을 잘 아는 수령방백들이 백성의 어려운 처지를 악용하고 있기 때문이다. 즉 봄에 곡식이 아니라 돈을 나누어 주는 것은 창고의 곡식이 변하고 썩어서 백성이 받기를 꺼려하는 것을 알고서는 이 점을 이용해 백성들에게 가격을 절반으로 쳐서 돈으로 나누어 주는 것인데, 가을이 되어 돈을 받을 때는 가격 전액을 받아냈던 것이다. 따라서 환곡 창고의 곡식은 방출, 반납된 적이 없이 그대로 묵어서 더 썩고 부패하게 되는데, 다음 해에 진토같이 새까맣게 썩어버려 먹을 수도 심을 수도 없는 곡식을 환곡으로 나누어 준 것이다.

(2) 번질(反作), 가분(加分), 허류(虛留), 증고(增估), 가집(加執)

여기서 말하는 부정행위는 대체로 환곡 물량의 관리에서 수령이 허위나 조작을 일삼는 것이다. 우선 번질－혹은 와환(臥還)－은 겨울에 환곡을 거두지 않았는데 거둔 것으로, 새 봄에 환곡을 나누어 주지 않았는데 나누어 준 것으로 거짓 문서를 작성하고 감사에게 보고하는 것을 말한다. 물론 이렇게 함으로써 환곡에 따르는 이익을 극대화하고 횡령한 것은 물론이다.

> 번질이란 무엇인가. 겨울이 되어 곡식을 거두는 일은 본디 연말을 기한으로 삼는데 이에 아직 거두지 않은 것을 다 거둔 것으로 사칭하고 거짓 문서를 작성해 감사에게 보고한다. 새 봄이 되면 원래 양곡을 나누어 주지 않았는데 다시 나누어 준 것으로 사칭해 거짓 문서를 작성하고 감사에게 보고한다. 이것을 번질이라 하고, 이것을 와환(臥還)이라 한다. 황해도, 평안도의 관례는 와환미 1석에 돈 1냥을 토색하는데 이것을 와환채(臥還債)라 하여 혹 아전들이 먹기도 하고 수령이 먹기도 한다. 황주의 경우에는 목사와 절도사가 모두 이 돈을 먹으면서 당연한 것으로 알고 있다(牧民心書, 戶典六條, 穀簿).

다음은 가분이다. 환곡제도에는 환곡의 절반을 창고에 항상 남겨두도록 하는 반류반분(半留半分)의 규정이 있었다. 이것은 환곡이 원래 흉년과 전쟁에 대비해야 했기 때문이다. 따라서 『속대전』은 이 규정을 어기는 자에 대해서는 심한 경우 해직을 하는 등 엄벌했다. 그런데 이렇게 보관되어야 할 곡식을 이익을 노려 분급하는 행위가 바로 가분이다. 물론 『속대전』에도 예외 규정이 있기는 했다. 즉 "혹 백성이 굶주리고 곡식이 적어 구제할 방책이 없을 때, 상사에 보고하고 승인을 얻어 가분"할 수 있도록 하고 있었다. 그러나 어사가 적발하게 되면 중한 벌을 면치 못하기 때문에 법을 두려워하는 자로서는 하기 어려운 일이 바로 가분이었다. 그런데도 이 당시 감영의 곡식은 모두 환곡으로 방출, 즉 진분(盡分)되고 있었다. 다시 말하면 가분이 일상화되어 있었던 것이다.

> 가분이란 무엇인가. 모곡(耗穀)을 이롭게 여겨서 응당 두어야 할 곡식을 나누어 주는 것이다.…… 근세에 와서 감영의 곡식은 진분(盡分)하지 않는 것이 없으니, 위에서 흐리매 아래가 더러워지는 것은 금할 길이 없다(牧民心書, 戶典六條, 穀簿).

다음으로 허류는 실제로는 없는 것을 있는 것처럼 거짓으로 기록하는 것이다.

> 허류란 무엇인가. 전관이 아전의 포탈을 덮어둔 채 인계해 준 것 모두가 허록(虛錄)인데 나 또한 꺼려서 적발하지 않고, 혹 사정에 어둡고 소홀해 곡부(穀簿)가 무엇이며 포흠(逋欠)[11]이 어떠한 것인지를 모르고 사철마다 감영에 보고하는 장부에는 분명히 유고(留庫)가 몇 석이 있는 것으로 되어 있으나 창고 안을 보면 텅 비어 아무것도 없다.…… 근세에 수령들이 협박해 아전의 포흠을 엄중히 처벌하고는 뇌물을 받아먹고 그대로 숨겨 주는 자가 또한 많으니 장차 어찌할 것인가(牧民心書, 戶典六

11) 포흠(逋欠)이란 조세의 미납과 포탈로 인한 재정 결손을 의미한다. 포흠은 이서(吏胥)에 의한 조세의 포탈을 의미하는 이포(吏逋)와 민간의 조세 미납을 의미하는 민포(民逋)가 있다(장동표, 1999: 52).

條, 穀簿).

다음은 증고다. 환곡을 화폐로 수납하는 것을 작전(作錢)이라고 하는데, 이 작전에 사용되는 각종 곡물과 화폐의 환산 비율을 정한 것이 또한 상정례(詳定例)라고 부르는 것이다. 증고는 바로 이 상정례를 이익과 편의에 따라 사용함으로써 축재하는 방식이다. 즉 상정례는 한번 책정되면 수정되지 못한 채 오래 지속되었기 때문에 시가와 차이를 보이기 마련이었는데, 필요에 따라 어떤 경우는 상정례가를, 어떤 경우는 시가를 적용함으로써 값을 올려 받아 이익을 챙긴 것이다. 이것이 증고로서, 화폐의 유통을 확산시켜 환곡과 관련해 백성의 부담을 덜어 주려는 좋은 의도가 오히려 또 다른 부패행위의 소지를 제공하고 있음을 보여 준다.

> 증고란 무엇인가. 감사가 관문을 띄워 어떤 아문의 곡식 2,000석을 상정례에 따라 작전(作錢)하라고 했는데, 상정례가 쌀 1석에 3냥이며 나락을 찧지 않은 벼 1석에 1냥 2전인데 이 현의 시가(時價)가 쌀 1석이 5냥 나가고 벼 1석이 2냥 나가면 시가로 백성에게 징수하고 상정례로써 상사에게 바쳐 그 이익을 훔쳐 자기 주머니에 넣는다. 쌀 2,000석을 1석마다 2냥씩 훔치면 4,000냥을 훔치는 것이다.…… 감사가 매양 시가로 작전해 스스로 그 이익을 훔치면 수령은 이득에 끼지도 못한다(牧民心書, 戶典六條, 穀簿).

다음은 가집이다. 이것은 감사가 작전을 허가한 양 이상으로 수령이 작전하는 것을 말한다. 작전을 통해 상정례가와 시가의 차액을 착복, 즉 증고할 수 있게 됨에 따라 감사와 수령들이 작전 대상의 물량을 허가 없이 늘려 부정축재를 하게 된 것으로 볼 수 있다.

> 가집이란 무엇인가.…… 모 아문의 곡식을 감사는 2,000석만을 작전하도록 허가할 뿐인데 현령이 또 2,000석을 가집해 통틀어 4,000석을 돈으

로 대신 징수한다. 이미 상정례에 의한 차액을 훔치고 또 가집의 본전을 취해 그 이듬해에 봄 환분(還分)할 때에 3냥으로 민호에 나누어 주고 가을을 기다려 쌀을 거두어서 그것으로 입본하니, 1석마다 2냥이 또 남는다. 2,000석을 가집하면 그 이익이 4,000냥이다. 감사는 관문을 띄워 감영의 모미(耗米) 1천 석을 작전하라고 하면 수령이 이에 또 2,000석을 가집해 통틀어 3,000석을 돈으로 대신 징수하되 한결같이 시가에 따르고 그 명년 봄에 그 5분의 3을 백성에게 분급했다가 가을을 기다려 입본하고 위와 같은 방법으로 그 차액을 훔친다. 이 또한 요즘 수령이 관례에 따라 응당 그렇게 하는 것으로 되어 있다(牧民心書, 戶典六條, 穀簿).

(3) 탄정(呑停)

환곡제도에는 정퇴(停退)가 있다. 흉년을 당하게 되면 백성의 부담이 크게 늘어나므로 이를 가엾이 여겨 정부가 원곡과 모곡 수납을 유예하거나 탕감하는 정퇴령을 내리는 경우가 있다. 백성을 불쌍히 여기는 심정에서 국왕이 내리는 정퇴령을 백성의 눈으로부터 숨기고 악용해 탐학의 수단으로 삼는 것이 바로 탄정이다. 또한 농민이 사망하거나 가렴주구를 견디지 못해 유산(流散)한 경우 아전들이 이들의 몫을 가로채 포탈하는 일들이 빈번했다. 이를 두고 다산은, “부모(임금)가 그 자녀(백성)를 불쌍히 여겨 이 정퇴령을 내렸는데 그 사이에 무엇이 가로놓여 백성을 사랑하는 은혜를 막고 있어서 …… 결국 정퇴의 혜택이 백성에게는 한 톨도 미치지 않으니 어찌 원통하고 어찌 슬프지 아니한가” 하며 탄식했다.

탄정이란 세상에도 원통한 것이다. 크게 흉년이 든 해마다 연말에 이르러서야 비로소 조정에서는 정퇴(停退)하라는 영이 내린다. 노회한 아전은 미리 짐작하고서 민간에서 곡식을 거둬들이는 일을 배나 급히 서두르고 수령을 눈앞에서 속여 백성에게 마구 매질을 하며 몰래 향갑(鄕甲: 풍헌이나 약정을 말한다)에게 부탁해 혹독하게 뒤져서 거둬들인다. 동짓달 그믐이 되어 이미 수납이 끝나면 오직 유력한 아전이 요판(搖販)

한 것과 허랑한 아전이 포흠한 숫자만이 허액(虛額)으로서 기다린다. 감영의 관문(關文)이 이미 도착한 다음에 그 아전이 수령에게 아뢰기를 "외촌(外村)에서는 이미 다 거둬들였는데 오직 읍중(邑中)에서 못 거둔 것이 아직도 이렇게 많습니다. 거말의 화를 면치 못하게 되었는데 천행으로 이와같이 정퇴령이 내렸으니 우리 읍은 이제 무사하게 되었습니다" 한다.…… 아전이 하는 대로 따라서 드디어 아전이 요판한 것과 아전이 포흠한 것으로 이 정퇴한 액수에 충당하니, 정퇴의 혜택이 백성에게는 한 톨도 미치지 않는다. 아! 원통하구나. 우리 임금은 부모이며 우리 백성은 자녀이다. 부모가 그 자녀를 불쌍히 여겨 이 정퇴령을 내렸는데 그 사이에 무엇이 가로놓여 백성을 사랑하는 은혜를 막고 있으니 어찌 슬프지 아니한가…… 한층 더 간악한 자가 또 있으니 혹 정퇴령이 이미 일찍 내려지면 아전이 유창(油艙) 밑에서 고하기를 "지금 민력(民力)이 크게 군색한 지경에는 이르지 않았는데 만약 이 조정의 영이 일찍 알려지면 구차하지 않은 백성들도 또한 바치려고 하지 않을 것이니 명년 봄의 구휼하는 일은 장차 어떻게 손을 쓰겠습니까?" 한다. 수령은 흡족히 여겨 좋다고 말하고는 드디어 조정의 명령을 숨긴 채 더욱더 매질을 하고 대대적으로 검독(檢督)을 보내어서 성화같이 서두른다. 백성의 수납이 이미 끝난 뒤에라야 조정의 영을 알리고 이에 거둔 것으로는 정퇴에 돌리고 그것을 높은 값으로 팔아 아전과 함께 나누어 먹는다(牧民心書, 戶典六條, 穀簿).

(4) 분석(分石), 암류(暗留), 반백(半白), 사혼(私混), 채륵(債勒), 요합(徭合)

지금까지의 부정부패 유형이 감사와 수령이 제도를 악용해 저지른 것이라고 한다면 다음에서 검토하는 부정부패와 수탈의 유형은 환곡을 나누어 주거나 받아들이는 과정에서 간교한 아전과 이속들이 석수(石數) 등을 속여 저지른 협잡으로 볼 수 있다. 다산은 아전이 농간을 부리는 데는 천 가지 방법과 백 가지 계책을 다 써서 구멍도 수없이 많다면서, "윗물이 흐린데 아랫물이 맑기 어렵다. 아전이 농간을 부리는 데 온갖 방법이 쓰이고 귀신같이 간활해서 (수령이) 밝게 살피지 못한다"라고 말하고 있다. 그러나 당시에 뇌물 상납에 익숙해진 수령들이 아전의 이런 농간을 뻔히 알면서도 묵인한 것으로 보지 않을 수 없다.

먼저 분석은 환곡에 쭉정이 등을 집어넣어 분급하고 알곡을 향리가 훔쳐가는 것을 말한다.

> 내가 처음에 강진에 귀양 가서 읍내 주막에 거처를 정하고 있었는데 주모가 키질한 데서 나오는 겨와 삭정이를 따로 모아서 한곳에 쌓아 두는 것을 보았다. 내가 무엇에 쓸 것이냐고 물었더니, 주모는 "창리가 민가에 미리 돈을 나누어 주고 이것을 거두어 갑니다. 어디에 쓰는지는 새삼스럽게 말해서 무얼 하겠습니까?"라고 말하고는 마침내 낄낄대고 크게 웃는 것이었다. 또 다산에 있을 때 창리의 아우가 갯마을을 두루 돌아다니면서 돼지먹이 겨 수백 섬을 사간다는 말을 들었는데 이것도 또한 분석하려는 것이다. 아전이 곡식을 거두는 날에, 까불고 불린 알곡을 멱서리가 불룩하도록 받고 창고에 넣어 봉한 뒤에 밤이 되면 촛불을 들고 창고에 들어가서는 곡식을 꺼내어 겨를 섞어서 드디어 1석을 나누어 2석으로 만들고 심한 경우에는 3석, 4석을 만들어서 원래의 숫자를 채우고 온전한 알곡 섬은 훔쳐서 그의 집으로 가져간다(牧民心書, 戶典六條, 穀簿).

다음은 암류이다.

> 암류란 나누어 주어야 할 것을 나누어 주지 않는 것이다. 곡가가 오를 기미가 있으면 아전과 수령이 의논하여 나누어 주지 않고 눌러 두었다가 시가가 올라간 뒤에 팔아먹는다. 곡가가 바야흐로 내려가면 아전과 백성이 의논해 나누어 주지 않은 채 눌러 두고 싼 값으로 쌀을 사들여 천천히 뒷날의 이익을 도모하고 다만 나누어 주었다는 문서로 상사에게 보고한다(牧民心書, 戶典六條, 穀簿).

다음은 반백이다.

반백이라는 것은 천하에 억울한 것이다. 반 섬의 곡식을 아전이 까닭없이 훔치고 반섬의 곡식을 백성이 까닭없이 바치는 것을 말한다. 환곡을 나누어 줄 시기가 될 때마다 세력 있는 아전과 재물 있는 아전이 마을의 유력자를 불러서 꾀기를 "너희 마을이 받아야 할 환곡은 40석인데 창고 안에서 축이 나고 겨와 쭉정이가 섞여 있어서 받아다 키질하면 20석이 못될 것인데 왕래하고 받아 가는데 이틀의 날품을 버리게 되고 간색미·낙정미·모곡·타섬미에 몇 말의 비용이 늘어날 것이니 무슨 이익이 있겠는가. 나에게 한 가지 방책이 있는데 너희들에게는 어떻겠는가?" 하고 말한다. 마을 유력자가 말하기를 "뭡니까? 하라는 대로 따르겠습니다." 아전이 말하기를 "내가 마침 춘궁기를 당했으니 어찌 조그만 손해를 피하겠는가. 그 40석을 모두 나에게 주면 내가 그것을 먹고 가을이 되어 너희가 그 반에 해당하는 20석을 바치고 내가 그 반을 바치면 좋지 않겠는가. 간색미·낙정미·모곡·타섬미를 내가 부담하면 내가 바치는 것은 그 반이 넘을 것이다." 유력자가 말하기를 "좋습니다. 감히 따르지 않겠습니까?" 한다. 계약문서인 권계(券契)를 작성하고 나면 유력자는 돌아가고 또 다른 유력자를 불러서 이와같이 약정한다. 10마을과 약정을 하고 나면 모두 400석을 얻는다. 이에 바로 창고문을 열어서 알차고 축나지 않은 곡식 섬을 골라 200석을 자기가 가지고 나와서 드디어 그것을 착복하고 200석은 그대로 묵히게 된다. 가을이 되어 창고를 열 때에 곡식 10여 석만을 준비해서 겨와 쭉정이를 섞어 40석을 만들고 (400석의 이자 부담에 해당하는) 모조(耗條)라는 명목으로 창고 안에 넣으면 10마을의 백성은 일찍이 꿈에서라도 곡식 껍질조차도 구경하지 못했는데도 스스로 곡식 200석을 마련해 창고 안에 바친다. 아전은 440석의 자문(尺文: 곡식을 받는 수표)을 백성들에게 나누어 준다. 백성은 감사하다고 하여 "어른의 충신(忠信)은 털끝만큼도 어긋남이 없습니다. 내년에도 다시 은혜를 베풀어 주시기 바랍니다." 하니 이것을 반백이라고 부른다 (牧民心書, 戶典六條, 穀簿).

다음으로 사혼은 삼남 특히 호남에서 심했던 부정부패의 유형으로서, 간단히 말하면 권세를 부리는 아전들이 지원금조로 뜯어가는 곡식이나 돈인데 이것은 환곡과 함께 섞어서 내도록 하는 경우가 있어 환곡 폐단의 한 유형으로 들게 된 것이다.

다음은 채륵으로서, 당시에 백성이 이런저런 빚을 갚지 못해 아전에게 의탁한 경우가 많았는데 이런 빚을 환곡과 함께 섞어서 내게 하는 방법으로 취리한 것을 말한다.

> 채륵이란 무엇인가. 수령이 심히 어리석고 아전의 횡포가 극에 달해서 환자라는 것도 드디어 난잡하고 무법(無法)한 짓으로 된다.…… 일단 빚진 것이 있으면 또 환자와 함께 섞어서 내게 하는데…… 무릇 사채를 받을 수 있는 것이 있으면 먼저 아전과 의논해 창고를 열고 곡식을 꺼내서 이익을 좇아 장사를 하여 그 차액을 먹는 것이다. 10월이 되면 그 사채에 그 월리(月利)를 합산해 그때의 시가에 따라 곡식으로 환산해 환자와 함께 섞어서 내도록 하는 것이다. 이미 나라 곡식을 도용해서 그 이익을 미리 먹고 또 이자를 계산해 포개어 받으니 너무 탐욕스럽지 아니한가 (牧民心書, 戶典六條, 穀簿).

다음으로 요합은 백성들이 강제 노역을 대신해 세금으로 바치는 요역(徭役)을 충당하기 위해 비치한 민고(民庫)의 벼, 즉 요조(徭租)와 이속들의 사유의 벼, 즉 이조(吏租) 등 사곡을 공곡(公穀)인 환곡 창고에 같이 섞어 놓음으로써 아전들이 곡식을 빼내고 밀어 넣기를 마음대로 하면서 값이 오르고 내림에 따라 판매해 이익을 취하는 것을 말한다. 창고 안에 공곡만 있으면 그 수납과 방출에 모든 관문이 영문(營門)을 거치게 되니 관과 의논하지 않고서는 번롱하기 어렵기 때문에 이렇게 공곡과 사곡을 섞어 놓음으로써 쉽게 협잡을 저지를 수 있었다.[12]

---

12) 牧民心書, 戶典六條, 穀簿.

3 원인 분석과 처방

1) 법제도의 정비

> 환자(還子)가 병폐가 되는 까닭은 그 법의 근본이 어지럽기 때문이다. 근본이 이미 어지러우니 그 끝이 어떻게 다스려지겠는가. 근본이 어지럽다는 것은 무엇인가. 첫째는 환곡의 명목이 어지러운 것이요, 둘째는 관장하는 아문이 어지러운 것이요, 셋째는 석수(石數)가 어지러운 것이요, 넷째는 모법(耗法)이 어지러운 것이요, 다섯째는 순법(巡法)이 어지러운 것이요, 여섯째는 분류(分留)가 어지러운 것이요, 일곱째는 이무(移貿)가 어지러운 것이요, 여덟째는 정퇴(停退)가 어지러운 것이다. 이 여덟 가지의 어지러움이 폐단을 낳는 큰 줄기요 여기에서 천 갈래 만 갈래가 불어나게 되니 (牧民心書, 戶典六條, 穀簿).

위의 인용문에서와 같이 다산은 환곡의 폐단이 환곡과 관련된 법의 근본이 어지러운 데 있다고 보고, 그것을 여덟 가지로 정리했다. 환곡의 명목과 관할 기관이 어지럽고, 석수(환곡 배급량 관련 규칙)·모법(환곡 이자율 관련 규칙)·분류(환곡 예비곡 저장 비율에 관한 규칙)·순법(환곡의 분배 횟수에 관한 규칙)·이무(지역 간 환곡의 이동에 관한 규칙)·정퇴(풍흉에 따라 환곡의 원곡 및 이자율 회수를 유예하거나 면제하는 규칙) 등 환곡 관련 규칙, 운용 절차와 방법이 매우 복잡할 뿐더러 잘 지켜지지 않아 환곡이 백성을 돕기는커녕 고통만 주고, 오히려 부정부패만 조장하기에 이르렀다고 본 것이다. 따라서 다산은 환곡제도 원래의 정신을 회복하기 위해서는 관련 법제도를 먼저 대폭적으로 정비할 것을 주문했다. 그의 환곡제도 개혁론은 『경세유표』 12권, 지관수제(地官修制) 창름지저(倉廩之儲)에 체계적으로 소상하게 기록되어 있는데, 이를 간략히 정리해 본다면 다음과 같다.

(1) 환곡 명목의 어지러움과 대책

조선 후기 환곡의 종류는 이루 헤아리기 어려울 정도로 많았다.[13] 동일한 곡식의 명칭이 지역마다 다르고, 용도마다 다른 이름을 지은 나머지 "곡부의 규식(規式)이 천 가지 만 갈래로 어지럽고 복잡해서 아전으로서 늙은 자라도 분명히 파악하기가 쉽지 않다"고 평할 수밖에 없는 지경이었다.[14] .

> 성(省)에는 성곡(省穀)이 있고 군(郡)에는 군곡(郡穀)이 있다. 폐단을 구(救)한다는 것이 오히려 폐단이 생겨서 흐릿하고 한절(限節)이 없으니 그 명칭이 실로 많아서 이루 헤아릴 수도 없다(經世遺表, 地官修制, 倉廩之儲).

> 임진왜란 후부터 억지로 끌어당기고 덧붙여서 금년에 군문(軍門) 하나를 증설하면 군보를 여러 도에 배정하고, 명년에 폐단의 구멍 하나를 막으면 곡식 명목(名目)을 여러 도에 분파(分播)해 백성 보기를 구렁(壑)으로 여겨 장마물을 쏟아넣고 백성 보기를 광산(鑛山)으로 여겨 금은을 캐듯 하는데, 오직 나의 쓸 곳이 급함만 알고 저들의 내는 것이 감당할 수 없다는 것은 생각지 않아 증가함만 있고 감(減)함은 없으며, 나감만 있고 물러남은 없어서 다 오늘날에 와서는 폐단의 물결이 넓게 퍼졌으니 한이 있는 백성이 어찌 견디어 내겠는가?(經世遺表, 地官修制, 倉廩之儲)

> 곡부의 규식(規式)은 천 가지 만 갈래로 어지럽고 복잡해서 아전으로서 늙은 자라도 분명히 파악하기가 쉽지 않다. 반드시 단속하는 데 간편한 방법이 있어야 그 큰 줄거리나마 다스릴 수 있을 것이다(牧民心書,

13) 다산은 『경세유표』 창름지저 및 『목민심서』 곡부에서 상진곡・군자곡・선저미・교제곡・제민곡・영진곡・별검곡・사비곡・회록곡・첩가미・보환곡・휴번곡・승번곡・장용곡 등 환곡과 관련된 관할 기관 및 다양한 곡식 명목(문부)의 유래를 치밀하게 논구하고 있다(經世遺表, 地官修制, 倉廩之儲 ; 牧民心書, 戶典六條, 穀簿 참조).

14) 牧民心書, 戶典六條, 穀簿.

戶典六條, 穀簿).

다산은 이처럼 환곡의 명목과 명칭이 지극히 다양하고 복잡해짐에 따라 관리가 부정부패를 일삼을 수 있는 소지가 넓게 열린 것이라고 보았다. 곡식의 명칭이 쥐구멍같이 많아 아전들이 쉽사리 온갖 협잡을 저지를 수 있게 되었다는 것이다.

> 간사한 구멍이 쥐구멍 같음은 아문 곡식의 명칭이 너무 많은 데서 연유한다(經世遺表, 地官修制, 倉廩之儲).

예를 들면 환곡에 쌀·벼·보리·콩 등 다양한 곡식이 포함되어 환곡의 곡식 명목이 어지럽게 되자 관리들이 춘궁기에 대여한 환곡을 추수기에 징수할 때 각 곡식의 풍흉과 그에 따른 상대 가격의 차이를 이용해 부정을 저질렀다. 여러 종류의 곡식 중에 이것은 풍년인데 저것은 흉년일 경우 징수하는 곡식의 종류를 다른 것으로 대체－이것을 '상대(相代)' 또는 (『대전통편』에는) '준절(準折)'이라 부른다－할 수 있었는데 이 과정에서 관리들이 임의로 환산 비율을 정하거나 변경해 농간을 부렸던 것이다.

이런 현실을 감안해 다산은 환곡의 명목을 단순화－정곡명(定穀名)－해야 한다면서 지역에 따라 그 종류가 일정치 않았던 곡식의 명목을 정곡 여섯 가지와 잡곡 여섯 가지로 통일할 것을 주장했다. 또한 서로 다른 곡식 종류 간의 상대(相代) 또는 준절(準折)이야말로 곡식 장부를 가장 어지럽히는 근본이라고 보고, 부득이한 경우가 아니면 이를 가볍게 허락해서는 안 된다고 주장했다.[15] 더 나아가 곡식을 화폐로 대신 징수하는 작전(作錢) 과정에서 관리의 농간을 차단하기 위해 상정가(詳定價)의 합리적 설정의 중요성을 강조했다. 즉 상정가를 농

15) 牧民心書, 戶典六條, 穀簿; 經世遺表, 地官修制, 倉廩之儲.

사의 풍흉에 따라 '풍년에는 2냥', '조금 풍년인 경우에는 2냥 5돈', '평년에는 3냥', '흉년에는 3냥 5돈', '큰 흉년에는 4냥'의 5등급으로 미리 설정해 단 한푼도 증가시키지 못하게 해야 폐단을 막을 수 있다고 했다.16)

(2) 관장 아문의 어지러움과 대책

환곡 명목의 문란은 환곡 관할 기관, 즉 구관(句管)의 어지러움과 표리 관계에 있었다. 관청이 부족한 재정의 충당을 핑계로 삼아 "백성 보기를 구렁(壑)으로 여겨 장마물을 쏟아넣고 백성 보기를 광산(鑛山)으로 여겨 금은을 캐듯 하는데, 오직 나의 쓸 곳이 급함만 알고 저들의 내는 것이 감당할 수 없다는 것은 생각지 않아 증가함만 있고 감(減)함은 없으며, 나감만 있고 물러남은 없었다"는 것이다.

> 어책(御冊)에 "상평창과 진휼청을 합쳐 한 청으로 만들어서 5도(道)는 그렇게 시행하고 있으나 관서・해서・관북만은 아직도 상평이라는 옛 명호가 있고, 해서에는 진휼청이 또 없으며, 균역청 곡식이 6도에 쫙 깔렸으나 해서・관북만은 이 명색이 없음은 무슨 까닭인가?" 했다. 산성 곡식은 모두 비국(備局)의 관할인데, 영남의 조령(鳥嶺)・성산(城山)・독용(禿用)・천생(天生)의 군향곡은 호조(戶曹)에서 관할한다. 월과미(月課米)는 한가지인데 혹 비국에서 관리하고 혹은 호조에서 관리하며 혹은 각자 그 영(營)에서 관리한다. 훈국미(訓局米)는 그 명칭을 훈국이라 하면서 상진청에서 관리함은 무슨 까닭인가? 군자곡은 8도에 다 같이 있는 것인데 지금 해서・관서에만 없음은 무슨 까닭인가 (經世遺表, 地官修制, 倉廩之儲).

이러한 관할 기관의 중첩 및 혼란은 환곡의 실태 파악을 어렵게 하고 결국 국왕의 통솔을 불가능하게 만드는 요인으로 작용해, 환곡의

---

16) 經世遺表, 地官修制, 倉廩之儲.

폐단을 심화시킬 수밖에 없었다. 이런 현실 인식에서 다산은 환곡의 관할 기관을 축소하거나 일원화하고 중앙통제를 강화해야 한다고 주장했다. 이른바 거아문(去衙門)의 주장인데, 중앙에서는 호조가 환곡을 총괄하고, 각 지방에서는 감영이 환곡을 주관하여 환곡의 관리 체계를 통일하고 통솔을 엄격하게 하자는 것이 주된 내용이다.

> 나는 생각하기를 관할하는 법이 이와같이 어지러우니 만약 지금 법을 세운다면 서울에는 오직 호조가 주관하고 외방에는 오직 감영에서 주관해 무릇 모(耗)를 받아서 쓰고자 하는 자는 모두 호조와 감영에 관유(關由: 공문을 경유하도록 함)할 것이며 감히 그 현에 바로 관유하지 못하도록 한다면 영(令)이 여러 갈래로 나가는 폐단이 조금은 그칠 것이다(經世遺表, 地官修制, 倉廩之儲).

(3) 석수(石數)의 문란과 대책

환곡은 원하는 자원자들 가운데 대상(還戶)을 선정해 등급과 분급량을 확정해 분배함을 원칙으로 했다. 대상자를 선정하는 기준은 국가로부터 대여해 간 곡식을 상환할 능력이 있는가를 기준으로 설정해, 통상 토지를 가졌거나 친척 등의 보증을 세울 수 있는 사람들이 환호로 선정되는 것이 일반적이었다. 그러나 환곡이 점점 본래의 취지를 잃어버리고 국가재정 조달의 수단으로 기능을 수행함에 따라 환곡의 배급 방식도 자원자 중심에서 강제 배분 방식으로 변화하게 되었다(송찬섭, 2002: 19-25).

<표 5-1>은 18세기부터 19세기 초까지의 환곡 총액(還總)의 변화

〈표 5-1〉 18세기~19세기 초까지의 환곡 총액의 변동

18세기 초	1760년	1769년	1776년	1788년	1797년	1807년
약 500만 석	약 930만 석	약 1,010만 석	약 1,050만 석	약 990만 석	약 938만 석	약 1,000만 석

자료: 송찬섭, 2002: 12 각주 15.

를 보여 주고 있는데, 18세기 초에 약 500만 석에 불과했던 환총(還總)이 18세기 말과 19세기 초에는 약 1천만 석으로 두 배가량 증가했다. 한편 이러한 환총의 증가와는 반대로 환곡의 대여를 원하는 호구는 오히려 줄어듦으로써 모곡의 수취를 노린 환곡의 강제 배분으로 인한 백성의 고통은 날로 커갈 수밖에 없었다.

다산은 이런 강제적인 환곡 배정 방식이 "고르지 못하고 공평하지 못하며", "백성은 생각지도 않는 것으로…… 천하에 비리위도(非理違道)가 이보다 더한 것은 없으며…… 나라를 이롭게 한다는 것이 나라를 병들게 하고, 사람을 기른다는 것이 사람을 해치게 되었다"고 평가하고 있다. "군정(軍政)에서 족징(族徵)은 금하는데도 족(族)뿐만 아니라 인징(隣徵)까지 있게 되었듯이" 환곡에서도 관청이 재정 조달을 위해 이처럼 억지로 환곡을 배정, 즉 억배(抑配)하는 것은 백성의 입장에서는 참으로 터무니없고 억울한 일로 본 것이다.[17]

> 환상곡을 나누어 줄 때 민호(民戶)나 전결(田結)에 따라 하는데, 민호로 나누어 주는 것을 통환(統還)이라 이르고 전결로 나누어 주는 것을 결환(結還)이라 이른다. 그러나 민호가 있은 다음이라야 전결이 있는 것이니 본래 백성이 없다면 빈 전지에다 나누어 준다는 것인가(經世遺表, 地官修制, 倉廩之儲).

> 환상은 곡식이 흔해도 내어 주고 귀해도 받아들이며 값이 중해도 거두고 가벼워도 발산하여 해마다 이가 남는 것은 취하고 풍흉은 묻지도 않으니 『대전』의 본뜻과는 서로 반대되는 듯하다(經世遺表, 地官修制, 倉廩之儲).

> 짐을 싣는 자는 수레를 요량하고, 곡식을 심는 자는 전지를 요량한다…… 나의 화물이 비록 만균(萬鈞)이나 되더라도 한 수레의 힘이 백

17) 牧民心書, 戶典六條, 穀簿.

> 균(百鈞)을 넘지 못하면 더 싣지 못하고 나의 씨앗이 비록 천 섬이 되더라도 한 휴(畦)의 넓이로는 다만 열 말을 심을 뿐이라면 더 뿌리지 못하는 것인데, 지금 이 두 법은 민호(民戶)는 요량하지 않고 해마다 새 군오(軍伍)의 첨기(簽記)를 증가하며, 민호는 요량하지 않고 해마다 새 아문의 곡식만을 첨가해 마침내는 한 몸의 첨기가 서넛에 이르고, 한 호에서 내는 곡식이 수십 석에 이르니 천하에 비리위도(非理違道)가 이보다 더 한 것은 없다 (經世遺表, 地官修制, 倉廩之儲).

따라서 다산은 환곡의 강제 배분 방식을 바로잡을 것, 즉 정석수(定石數)를 주장했다. 즉 환곡을 배분할 때 '무엇보다도 먼저 백성을 요량해야 하며', 결환(結還)과 통환(統還: 戶還이라고도 함) 대신에 마을 단위로 분배하는 이환(里還) 내지 이분법(里分法) 방식을 제안한다. 결환에 대해서는 '백성을 요량하지 않은 채' '빈 전지에다 분급하는' 폐단을 고치기 위해, 호환의 경우 호적의 부정확한 통계를 이용해 아전이 농간하지 못하도록 한 것이다.

> 양곡(糧穀)을 배정하는 법은 곧 곡액(穀額)에서 반분을 잘라서 사방 민호(民戶)에 배정함이 마땅하고 또 그 땅에 알맞은 것을 살펴서 마을 단위로 분배하고 호에다 분배하지 않는다.…… 혹자는 "호(戶)에다 분배하지 않고 이(里)에다 배정함은 무슨 이유인가?"라고 묻는데, 몇 호 몇 호라고 하는 것이 본래는 실지 숫자가 아니다. 간사한 백성이 뇌물을 쓰고 향갑이 손을 써서 충실한 호가 누락되기도 하고 패망한 호를 넣기도 하여 간사한 폐단이 어지럽게 일어나서…… 정곡과 잡곡이 7~8종이나 되어 호마다 고르게 분배한다면 되·홉으로 나누어져서 그 숫자가 너무 세세하여 아전이 인연해서 간사한 짓을 하고 문부가 어지러워질 것이니…… 떠돌아 없어졌거나 대가 끊어진 호에 지적해서 징수할 곳이 없으면 마을에 징수하고 친척에게 징수해서 말경의 폐단을 견디기 어려울 것이다 (經世遺表, 地官修制, 倉廩之儲).

(4) 모곡의 문란과 대책

다산은 모곡에 관한 규칙이 일정하지 않고, 곡가의 변동에 따라 그때그때 가장 높은 곡가를 기준으로 삼기 때문에 그 부담이 과도해 "백성들의 뼈에 사무치는 병통이 되었고," 심지어 공인지 사인지, 거짓인지 사실인지 구별조차 하지 못하는 상황이 도래해 "백성은 한 톨의 곡식도 보지 못하고 가을에 속절없이 6~8석의 곡식을 변상해야 하는" 억울한 상황이 발생한다고 보았다.

> 지금 우리나라 법은 10두마다 이미 1두를 거두고 간색미·낙정미·석점미를 또 15두마다 2~3두까지 거두어서 이식이 매우 많으면서도 오히려 모곡이라 부르니…… 서원의 고급조(考給租)와 저졸의 근수조(勤受租)와 민고의 추등조(秋等租)와 저리의 역가조(役價租)와 약포의 약채조(藥債租)와 족징(族徵)의 미수조(未收租)와 이가(吏家)의 사채조(私債租) 따위가 시끄럽게 일어나고 명목도 혼동되어 거두는데, 공인지 사인지, 거짓인지 진실인지도 구별하지 못한다. 따라서 백성은 일찍이 한 낟곡식의 까락도 보지 못했으나 가을이 되면 속절없이 변상하는 것이 6~8석에 이르게 되니 모자라도 더하는 데의 많고 적음과, 바치고 받는 데의 정함과 거침을 어느 겨를에 계교하겠는가? 아아! 원통하다 (經世遺表, 地官修制, 倉廩之儲).

따라서 다산은 환곡 이자율의 통일, 즉 정모법(定耗法)을 주장했다. 풍흉과 곡가의 변동에 따라 일정하지 않았던 모곡 수취 비율을 '원곡의 10분의 2로 확정'할 것을 제안한 것이다.

> 나는 대하기를 여러 폐막 중에 영모(營耗)가 곡식이 귀한 때의 값을 따르는 해가 가장 크다. 이것이 백성의 뼈에 사무치는 병통으로 되었으니 교정하지 않을 수 없다. 만약 한 호가 받는 것에 일정한 액수가 있고 돈을 바치는 데에 일정한 규례가 있도록 하여 해마다 일정하게 하고 조금도 증감하지 않으면 1년 동안 계획했다가 그 기한에 미쳐서 변통할 터

이니 백성에게 무슨 괴로움이 있겠는가? (經世遺表, 地官修制, 倉廩之儲)

이제는 율령을 세워서 10분의 2만을 거두고 그 외에 감히 한 낟이라도 더 거두는 자가 있으면 바로 극률(極律)로 처단한다면 거의 범하는 일이 없을 것이다. 선곡 2두 가운데 1두는 상선(上羨)이고 1두는 하선(下羨)이다. 상선 1두는 공부(公簿)에 붙인 다음 상사(上司)의 처분을 물어서 서울 관청에 바치며 혹은 영문(營門)에 바치기도 하고, 하선 1두는 그 중 2승은 관봉(官俸)으로 하고 4승은 창리(倉吏)의 급료로, 2승은 고노(庫奴)의 급료로, 1승은 향감(鄉監)의 급료로, 1승은 고례(庫隷)의 급료로 한다 (經世遺表, 地官修制, 倉廩之儲).

(5) 분류의 문란과 대책

환곡은 본래 흉년에 백성들의 곤궁을 해소하려는 진대 기능과 병란에 대비하려는 군자곡(軍餉) 비축 기능을 담당케 할 목적으로 만들어졌기 때문에 곡식의 반은 나누어 주고, 곡식의 반은 창고에 남겨 두도록 되어 있었다. 그러나 관리들이 소요 경비의 대부분을 환곡의 이자로 충당하지 않을 수 없게 된 현실을 빙자해 법을 어겨가며 각종 명분을 만들어 환곡을 남김없이 분배(盡分)해 부족한 재정을 일부 충당하기도 했지만, 이 과정에서 빚을 갚지 못하는 농민의 포흠(逋欠), 사리를 취하려는 아전과 이속의 포흠이 일반화되고 있었다.

환상을 설치한 명목은 진자(賑資)이며 군향(軍餉)이었는데 묵고 썩는다는 이유로 출납하지 않을 수 없으니, 반은 남기고 반을 분배하는 것은 변할 수 없는 법이라고 생각한다.…… 오직 그 모(耗)를 받기에 급급해서 다 분배하는 예가 있으나 법의 청렴하지 못함이 이보다 심할 수 없다. 그 이른바 반을 남긴다, 두 몫을 남긴다는 곡식도 또한 헛이름뿐이다. 옮겨갈 때에 휴실이 있고, 바꿔 만들 때에 결손이 있어, 남은 것이 이미 반이라 분배할 것이 없고, 남은 것이 겨우 두 몫이니 분배할 것도 없는데 그 남은 반 가운데서 또 반을 분배하고, 그 남은 두 몫 가운데서 또 한 몫을 분배하는 사이에 아전은 이로 인해 간사한 짓을 하고 관에서도 그 이를 받아먹으니 구름이 흩어지고 안개가 걷히며 물결이 쳐서 모래가 없어지는 듯하여 필경 창고 안 곡식은 다 분배되어서, 남은 것이 반도 없는데 하물며 두 몫을 남기겠는가(經世遺表, 地官修制, 倉廩之儲).

비국요람(備局要覽)에서는 말했다. "경아문의 환곡은 원회(元會)하는데 반류반분(半留半分)하며, 각 도 영문의 환곡은 이를 별회(別會)라 하는데 진분(盡分)한다. 근년에 법이 허물어져서 여러 아문의 각종 환곡이 진분되지 않는 것이 없는데 역시 그 이유가 있는 것이다. 가령 상진조(常賑租)의 본 총이 4,958석이고 법에는 본래 반류(半留)하게 되어 있으니, 유고(留庫)는 2,479석이 되어야 한다. 그러나 구환(舊還)이다, 정퇴(停退)이다, 이전(移轉)이다, 휼전(恤典)이다, 가하(加下)다 하여 여러 가지로 빠져나간 것이 그 수가 아주 많아서 실제의 유고는 328석에 불과하다. 그 본 총을 가지고 반류를 잡아 본다면 그 유고의 수가 부족한 것이니 이른바 밀가루 없는 수제비인 것이다.…… 그러나 흉년과 병란에 대비하는 뜻으로 본다면 소홀하고 공허함이 심하다(牧民心書, 戶典六條, 穀簿).

따라서 다산은 법에 명시되어 있는 반류반분을 '천경지의'로 삼아서 어떠한 경우에도 변경해서는 안 된다는 이른바 별분류(別分留)의 원칙을 강조했다.

나는 생각하기를, 한계를 엄하게 세워서 어느 아문의 소관인지를 묻지 말고 무릇 곡식이라고 하는 것은 반은 남겨두고 반만 분배하는 것을 천경지의(天經地義)로 삼아 절대 변동해서는 안 된다(經世遺表, 地官修制, 倉廩之儲).

(6) 순법의 문란과 대책

다산은 환곡을 여러 차례에 걸쳐 나누어 주는 순분(巡分)은 관의 불필요한 배려로서 환곡을 받으러 멀리 관청을 드나들어야 하는 백성들에게는 불필요한 비용을 들이게 하고, 아전에게는 농간의 기회를 늘려 줄 뿐이라면서 이른바 제순법(除巡法)을 주장했다. 순분이 필요하다면 양곡은 춘궁기와 농번기인 3월 초승과 4월 초승에 나누어 주고, 보리와 밀은 8월 초승에 나누어 주어 종자로 삼도록 하면 좋을 것이라고 말했다.[18)]

> 순분이란 천하에 폐단이 많은 법이다. 그것을 주장하는 자는 말하기를 "어리석은 백성들이 계획이 없어서 한 번 배불리 먹고는 양식이 떨어져 농사를 지을 때의 식량을 계획조차 못하니 수령이 백성을 위해 절용케 하려는 것이다"라고 한다. 아! 이 무슨 억설인가? 부모가 자녀들을 분가시켜 각각 살림을 살게 하였다가 다시 말하기를 "나의 아들은 재산관리에 오활하며 나의 며느리는 씀씀이가 헤프다." 하고 아침에 아침거리를 주며 저녁에 저녁거리를 준다고 할 것 같으면 아들이나 며느리가 그것을 편안하게 여기겠는가. 부모가 자녀에게 시행할 수 없는 것을 수령이 백성에게 시행코자 하니, 너무 후하게 하려는 데에 실책이 있는 것이다(牧民心書, 戶典六條, 穀簿).

> 백성들이 환곡을 받아서 낭비하여 식량이 떨어지거나 절약해 양식을 이어가거나 그들에게 맡겨둘 뿐이다(牧民心書, 戶典六條, 穀簿).

(7) 정퇴의 문란과 대책

흉년이 되어 백성의 부담이 크게 증가할 경우 이를 가엾이 여겨 정부가 원곡과 모곡 수납을 유예하거나 탕감하는 제도인 정퇴가 백성에게 도움이 되기는커녕 오히려 부정부패의 소지로 악용되는 것을 바로잡기 위해 다산은 환곡의 원곡 및 모곡을 정퇴하거나 탕감하는 법을 제도화할 것을 주장했다.

> 흉년이 들어 환곡을 다음 해로 물릴 때는 그 원곡은 다음 해로 물리고 선곡만을 징수한다. 큰 흉년이 든 해는 선곡 징수도 아울러 정지하고

18) 經世遺表, 地官修制, 倉廩之儲.

드디어 그 문적(文籍)을 없애버린다. 무릇 흉년이 들어서 징수를 물렸으면 그 다음 해 봄에 유고(留庫)했던 곡식을 규례대로 나누어 주지 않으면 안 된다. 그러나 한 고을 안에도 곡식이 충실한 곳이 있고 재상(災傷)된 곳도 있어서 한 고을 전부를 정퇴하게 되는 이치는 반드시 없을 것이고 창고 곡식을 다 끌어내어서 분배하기에 이르지는 않을 것이다. 추수기가 되어 농사가 잘 되었으면 전 해에 나누어 준 것과 새로 나누어 준 것을 동시에 거두는데 오직 전 해 선곡만은 탕감해 주고 다시 징수하지 않는다. 만약 농사가 평작일 뿐이면 전 해에 나누어 준 것은 그 반만 징수하고 상평창에 여유 있는 돈으로 그 반을 사들여서 충수하면 새로 나누어 준 것은 전액을 징수한다. 만약 농사가 조금 풍년이면 진 해에 나누어 준 것은 4분의 1만을 징수하고 상평창의 여윳 돈으로 또 4분의 1을 사들여 그 반을 충수하고 그 모자라는 반수는 남겨서 다음 해를 기다린다. 만약 다음 해에도 농사가 조금 풍년일 뿐이면 백성에게 4분의 1을 거두고 상평창에서 4분의 1을 내어서 원액에 충수한다. 무릇 원액에 모자람이 있는 것은 백성에게 거두거나 관에서 내거나를 막론하고, 반드시 3년 안에 그 원액을 충수할 것이며 이럭저럭 오래 묵혀서 문부를 어지럽게 해서는 안 된다. 무릇 상평창은 만약 흉년을 만나더라도 반드시 남는 저축이 있으니 그 액수를 충당하기에 어렵지 않다(經世遺表, 地官修制, 倉廩之儲).

(8) 이무의 문란과 대책

다산은 이러한 이무법의 혼란은 상평조적을 통해 해결할 수 있다고 말하고 있다. 즉 대략 300만 석을 상평곡으로 분류해, 여러 도에 분배해서 지역별로 창고를 설치하고 풍년에는 시가대로 사들이고 흉년에는 시가보다 낮은 가격으로 곤궁한 백성에게 팔게 되면, 곡가의 지역간 격차를 악용해서 사리를 추구하는 감사·수령·아전들의 농간을 방지할 수 있다는 주장이다.

옛적에 이른바 상평이라는 것은 풍년에는 값을 더해서 사들이고 흉년에는 값을 줄여 팔아내어 곡식값이 항상 평평하도록 하던 것을 상평이라 일렀다. 지금 법에는 값을 줄여서 팔아내는 일은 있어도 값을 더해서 사들이는 일은 없으니 옛 법과 다르다. 그러나 풍년에는 곡식을 사는 사람이 없을 것이니 관에서 수천만 섬을 사들이면 곡가는 저절로 치솟아서 값을 더하지 않아도 값이 비싸진다(經世遺表, 地官修制, 倉廩之儲).

2) 행정통제의 강화

이상의 환곡제도 개혁안은 『경세유표』의 창름지저에 정리되어 있는 반면, 환곡의 관리상의 개선안 등 행정통제의 강화를 통한 부정부패 방지책들은 환곡 운영을 실질적으로 주관하는 위치에 서 있는 수령의 역할과 사명을 중심으로 전개되고 있으며 『목민심서』에 수록되어 있다. 주된 내용을 정리하면 다음과 같다.

(1) 과학적 관리 기법의 활용

다산의 환곡제도 개혁안과 표리 관계에 있는 것이 향리에 대한 통제의 강화이다. 환곡을 둘러싼 가렴주구와 수탈을 근절하기 위해서는 향리들의 농간과 작폐를 적발하고 엄격하게 통제할 수 있는 방법이 마련되어야 한다고 강조한다. 이를 위해서는 무엇보다도 아전들이 수령을 속일 수 있는 여지를 근본적으로 제거하는 것이 필요하며, 수령이 이런 행정 실무 능력을 갖출 수 있어야 한다고 보았다. 이런 면에서 '곡부 마감성책규식',[19] '경위표', '분류표', '반량표' 등 환곡의 엄정 관리에 필요한 과학적 관리 기법의 활용을 주장하는 한편, 스스로 경위표 작성 및 활용 방법 등을 상세하게 예시한다.[20]

한편 환곡의 모곡으로 수취한 액수도 사용할 용처를 명확하게 명기하고 있다.

19) 수령이 환곡의 관리 결과를 상부에 보고하고 결재받는 문서를 작성하는 요령을 적시한 것을 말한다.

20) 牧民心書, 戶典六條, 穀簿.

무릇 곡식을 다스리는 도(道)는 먼저 액수와 저축하는 율(率)을 정해야 한다. 액수만 한번 정해지면 만 가지 폐단이 아울러 맑아질 것이다.…… 우리나라 법은 과거(科擧)는 고을에 정원이 없고 곡식 저축은 창(倉)에 정액이 없어서 사기(沙器) 장사와 소금 장사 자식이 글을 사고 글씨를 빌려서 과거를 엿보며, 간사한 서도(胥都)와 교활한 아전의 무리가 필묵으로 온갖 농간을 부려서 나라 양곡을 도적질한다. 매양 창회(倉會)를 조사한 문부를 보면 파리머리 같은 작은 글자를 수천백 줄이나 늘어놓아 행(行) 상진조(賞賑租)가 345석 6두 7승 8홉 9작이니 군자미가 765석 4두 3승 2홉 1작이니 하여 모래가 흩어지듯, 구름이 변환하듯 어지러워서 단서를 알아낼 수 없으니…… 창오(倉厫)의 폐난을 고치고자 한다면 먼저 액수를 정해 금석(金石) 같은 법전을 만드는 데 의심 없이 딱 결단 처리해 고(觚)를 새기고 군더더기를 깎아서 보태지도 줄이지도 않아 혼연히 저절로 된 것처럼 되어서 바라볼 적에 칠성(漆城)같이 더위잡을 방법이 없으면 천 가지 멍과 백 가지 폐단이 장차 깨끗하게 맑아질 것이다 (經世遺表, 地官修制, 倉廩之儲).

대저 간편하게 단속할 수 있는 규례(規例)로는 오직 경위표(經緯表)의 한 가지 방법이 있을 뿐이다. 종횡으로 조리 있게 나열되어 있어서 환히 살필 수 있다.…… 제 경위표를 작성하여 가로로 보면 여러 가지 곡식의 총수(쌀 몇 석, 벼 몇 석 등)를 알 수 있고, 세로로 보면 여러 아문의 곡식의 분류(分留)를 알 수 있다 (牧民心書, 戶典六條, 穀簿).

(2) 아전의 간교와 수령의 궁행(躬行)

아전에 대한 다산의 불신은 매우 깊다. 그는 백성을 위해 있어야 할 제도가 까다롭고 복잡하면 결국 아전의 농간과 가렴주구(苛斂誅求)를 부채질하게 된다고 보았다.

아전배들 사이에는 비결이 있으니, 그것은 약속이나 한듯이, '괴롭히면 얻는 것이 있다(困而得之)'라는 넉 자이다. 이 말의 뜻은 무엇인가? 전결에 부과되는 잡부(雜賦: 제세금)가 번거롭고 무겁거늘 해마다 그 비

> 율을 높여서 부세를 바치는 백성을 괴롭히면 백성은 괴로움을 견디지 못해 높은 값으로 방결(防結: 아전들이 세금을 감해 주는 대신 빌려 가게 한 곡식)을 구할 것이니 이것은 일거양득이다. 환곡은 조악한데 그 알곡을 훔쳐서—겨를 섞어 분석(分石)한다—환곡을 받는 백성을 괴롭히면 백성은 괴로움을 견디지 못해 곡식을 거저 가져다 바치게 된다. 이것이 일거양득이다. 백성은 나라의 근본이며 아전은 백성의 것을 갉아먹는 자이다. 백성을 들볶고 살을 깎아내는 것은 이 백성으로 하여금 마치 재 가운데 있는 지렁이나 모래 위에 있는 미꾸라지처럼 만드는 것이다. 괴로움을 견디지 못해 스스로 찾아와 애걸하게 해놓고 이에 말하기를 "백성들이 모두 기꺼이 따른다"고 하니 이것이 곧 이른바 '괴롭히면 얻는 것이 있다'는 것이다. 백성의 수령된 자가 어찌 깊이 생각하지 않을 수 있겠는가(牧民心書, 戶典六條, 穀簿).

이런 시각에서 다산은 수령이 아전의 교활한 농간에 잘 대처할 수 있어야 함을 강조한다. 이를 위해 수령이 몸소 궁행할 것을 주문하고 있다. 환곡 창고에서 곡물의 출납이 이루어질 때, 특히 환곡을 받아들일 때보다도 환곡을 나누어 줄 때, 수령이 몸소 현장을 찾아 지휘하고 조사하고 확인해야 한다는 것이다. 그렇지 않으면 창고에 곡식이 있는지 없는지, 어떤 곡식이 어떤 상태로 분배되는지, 곡물의 양이나 질이 과연 일정한지 등을 판별할 수 없고 따라서 아전의 농간과 교활한 언사에 대책 없이 놀아날 수밖에 없다고 본 것이다. 일례로서 환곡의 분급량은 외창과 읍창의 경우 차별이 없어야 하는데, 이를 위해서는 이 일을 아전에게 위임해 이들이 환곡을 이 창에서 저 창으로 마음대로 옮기게 해서는 안 된다면서 다음과 같이 말한다.

> 아전들이 공창(公倉)을 사고(私庫)로 여긴 지가 오래되었다. 그 번롱(翻弄)하며 홍판(興販)하는 방법은 다음과 같다. 흑은 읍창에서 곡식을 끌어내어다가 외창에 들여놓거나 외창에서 끌어내어 읍창에 들여놓기도 하여 동서(東西)로 끊임없이 옮김으로써 농간을 적발하지 못하게 한

다. 혹 교대(交代)할 적에 파견되어 온 관원이 창고를 점검하려고 하거나 혹 비변사의 낭관이 갑자기 와서 농간을 적발하려고 하면, 포흠을 진 자들이 모두 외창에 곡식이 있다고 하고는 이어서 뇌물을 주어 무사하게 되기도 한다. 혹은 외창이 강어귀에 바로 임해 있어 홍판하기에 편리하면 창고에 남아 있는 환곡을 모조리 끌어내어 마음대로 사고팔고 하다가 입본(立本)하는 날에 이르러서는 이에 다른 면민(面民)들로 하여금 먼 곳에서 수송해 오게 한다. 혹은 외창이 수백 리 밖에 있을 경우에는 수령이 편의에 따라 창을 세운 이래로 일찍이 한 번도 가보지 못하니 아전의 번롱은 그들이 하고 싶은 대로 행해지지만 백성들의 비방과 원망은 들을 길이 없는 것이다(牧民心書, 戶典六條, 穀簿).

(3) 구조적(체제적) 부패 사슬의 차단

다산은 환곡을 이용한 부정부패를 만연케 하는 중요한 요인으로 부패한 감사(監司)의 존재에 주목하면서 "윗물이 맑아야 아랫물이 맑다"는 점을 강조하고 있어 흥미롭다.

감사가 무천(貿遷)하면서 장삿길을 크게 터놓았으니 수령이 법을 어기는 것은 말할 것도 없다.…… 감사의 녹봉이 본디 박한 것이 아닌데도 차마 장사치 노릇을 하여 백성의 기름을 짜내고 나라의 명맥(命脈)을 상하게 하니 딴 것이야 말할 것이 있겠는가(牧民心書, 戶典六條, 穀簿).

수령이 농간질하여 남긴 이익을 훔치니 아전의 농간질은 말할 것도 없다.……근세에 수령들이 협박해 아전의 포흠을 엄중히 적발하고는 뇌물을 받아먹고 그대로 숨겨 주는 자가 또한 많으니 장차 어찌 할 것인가(牧民心書, 戶典六條, 穀簿).

윗물이 흐린데 아랫물이 맑기 어렵다. 아전이 농간을 부리는 데 온갖 방법이 쓰이고 귀신같이 간활해서 (수령이) 밝게 살피지 못한다(牧民心書, 戶典六條, 穀簿).

사실 다산의 『목민심서』에는 감사에게 각종 행정 부조리와 비리의 책임을 돌리는 내용이 숱하다.

> 대저 지금의 감사라는 것은 만 가지 병통의 근본이며 뭇 폐단의 근원이다. 무릇 외읍(外邑)의 일들에 그 폐단의 근원을 캐어 본다면 모두가 감사에게로 귀착하는 것이다(牧民心書, 吏典六條, 束吏).

> 아전의 수를 줄이지 못하는 것도 감사의 순력(巡歷) 때문이요, 계방을 혁파하지 못하는 것도 감사의 순력 때문이요, 전부(田賦)가 날로 증가하는 것도 감사의 순력 때문이요, 연호잡역(煙戶雜役)이 날로 늘어가는 것도 감사의 순력 때문이요, 점촌(店村)이 피폐해 가는 것도 감사의 순력 때문이요, 사찰이 황폐해 가는 것도 감사의 순력 때문이다. 감사의 순력하는 법을 고치지 않고는 목민의 정사는 논의할 여지가 없다(牧民心書, 戶典六條, 平賦).

한편 수령에 대해서는 그가 소임을 다하기 어려운 현실을 인정해 주는 편이다. 수령의 임기가 지나치게 짧아서 수령과 아전들의 관계가 나그네와 주인의 관계로 역전되었고, 행정 실무를 담당하는 아전들에 대한 통제가 어렵기 때문에 부정부패가 심화될 수밖에 없다고 보고 있다. 수령 임기제의 파행적 운영은 수령의 본향을 피해서 임명하는 상피제(相避制)와 연계됨으로써 더더욱 향리들에 대한 감시 감독을 어렵게 하는 요인이라는 것이 다산의 분석이며, 이러한 제도상의 결함을 시정하기 위해 장서원(掌胥院) 같은 향리 전담 기관의 설치를 주장했던 것이다.

> 지금의 수령은 그 임기가 길어야 혹 2년 가고, 그렇지 않으면 몇 달 안에 바뀌게 되니 그 됨됨이가 주막 지나가는 나그네와 같은데, 저들 좌(佐)·보(輔)·막빈(幕賓)·복례(僕隷) 등은 모두 아비가 전하고 자식이 이어받아 옛날의 세습하는 경(卿)과 같다. 주인과 나그네란 형세가 이미

다른 데다 오래고 오래지 못한 사정이 또한 다르다. 군신의 대의도 천지의 정부도 있는 것이 아니기 때문에 죄를 지은 자는 도피했다가 나그네가 떠나면 주인이 자기 집에 돌아오는 것 같아서 그 부를 즐기기를 그대로 하니 또 무엇을 겁내겠는가(牧民心書, 赴任六條, 除拜).

20년 이래 수령들이 자주 교체되어 오래 가 봐야 2년이요 나머지는 혹 1년에 끝나기도 한다. 이 법이 고쳐지지 않으면 이민(吏民)들이 항구적인 계책이 없고 고공의 법도 웃음을 살 뿐이다(牧民心書, 吏典六條, 考功).

지금의 향리는 재상(宰相)과 결탁하고 감사(監司)와 연통해 있어서 위로는 수령을 없이 보고 아래로는 생민을 수탈한다(牧民心書, 吏典六條, 束吏).

이렇게 볼 때 조선 시대에는 감사-수령-아전의 상하 관계에서 수령은 상대적으로 소외되었다고 말할 수 있을 것이다. 환곡 관련 부정부패에 대한 대책의 강구에 한정해서 보더라도 다산이 늘 염려한 것은 감사와 향리의 유착이었다. 당시 환곡의 심각한 폐단 등에서 알 수 있듯이 국가 기강이 극도로 문란한 지경에 이르게 된 배경에는 감사와 향리의 유착이 있었다고 보는 것이다. 환곡을 이용한 부정부패는 단순히 향리들의 농간뿐 아니라, 중앙의 세도 가문과 감사, 향리 층의 결탁이 있기에 가능한 일이라는 것이 다산의 진단인 듯하다. 이로 인해 설령 지방의 수령이 목민 윤리에 충실하고 청렴하다 할지라도 이런 부정부패 현상에 저항하지 못하며, 대세를 따라갈 수밖에 없는 것이 당시의 형편이라고 본 듯하다.

환곡을 반 이상 받아들였을 때 갑자기 (감사로부터) 작전(作錢)하라는 명령이 있으면 마땅히 이치를 따져 방보(防報: 상급 관청의 지시에 따를 수 없다는 이유를 변명하는 보고)할 것이요, 받들어 행해서는 안 된다

(牧民心書, 戶典六條, 穀簿).

이 인용문이 좋은 예이다. 감사의 부당한 지시가 있으면 아전들이 이를 기화로 농간을 부려서 백성들의 부담이 늘어나게 되므로, 감사가 만약 작전하기를 원하면 '왜 일찍 지시하지 않았는가?'라고 마땅히 이유를 따져 방보해야 하며, 끝내 벼슬을 그만두는 일이 있더라도 명을 받들어 시행해서는 안 된다고 강조했던 것이다.

더 나아가 다산은 환곡의 폐단과 부조리의 심화가 부패한 감사와 향리의 결탁으로 이루어지는 경우가 많음에도 불구하고 수령이 국왕에게 이런 사실을 직접 보고할 수 없었던 당시의 현실이 이런 구조적 비리를 걷잡을 수 없게 만든 한 원인이라는 인식도 보여 주었다.

> 우리나라의 수령은 독자적으로 국왕에게 의견을 전달할 수 없으니 다스리기가 더욱 어려운 것이다.…… 대개 수령이란 옛날의 제후인데 무릇 마땅한 일이 있으면 중앙에 건의하는 것이 이치에 합당한 것이요, 백성의 고통이 제거되고 혈맥이 통하게 되니 이는 좋은 법이다. 우리나라는 감사가 후원(喉院: 승정원의 다른 이름)을 삼아 막고 어느 한 가지 일도 아뢰지 못하게 하고, 오직 삼사시종지신(三司侍從之臣: 홍문관・사간원・사헌부 등 3사(司) 및 승정원의 관원)으로서 수령이 된 자만이 상소하여 일을 논하게 하고 여러 고을 중에 무신과 음직(蔭職)의 자리에 해당하는 고을은 비록 큰일이 있다고 하더라도 스스로 아뢰지 못하게 되어 있으니 진실로 탄식할 일이다(牧民心書, 戶典六條, 穀簿).

4 해석과 평가

1) 제도개혁 우선의 사고와 철학

이상에서 고찰한 바와 같이 다산은 환곡의 폐단과 부정부패를 막기 위해 우선해야 할 일이 법과 제도의 근본적 개혁이라고 보았다.

무릇 왕자가 법을 세우는 데에는 마땅히 그 명목을 바로 세우며 그 한계를 엄하게 한 뒤에야 범하는 자에게는 죄를 주고 따르는 자에게는 상을 주어, 백성을 일정한 궤도 안으로 들여보내는 것인데 지금은 임금이 헛 명목으로 깨끗함을 자처하고 교활하고 간사한 이노(吏奴)가 백성을 침탈하면서 말하기를 "연어(淵魚)를 살필 필요가 없다" 하니 백성은 퇴박(槌剝: 쇠뭉치로 내리친다는 뜻임)에 시달려 구학(溝壑)에 굴러 떨어지지 않는 자가 없을 것이니 그래도 가하겠는가(經世遺表, 地官修制, 倉廩之儲).

나는 획일(劃一)하는 것을 법이라 이르는데 획일하지 않으면 법은 끝내 시행되지 않는다고 생각한다(經世遺表, 地官修制, 倉廩之儲).

이 점에서 다산은 조선 후기에 이르러 환곡의 문란에 따른 사회 불안을 걱정하면서도 수취의 확대는 반대했던 속유(俗儒)와는 크게 대조된다(정윤형, 1990b: 238). 그의 개혁안 가운데 특히 주목되는 것들은 다음과 같다.

첫째, 다산은 토지 또는 민호를 단위로 하는 분급 방법을 한 마을을 대상으로 분급하는 이분법(里分法)으로 바꿀 것을 제안했다. 이는 당시 국가가 개별 민호를 실질적으로 파악할 수 없었음에도 그것이 의제됨으로써 생기는 폐단을 줄이는 동시에 농민들의 공동체 의식과 자치 능력을 높이 평가한 결과라 할 수 있다. 둘째, 흉년이 들었을 때 환곡의 원곡이나 모곡을 정퇴하거나 탕감하는 데 사용할 공평한 배분 기준의 법제화를 주창했다. 셋째, 모곡을 작전하는 데 농형(農形)과 지역의 차이를 반영한 상정가(詳定價)를 정해 시행할 것을 내용으로 하는 작전법(作錢法)의 제도화를 주장했다. 이는 지역 간 물가의 차이에 대한 우월한 정보 취득 능력을 지닌 자들이 농간을 부릴 수 있는 소지를 최소화하기 위한 것이었다.

이런 예들은, 법제도는 ① 인간의 본성에 적합하고 세상의 이치와 사리에 맞아야 하며, ② 치밀하고 공정해야 하며, ③ 엄정하게 집행되어야 한다는 다산의 소신과 철학이 잘 드러난 것이 아닐 수 없다(최병선·조병훈, 2006). 다산의 상평창(常平倉) 제도의 회복안은 또다시 이를 확인해 주고 있을 뿐만 아니라, 그의 시장 기능과 경제 원리에 대한 이해가 매우 높았음을 보여 준다.[21)]

상평창 제도는 농사의 풍흉에 따라 곡식을 매매함으로써 곡가를 안정시킬 뿐 아니라, 흉년이 들어 농민들이 환곡을 갚지 못할 때, 또는 이것의 탕감이 필요할 때 상평창의 곡식을 재원으로 부족분을 보충하도록 하자는 것이다. 이것은 다산이 상평창이 곡가를 안정시켜 농민의 생계를 지지해 주는 효과를 가지면서 동시에 그 자체가 매매가의 차액으로 인해 증식되는 성격의 재원이라는 사실을 매우 중시하고 있었음을 보여 주는 대목이다.

> 설령 상평의 이(利)가 박하고 적다 해도 환국의 10분의 1의 모조(耗條)와 비교하면 반드시 몇 배가 넘는데 백성의 원하는 바에 따른 것이지 억지로 값을 더 받는 것이 아니다(經世遺表, 地官修制, 倉廩之儲).

이 인용문은 상평창 제도가 환곡보다 국가재정 확보의 재원으로서 더 적절하다는 다산의 논리와 소신을 분명하게 보여 주고 있다. 상평창제에 따르는 매매 이익으로 국가는 더 많은 수입을 확보할 수 있는 반면, 백성은 곡가 조절 기능을 가진 상평창제로 인해 사실상 더 안정적인 삶을 영위할 수 있다는 것이다. 나라와 백성을 모두 사랑하고 아

---

21) 조선 후기에 환곡의 폐단이 심화됨에 따라 이를 바로잡기 위한 다양한 개혁 방안을 여러 학자가 제시했다. 그 일환으로 제기된 것이 상평창 회복이었다. 다산은 반계 유형원과 성호 이익 등이 논의한 상평창의 회복의 필요성을 인정하면서도 환곡을 완전히 없애자는 파환론(破還論)에 대해서는 반대했다. “환곡이 이미 『주례』에 분명히 근거를 두고 있으므로 무리한 법이 아니며, ‘나라의 쓰임새가 절반은 부세(賦稅)에 의존하고 절반은 환자(還上)에 의존’하고 있는 현실에서 ‘국가 경비를 지출하는 것도 백성을 구휼하는 것만큼 중요한 만큼’ 환곡 자체를 폐지하자는 주장은 현실을 모르는 ‘고담준론’에 불과하다”고 비판했다.

꼈던 탁월한 개혁사상가다운 생각이 아닐 수 없다.

2) 처벌의 효과성에 대한 의문의 제기

다산은 국가의 법제도가 근본적으로 잘못되어 나타나는 부정부패 현상을 바로잡을 때 먼저 잘못된 법제도를 바로잡을 요량은 하지 않고 엄한 처벌만을 앞세우는 것에 대해 의문을 제기했다. 이보다는 법제도를 중히 여기고 실천궁행하는 수령방백의 솔선수범을 중시했다. 아랫사람들이 잘못하는 원인이 무엇에서 기인하고 발원하는지를 따지지 않은 채 벌만 가혹하게 한다고 해서 잘못이 바로잡히지는 않는다고 본 것이다. "윗물이 맑아야 아랫물도 맑다"는 평범한 진리를 무시하고 아랫사람에 대한 처벌만을 능사로 삼을 때, 사람들이 부끄러움은 모르고 어떻게 해서든지 눈을 속이고 피하게끔 만들 뿐이라는 점을 강조한다.

> 형벌은 백성을 바로잡는 말단의 방법이다. 수령이 자신을 다스리고 법을 받들어 엄정하게 임하면 백성이 죄를 범하지 않게 되어 비록 형벌을 폐하더라도 좋을 것이다.…… 한 나라를 다스리는 것도 한 가정을 다스리는 것과 같은데…… 가정의 어른이 날마다 고함치고 성내면서 자제를 매질하고 노비들을 묶어 때리며 국 한 그릇을 엎질러도 용서하지 않고 다듬이 방망이로 넓적다리를 치면…… 자제들의 눈속임은 더욱 심해지고 노비들의 도둑질도 더욱 방자하게 된다. 온 집안이 모여 헐뜯고 오직 들킬까봐 두려워하며 상하가 모두 눈가림으로 그 어른을 속인다. …… 성색(聲色)으로 백성을 교화하는 것은 말단의 방법이며, 형벌로써 사람을 바르게 하는 것도 말단의 방법이다. 수령 자신이 바르면 백성이 바르게 되지 않음이 없고, 수령 자신이 바르지 않으면 비록 형벌을 가하더라도 바르게 되지는 않을 것이다. 천지가 생긴 이래로 이 이치는 항상 그러했던 것이니, 어찌 잡설로써 어지럽힐 수 있겠는가(牧民心書, 刑典六條, 愼刑).

> 생각건대 살피기 어려운 간사한 짓에 지극히 중한 율을 적용하니, 이것이 법이 시행되지 않는 이유이고 꼭 범법하게 될 문을 열어 두고 실속 없이 공갈하는 말을 퍼뜨리니, 이것이 백성이 두려워하지 않는 까닭이다. 보통으로 범하는 것을 매번 죽인다면 백성이 난을 꾸미고, 보통으로 범하는 것을 사면하면 백성이 법을 업신여기며, 적발하지 못하고 그대로 버려두면 백성이 가만히 비웃고, 적발을 하고서도 버려두면 백성이 방자해진다. 무릇 이와 같은 것은 나라가 크게 어지럽게 되고 기강이 크게 무너지게 되는 이유이니, 이런 것은 법제가 아니다(經世遺表, 地官修制, 田制).

환곡 관련 부정부패에 대한 처방에서도 다산은 이런 사고 방식을 그대로 보여 주었다.

> 아전의 포흠은 적발하지 않을 수 없지만 포흠의 징수가 너무 가혹해서는 안 되며, 법의 집행은 마땅히 엄격하고 준열(峻烈)해야 하지만 죄인을 다룰 때에는 마땅히 불쌍히 여겨야 한다(牧民心書, 戶典六條, 穀簿).

> 혹 관재(官財)를 털어서 포흠한 환곡을 갚아 주며, 혹은 감사와 상의해 포흠한 환곡을 탕감해 주는 것이 곧 이전 사람들의 덕정(德政)이요, 각박하게 거두어들이는 것은 어진 사람이 즐겨할 바는 아니다(牧民心書, 戶典六條, 穀簿).

3) 구조적 부패에 대한 이해와 한계

다산은 환곡을 둘러싼 부정부패가 극심했던 이면에는 세도 가문, 감사, 수령, 아전과 특권 상인이 결탁해 곡가를 주무르면서 축재를 할 수 있었기 때문임을 인지하고 있었다. 아래의 인용문은 이런 사실을 보여준다.

경주인(京主人: 京邸吏)과 영주인(營主人: 營邸吏)은 나라 안의 큰 폐단이다.…… 조정의 권귀(權貴)가 저리 자리를 사면 비변사에서 공문을 보내어 항상 저리를 비호해 이들을 살찌게 하니 이것이 경주인 역가가 불어나는 까닭이다.…… 강진의 늙은 아전 손모(孫某)가 말하기를 "내가 젊었을 때는 강진의 영주인 자리값이 300냥에 불과했고 영속(營屬) 중 잔약한 자가 이를 맡았는데 지금 불과 30년 사이에 영주인 자리값이 1만 냥이나 되었고 영속 중 유력한 자가 하고 있다"고 했다. 이것으로도 백성의 부담이 날로 높아졌음을 알 수 있다. 대개 쌀을 더 거두기를 논의하는 자는 모두 "십시일반(十匙一飯)이라 백성들을 병들게 할 정도는 아니다"라고 하지만 그것이 오랫동안 쌓이고 쌓여서 300냥이 1만 냥이 되었으니 33배인 것이다. 백성 부담의 증가가 33배가 되었기 때문에 영주인 자리값이 33배나 된 것이다. 이것이 이른바 형체를 보지 못하거든 그림자라도 살피라고 하는 것이다(牧民心書, 戶典六條, 稅法).

수십 년 이래로 세상 물정이 크게 변하고 조정 기강이 날로 무너져서 경주인 자리를 매매하는 값이 혹 8,000냥이나 되며, 영주인 자리를 매매하는 값은 혹 1만 냥에 이르기도 한다.…… 그렇게 되는 까닭은 넷인데, 첫째 조정 귀신(貴臣)들이 저리 자리를 사기 때문이고, 둘째 수령이 뇌물을 받기 때문이며, 셋째 감사가 법을 어기는 일이 많기 때문이고, 넷째 수령이 염문(廉問: 어떤 사실을 남몰래 조사하는 것)하는 것을 두려워하기 때문이다. 수십 년 이래로 문무 귀신이 남몰래 저리 자리를 사들여 청지기에게 맡기고 앉아서 그 이익을 거둔다. 이리하여 진짜 저리는 당(堂) 위에 앉았는데 가짜 저리가 뜰아래 엎드려서 무릇 고소하는 일이 있으면 극진하게 따르지 않는 것이 없다.…… 어사가 적발해도 가고 나면 감사가 다시 그대로 하여 백성의 말이 물 끓듯 해도 바로잡아지지 않으니, 이것이 영주인의 이익이 날로 보태어지고 달로 성해지는 까닭이다. 또 무릇 감사가 수령들의 선함과 악함을 염탐할 때는 모두 영속(營屬)을 이용하는데, 이들은 모두 영주인의 인아족당(姻婭族黨)이다. 그러므로 두루 같이 화응(和應)하여 한 덩어리로 뭉친다(經世遺表, 秋官刑曹, 刑官之屬).

그러나 아쉽게도 다산은 이런 유착 관계의 차단이나 해소를 위해 어떤 방도를 취해야 하는지에 대해서는 별다른 논의를 하지 않았다. 그는 당시 조선이 화폐경제로 비교적 빠르게 이행해 가는 과정에서 활발해진 특권 상인들의 이윤 추구보다는 법제도의 흠결이나 시행상 미비점을 악용하는 간사하고 부패한 수령방백과 아전들의 작폐가 더 크고 시급히 해결해야 할 문제라고 판단했는지 모른다.

4) 종합적 평가

이상에서 정리한 바와 같이 다산의 반부패 처방은 다산의 합리주의적인 사고 방식을 잘 보여 준다. 무엇보다도 법제도의 개혁을 우선한 점이나, 형벌에 의존하기보다는 더 중요한 수령방백의 솔선수범을 강조한 점이 그러하다. 또한 모곡이 국가재정 확보의 중요한 원천으로 기능하고 있는 한 환곡제도가 진대(賑貸)와 경용(經用)의 목적을 겸하도록 해야 한다든가, 환곡제도의 개편과 더불어 상평창제의 회복을 통해 물가(곡가)의 조절 기능을 강화하는 것이 바람직하다는 등의 견해는 그가 현실적이고 실용주의적인 사고의 소유자임을 알 수 있게 한다.

그러나 조선 후기에 이르면서 환곡제도는 국가의 재용에 충당한다는 명분은 있었지만 한마디로 말해 국가가 거의 독점적으로 운영하는 고리대(高利代) 사업의 성격을 강하게 띠어 가고 있었다. 또한 이 시기에 미곡시장은 쌀의 출하 시기와 양을 조절해 물가까지 조작하는 상인들의 매점매석 행위가 성행했던 것으로 보이지만, 어쨌든 미곡시장은 상당히 빠른 속도로 발달해 가고 있었다. 이런 당시의 상황에서 다산이 과연 곡식 대여를 계속적으로 국가가 독점하는 상태로 두어야 할 것인지? 이런 제도가 국가 독점으로 남아 있을 때 부정부패 일소가 거의 가능한 일인지? 이에 대한 근본적인 의문을 던진 것으로 보이지는 않는다. 왜 그랬을까?

이 질문에 대한 답은 추정에 불과할 수밖에 없지만 필자들이 종전의 논문(최병선·조병훈, 2006)에서 주장했던 사항을 다시 한 번 확인하게 해 준다. 우선 다산의 왕도정치의 이상과 중농주의에 대한 집착은 매우 강했다는 것이다. 다산은 철저하게 왕도정치를 신봉하고 가부장적인 국가관에서 국가의 주도적·선도적 역할의 필요성에 대해 아무런 의심을 갖지 않은 듯하다. 방백과 수령들이 시부(詩賦)나 읊조리며 "자신은 큰 줄기나 파악하고 사소한 일들은 아랫사람들에게 맡겨 두어도 문제될 것이 없다"는 지대체(持大體)의 사조에 휩쓸리고 파묻혀 있던 시대에 다산이 파악하는 행정 실상 분석의 세밀함이나 그가 제시한 개혁 방안의 구체성은 가히 혀를 내두르게 만들 정도이다. 하지만 놀랍게도 그의 국정철학과 개혁사상의 요체는 변함없이 단순하기 그지없다. 시대가 무수하게 바뀌었음에도 불구하고 요순(堯舜)으로 대표되는 상고(上古)의 법과 왕도정치의 원형에 우직하리만큼 강한 집착을 보인 점은 이해하기 어렵다.

이런 다산이 가진 경세관의 한계는 상공업 등 당시 신흥 산업에 대한 제한적인 인식 속에 특히 잘 나타나 있다. 새로운 산업, 새로운 직종의 대두와 부흥에 대해 매우 보수적이고 수구적인 관점과 입장을 취하고 있는 것이다. 이 점은 박제가(朴齊家, 1750-1805)나 유수원(柳壽垣, 1694-1755) 등 다산보다 선대의 학자들이 상공업과 무역의 진흥을 조선의 부국강병책으로 제시한 것을 상기할 때 이례적이라고 말하지 않을 수 없다. 그의 논설과 주장 어디에서도 상공업이나 무역을 이들처럼 긍정적으로 보고 진흥책을 논의하자는 내용은 찾기 힘들다. 물론 다음의 인용문에서 보는 바와 같이 다산은 상업을 억제해야 한다는 주장을 펴지는 않았다. 다만 호상활고(豪商猾賈)와 아전들의 결탁으로 이루어지는 수탈적 상업을 억제할 필요가 있다고 보았을 뿐이다.

> 천하의 이익에 장사만한 것이 없다. 그 이익이 많은데 그 명색을 높이면 천하 사람 중에 또 누가 쟁기를 지고 밭고랑에 들어가는 자가 있겠는

가? 그러므로 선왕이 농사를 중하게 여겨 사와 농이 서로 통하게 했다.…… 살피건대 상고(商賈)는 이익이 많으므로 그 세도 따라서 과중하니, 이것이 선왕의 법이었다. 그런데 반드시 상업을 억제해서 곤란하게 하는 것도 또한 좋지 않은 듯하다. 있고 없는 것을 교역하는 것은 우·직(禹稷)도 시행했는데, 어찌 반드시 억제할 것인가(經世遺表, 地官修制, 賦貢制).

상업에 대해 긍정적으로 보면서도 '농업 중심의 경제 체제를 무너뜨리지 않는 한도 내에서의 상공업 발전'을 추구하려 했던 점에서 다산은 『반계수록』의 저자 유형원(柳馨遠, 1622-1673)과 동일한 한계를 보이고 있는 것으로 판단된다.[22] 한마디로 말해, 다산의 상업관은 박제가나 유수원과 같이 상업을 전략적으로 육성해서 자본주의 발전의 맹아로 삼고자 하는 적극적 성격을 띠지는 않는다. 이미 상품화폐 경제의 진전과 지주 전호제의 심화로 토지의 사유화가 회복 불가능한 상태로 치닫고 있었던 것이 당시의 상황임을 감안할 때, 다산이 새롭게 태동하는 산업과 직업이 경제와 산업 발전의 견인차 역할을 담당하리라는 생각을 하지 못했던 것은 그가 극도로 '중농주의' 사상에 치우쳐 있었기 때문이 아니었을까 생각된다.

다음으로 다산의 철두철미한 가부장적 국가관은 환곡제도 문란에 대한 분석이나 개혁안에서 여지없이 나타나고 있다. 개인의 강력한 이기적 동기, 경제하려는 욕구, 그리고 이것이 이룩해 내는 경제적 성과를 충분히 인식하고 있었으면서도 다산은 이것으로 경제사회가 자율적으로 발전해 갈 것으로는 전혀 생각지 못한 듯하다. 국가는 어디까지나 왕의 것이고, 국법을 중시하고 백성의 편안한 살림을 도모하는

---

22) 반계 유형원은 "수공업자와 상인은 선비나 농부처럼 없을 수 없다. 다만 그것에 종사하는 자가 많으면 농업에 해가 되므로 세를 무겁게 하여 억제하고 그 수가 적으면 세를 가볍게 하여 물화 유통의 길이 열리게 해야 한다"고 했다(고승제, 1995: 487에서 재인용).

이존국법 이중민생(以尊國法 以重民生)의 철학을 지닌 국왕의 친정체제(親政體制) 아래에 있어야 하며, 이런 국왕의 뜻을 고루 실현하기 위한 일사불란한 국가 지배-통치 체제가 확립되어야 하고, 이것이 안민(安民)과 부국강병의 유일한 길이라고 믿었던 것으로 보인다.

참고 문헌

고동환(1998). 『조선 후기 서울 상업발달사 연구』. 서울: 지식산업사.

고승제(1995). 『다산을 찾아서』. 서울: 중앙일보사.

김덕진(1999). 『조선 후기 지방재정과 잡역세』. 서울: 국학자료원,

김옥근(1969). 조선왕조 재정사 연구(1): 조선조 전기 재정정책의 전개 과정 분석: 조선조재정의 기본구조. 『부산수산대학교 논문집』, 4: 37-51.

김옥근(1971). 조선왕조 재정사 연구(4): 횡간・공안: 예산제도. 『부산수산대학교 논문집』, 83-96.

김옥근(1982). 조선왕조 재정사 연구: 세입구조분석. 『부산산업대학논문집』, 3: 127-160.

김옥근(1984). 조선왕조의 재무기구. 『부산산업대학논문집』, 5: 497-512.

다산연구회(역주)(1979). 『역주 목민심서』(1-6). 서울: 창작과비평사.

문용식(1999). 조선 후기 수령자비곡의 설치. 『조선시대사학보』, 9: 137-177.

박소은(2004). 17세기 후반 호조의 재정수입 확보책. 『조선시대사학보』, 31: 113-141.

변광석(2000). 『조선 후기 시전상인 연구』. 서울: 혜안.

손병규(2003). 조선 후기 재정구조와 지방재정 운영: 재정 중앙집권화와의 관계. 『조선시대사학보』, 25: 117-144.

송찬섭(2002). 『조선 후기 환곡제도 개혁 연구』. 서울: 서울대학교출판부.

오성(1985). 조선 후기 미곡상인에 대한 일연구. 『세종대학 논문집』, 1-26.

오수창(1998). 조선시대 지방 이서층 급료문제의 역사적 맥락: 일본 전근대 대민행정과의 비교. 『역사와 현실』, 32: 224-256.

오일주(1984). 조선 후기 재정구조의 변동과 환곡의 부세화. 『실학사상연구』, 3: 59-118.

오종록(2005). 조선 시기의 관료제도 및 그 운영의 특징: 부정부패의 구조적 원인과 관련하여. 『한국사연구』, 130: 3-27.

오호성(2005). 조선 시대의 미곡 유통 시스템. 경제사학회 월례발표회 자료, 1-55.

이상엽 · 정건섭(2004). 조선 후기 지방재정의 위기 요인 분석. 『한국지방재정논집』, 9(1): 79-104.

이세영(2001). 『조선 후기 정치경제사』. 서울: 혜안.

이영훈(편)(2004). 『수량경제사로 다시 본 조선 후기』. 서울: 서울대학교출판부.

이욱(2005). 조선 후기 한강변의 상품경제 발전과 상업정책의 변화. 『서울학연구』, 24: 31-61.

이익성(역)(1997). 『經世遺表』(Ⅰ-Ⅲ). 서울: 한길사.

장동표(1999). 『조선 후기 지방재정연구』. 서울: 국학자료원.

장동표(2005). 조선 후기 군현 단위의 부정부패와 이서층 중심의 포흠. 『한국사연구』, 130: 29-52.

전우용(2005). 근대 이행기 서울의 객주와 객주업. 『서울학연구』, 24: 131-168.

정윤형(1990a). 조선왕조 후기의 재정개혁과 환상문제. 『경제연구』, 6: 83-154.

정윤형(1990b). 다산의 환상 개혁론. 강만길 · 정창열 외, 『다산의 정치경제 사상』. 이우성 교수 정년기념논문집. 서울: 창작과비평사.

조성을(2005). 조선 후기 실학의 부패방지책: 『목민심서』를 중심으로. 『한국사연구』, 130: 123-149.

최병선(2002). 중상주의 정책의 지대추구 측면에 관한 연구. 『국제지역연구』, 11(4): 21-56.

최병선 · 조병훈(2006). 다산의 인간관, 사회관, 국가관 연구: 산업경제 분야 제도개혁안을 중심으로. 『정부학연구』, 12(2): 7-48.

한상권(1981). 18세기 말~19세기 초의 장시 발달에 대한 기초연구: 경상도지방을 중심으로. 『한국사론』, 7: 179-237.

홍이섭(1959). 『정약용의 정치경제사상 연구』. 서울: 한국연구도서관.

제6장 리더십

문명재 · 김공록

1 서 론

"겁쟁이 양들의 군대라도 사자가 왕이 되어 이끌면 양이 이끄는 사자의 군대를 이길 수 있다." 나폴레옹이 리더십의 소중함을 강조하며 한 말이다. 조직은 시대적 상황과 조직의 특성에 따라서 각각 다양한 스타일의 지도자를 요구하지만 지도자는 동서고금을 막론하고 조직의 성패에 영향을 주는 가장 중요한 요인으로 받아들여져 왔다. 조직의 지도자가 누구인가에 따라 조직의 분위기나 성과가 크게 달라지기 때문이다.

많은 사람이 리더십에 대한 연구와 교육에 관여해 왔다. 리더십에 대한 사람들의 관심은 인터넷에 올라온 많은 리더십 관련 항목이 잘 대변해 준다. 구글에서 리더십을 중심어로 찾을 수 있는 항목은 약 1억 5천만 개가 훨씬 넘는다. 그동안 리더십에 대한 이론적 연구는 서구에서 체계화된 것으로 알고 있지만 동양의 많은 학자도 리더십의 중요성을 오래 전부터 깨닫고 많은 고전을 통해 리더십의 역할과 기능에 대해 꾸준히 연구해 왔다. 이 장은 다산 정약용이 유배지에서 완성한 『목민심서』를 중심으로 리더십이 가져야 할 자세와 근본 요소를 정리해 보고자 한다.

정약용은 어린 시절 목민관인 아버지를 통해 그리고 본인의 실천적 경험을 통해 수령이 마땅히 해야 할 바를 깨닫고 『목민심서』를 저술했다고 한다. 책 이름을 '심서'라고 한 이유는 백성을 다스리고 싶지만 몸소 실행할 수 없기 때문에 이름을 그렇게 붙인 것이라고 한다. 『목민심서』는 기본적으로 지방의 고을을 맡아 다스리는 수령들이 반드시 지켜야 할 일과 마음가짐을 부임(赴任) 때부터 해관(解官) 때까지 자세히 논의하고 있다. 당시 수령들에 대해 정약용은 "오늘날 백성을 다스리는 자는 오직 이익을 추구하는 데에만 급급하고 어떻게 목민해야 할지를 모른다. 이 때문에 백성들은 곤궁하고 병이 들어도 수령이 된 자는 고운 옷과 맛있는 음식으로 자기만 살찌우고 있으니 통탄할 일이 아닌가?"라고 하며 목민관의 리더십 부재를 개탄했다.

『목민심서』에서 말하는 목민관은 지방을 맡아 다스리는 수령을 지칭하지만 자서(自序)에서 "백성을 다스리는 것을 목민(牧民)이라고 말한다"는 구절로 볼 때 정약용이 지칭하는 목민관은 지방 관리인 수령의 의미를 넘어 현대적 의미의 지도자로서 백성을 돌보고 이끄는 자라고 할 수 있다. 따라서 『목민심서』는 정약용이 생각하는 당시의 리더가 마땅히 갖추어야 할 자질과 마음가짐 그리고 업무 처리에 관해 규범적이면서도 실천적으로 기술하고 있다. 이 장은 『목민심서』에 나타난 목민 리더십을 섬김의 리더십(servant leadership)과 변혁적 리더십(transformational leadership)을 중심으로 현대적 이론과 접목시키고 새로이 재해석해 보고자 한다. 특히 『목민심서』의 번역본에 나오는 내용을 중심으로 당시의 시대적 상황과 실제 정약용이 강조한 리더십의 내용을 현대적 맥락에서 새로이 이해하고자 한다.

2 섬김의 리더십과 변혁적 리더십

정약용의 목민 리더십은 다양한 리더십 이론을 적용해 분석할 수 있지만 이 장에서는 섬김의 리더십과 변혁적 리더십 측면에서 살펴본다. 정약용은 목민관으로서 마땅히 갖추어야 할 도리를 이야기하면서 무엇보다도 지도자의 도덕성과 윤리성을 강조한다. 또한 지도자는 백성을 사랑하는 마음을 가져야 하고 백성의 입장에서 백성을 이해하고 백성이 원하는 바를 제공해 주어야 한다. 이러한 목민 리더십의 근본 요소는 섬김의 리더십이 강조하는 윤리성, 조직구성원에 대한 감정이입, 서비스 정신(service mentality)과 유사하다. 또한 정약용의 목민 리더십은 주어진 현상을 소극적으로 수용하기보다는 새로운 가치를 실현하기 위해 질적인 변화를 추구한다. 특히 정약용은 당시 만연한 일선 관료의 부정부패에 대한 철저한 개혁을 요구하면서 목민관의 역할을 강조하는 목민 리더십을 제시했다.

1) 섬김의 리더십

1970년에 그린리프(Robert K. Greenleaf)는 섬김의 리더십 개념을 소개했다. 섬김의 리더십은 조직구성원이 지도자의 명령에 따르던 이전의 개념에서 벗어나 지도자가 조직의 구성원을 섬기는 리더십이다. 그린리프(Greenleaf, 1970)는 섬김의 지도자란 “타인을 위한 봉사에 초점을 두고, 구성원과 고객, 관련 커뮤니티를 우선으로 여기고 그들의 필요를 만족시키며, 그들을 섬기고 또한 그들을 위해 헌신하는 사람들”이라고 정의했다. 즉 섬김의 리더는 자신의 이익이 아닌 타인의 이익 또는 공익(public interest)을 추구하는 지도자이다(류병곤 · 조영락, 2007: 43). 그린리프는 섬김의 지도자의 역할을 크게 두 가지로 규정했다. 첫 번째는 구성원(follower)에게 서비스를 제공하려는 마음이며 두 번째는 지도자의 윤리성(Yukl, 2006: 422)이다. 패터슨(Patterson, 2003)도 섬김의 지도자는 다른 어떤 사안보다도 구성원에 대한 문제가 조직의 우선순위가 되어야 한다고 주장했다(Dennis & Bocarnea, 2005: 601). 이와같이 섬김의 리더십과 관련된 기존 문헌에서 강조하고 있는 핵심적인 리더십 요인은 높은 윤리성, 서비스 중심주의 그리고 구성원의 마음을 읽어 내는 감정이입이다.

첫째, 섬김의 리더십은 윤리성을 강조한다. 섬김의 리더십은 언제 어떤 상황에서도 선과 도의를 지켜야 한다고 주장한다. 예를 들어 조직이 경제적으로 어려운 상황이라 할지라도 사회적인 약자에 대해 존경의 마음을 가져야 하며(Yukl, 2006: 422), 지도자 스스로 선(善)과 윤리성에 투철해야 한다(Cerff & Winston, 2006: Lawson, 2007: Patterson, 2003: Spears, 2002: Lanctot & Irving, 2007).

둘째, 섬김의 리더십은 조직구성원들에게 의미 있는 업무를 제공하며 동시에 고객에게 질 높은 서비스와 상품을 제공해야 한다고 주장한다. 섬김의 지도자는 구성원의 요구와 필요를 이해하고 그들이 원하는 것을 제공해야 한다는 것이다(Yukl, 2006: 422). 즉 섬김의 리더십은 자신의 이익보다는 타인의 이익을 먼저 고려해야 하며 이를 위해 상대방을 보살피고(nurturing), 보호하고(defending), 권한을 위임(empowering)해야 한다. 이를 위해 지도자는 탁상공론적인 지휘가 아니라 현장에서 일어나는 일을 실질적으로 이해하고 고객이 필요로 하는 바를 제공해야 한다.

셋째, 그린리프는 섬김의 리더십에서 감정이입(empathy)을 강조한다. 지도자는 구성원의 의견을 귀담아 듣고 그들의 고통과 아픔을 나의 것으로 공유하는 감정이입을 해야 한다(Yukl, 2006: 422; Spear, 2004; 8). 섬김의 리더십의 감정이입은 지도자가 조직구성원을 고객으로 생각하고 그들을 마음으로부터 섬기기 위한 핵심적 요소이다.

2) 변혁적 리더십

변혁적 리더십은 지도자의 카리스마와 비전, 그리고 통찰력을 바탕으로 조직 내 주요 과정이나 구조를 변화시키고 나아가 조직의 변화를 이끌어 가는 리더십이다(Van Wart, 2003: 218. 바스와 아볼리오(Bass & Avolio, 1990)에 의하면 변혁적 리더십은 카리스마적 리더십,

영감적 리더십, 개별적 고려, 지적 자극의 네 가지 요인으로 구성된다. 카리스마적 리더십(charismatic leadership)은 현재 상태에 대한 문제점을 제시하고 이를 벗어날 수 있는 비전과 사명감을 심어 주는 것이다. 영감적 리더십(inspirational leadership)은 구성원들이 지도자가 제시한 비전과 사명감을 받아들이고 이를 지속적으로 추구할 수 있도록 영감을 제공하는 리더십이다. 개별적 고려(individualized consideration)는 지도자가 구성원 전체가 아닌 개별 구성원에게 특별한 관심을 보이고 각 개인의 능력이나 요구를 이해하는 것이다. 마지막으로 지적 자극(intellectual stimulation)은 형식적 관행이나 사고(thinking)를 탈피해 새로운 차원으로 이동하는 것이다(이창원, 2005: 1040). 이와같이 변혁적 리더십은 카리스마, 영감적 리더십, 그리고 개별적 고려와 같은 정의적 속성과 변화지향성이 높은 행태적인 속성을 가지고 있다. 조직 내에서 리더십의 변화지향성은 조직의 구조나 문화를 탈바꿈하려는 개혁 지향적 리더십으로 나타난다.

먼저, 변혁적 리더십은 조직의 구조적 변화를 이끌어야 한다. 이는 조직에서 부하와 리더 간의 관리·통제 부분의 조정을 의미한다. 조직의 구조적 변화는 업무 과정에서 개선해야 할 점이나 변화가 필요한 부분을 수정해 나가는 것이다. 변혁적 리더는 형식적으로 이루어지고 있는 관례나 관행에 대해 면밀히 살펴보고 조직 성과나 목표 달성을 위해 조직을 개혁해 나간다. 이러한 개혁 과정에서 개별적 고려를 통해 구성원의 입장도 함께 고려할 필요가 있다.

또한 변혁적 리더십은 궁극적으로 조직의 변혁을 이끄는 것이다. 변혁적 리더십은 리더의 비전과 통찰력으로 환경 변화에 적극적으로 대응할 수 있어야 한다. 즉 변혁적 리더는 자신의 비전과 통찰력을 구성원에게 전이시키고 그들에게 영감을 제공해, 결국에는 구성원의 변화와 조직의 변혁을 달성하는 것이다. 앞서 서술한 것처럼 조직의 구조적 변화와 연계되어 내재적·외재적으로 조직 개혁을 이끌어야 한다.

3 목민 리더십의 현대적 의미

1) 정약용의 목민 리더십

정약용의 목민 리더십은 『목민심서』에 잘 나타나 있다. 정약용은 『목민심서』에서 이른바 '수령'이라고 하는 지방 관리를 '목민관'이라고 칭하면서 목민관이 갖추어야 할 덕목과 자질을 제시했다. 또한 『목민심서』는 수령이 임명을 받고 퇴임할 때까지 수령이 해야 할 일과 주의해야 할 업무를 상세히 부연하고 있다. '목민관'이라는 뜻은 백성을 기르는 사람이라는 것이다. 이 말은 문왕이 백성을 부양하는 사람을 사목(司牧)이라 하고 맹자는 추목(芻牧)이라 한 것에서 연원을 찾을 수 있다. 다산은 수령을 백성을 기르는 사람이라는 뜻인 목민(牧民)이라고 칭했다. 목민은 사도(司徒)의 길과 태학(太學)의 길로 나누고, 사도의 길은 백성을 가르치는 것이고 태학의 길은 자신을 수신하고 치민(治民)하는 것이라고 했다(牧民心書, 自序).

> 문왕이 정치제도를 세울 때 사목(司牧: 백성을 부양하는 사람, 국신, 지방장관 또는 인민을 다스리는 관리의 장)을 두고 목부(牧夫: 가축을 사육하는 사람)라 했으며, 맹자는 평륙에 갔을 때 추목(芻牧: 가축을 사육한다는 뜻)으로써 백성을 기르는 것에 비유했다. 이에 미루어 보면 백성을 부양하는 것을 가리켜 목(牧)이라고 성현들이 남겼다. 목(牧)은 사도(司徒)의 길과 태학(太學)의 길로 나뉜다. 사도는 만백성을 가르쳐 각기 수신케 하고, 태학에서는 국자(國子: 왕족 및 공경대부의 자세)[1]를

1) 중국 주나라 귀족계급의 관명에서 시초해, 나중에는 역대 왕조의 고관을 경(卿)·대부(大夫)라 일컬었으며, 지배자 계층을 일반적으로 사(士)·대부라고 부르기도 했다. 주나라의 봉건제도에서는 제후(諸侯)의 일족이나 공신(功臣)이 대부에 임명되어 세습적인 채읍(采邑 : 토지와 인민)을 받았다. 경은 대부 중에서 유력자가 임명되었는데, 총재(冢宰: 庶政)·사도(司徒: 民治)·종백(宗伯: 禮樂)·사마(司馬: 軍事)·사구(司寇; 司法)·사공(司空; 土木) 등 6관을 분담했고, 호칭은 나라에 따라 차이가 있었다. 사는

가르쳐 각기 수신하고 치민(治民)케 했으니 이 치민하는 것이 목민하는 것이다. 따라서 군자의 학문은 수신이 그 반이며 나머지 반은 목민하는 것이다(牧民心書, 自序).

정약용은 목민관이 해야 할 업무의 중요성을 강조했다. 왜냐하면 목민관의 업무는 왕이 업무를 보는 것과 그 정도만 다를 뿐이며 본질에는 차이가 없다고 생각했다. 따라서 목민관은 넓게 보았을 때 왕이 하는 일과 다를 것이 없기 때문에 목민관은 하고 싶다고 해서 아무나 할 수 있는 자리가 아니라고 했다. 따라서 목민관의 직위는 그 능력과 자질이 있는 사람만이 할 수 있는 직위라고 했다. 나아가 목민관의 지위는 그 자격에 따라 관직을 얻었기 때문에 관직을 뽑은 사람이 은혜를 베푼 것도 관직에 뽑힌 사람이 고마워할 것도 아니라고 했다.

다른 벼슬을 구해도 좋으나 목민의 벼슬을 구해서는 안 된다. 윗사람을 섬기는 자를 민(民)이라고 하고 목민을 하는 자를 사(士)라고 한다. 사는 벼슬하는 자이고 벼슬하는 자는 모두 목민하는 자이다. 수령은 만백성을 주재하니 하루에 만기(萬機: 정치상의 온갖 중요한 기틀, 왕의 정무)를 처리함이 그 정도가 약할 뿐 본질은 다름이 없어 천하 국가를 다스리는 자와 비록 대소(大小)는 다르지만 처지는 실로 같은 것이다. 따라서 목민하는 벼슬을 구할 수 있는 것이 아니다. 또한 목민관의 직위는 청탁으로도 이루어져서는 안 된다. 그 재주와 슬기가 능한가 능하지 못한가 하는 것을 수령 벼슬을 청구하는 자도 이미 스스로 헤아리지 않고 그것을 들어 주는 자도 또한 따져 묻지 않으니 이것은 진실로 그릇된 것이다(牧民心書, 赴任六條, 除拜).

벼슬을 받고, 전관(銓官: 이조판서나 참판)에게 두루 하직 인사를 할

경・대부 아래에서 가신(家臣)으로 종속되었지만, 이들에게도 식전(食田)이 부여되어 족적(族的) 결합을 형성했다(牧民心書, 自序).

> 때에 감사하다는 말을 해서는 안 된다. 이조판서나 참판은 국가를 위해 사람을 뽑아 썼으니 여기에 사사로운 은혜를 끌어대서는 안 될 것이다. 수령은 자격에 따라 관직을 얻었으니 이를 사은으로써 마음속에 품어서는 안 된다. 한자리에서 상대하더라도 말이 추천해 주어 고맙다는 말에 미쳐서는 안 될 것이다(牧民心書, 赴任六條, 辭朝).

이처럼 정약용에게는 지방을 다스리는 수령인 목민관은 나라를 다스리는 왕과 본질적인 차이가 없었으며 목민관은 단순한 지방관리라기보다는 시대의 지도자였다. 『목민심서』에서 논의되고 있는 목민 리더십의 현대적 가치는 크게 두 가지 측면에서 발견할 수 있다. 목민관의 도덕성과 애민사상으로부터는 섬김의 리더십 그리고 낡고 부패한 아전(일선관료)에 대한 통제와 개혁적 정책으로부터는 변혁적 리더십을 발견할 수 있다.

2) 목민 리더십과 섬김의 리더십

(1) 목민 리더십과 도덕성

섬김의 리더십이 지도자의 윤리성·도덕성을 강조하듯이 목민 리더십은 목민관의 윤리성·도덕성이 가장 중요한 가치로 강조된다. 성리학에서 수신제가치국평천하(修身齊家治國平天下)를 가장 근본적인 원칙으로 삼듯이 목민관의 자격 요건은 무엇보다도 수신과 제가에 힘써 윤리성·도덕성을 갖춘 사람이어야 한다는 것이다. 목민관은 윤리성·도덕성을 바탕으로 백성과 일선 관리들에게 본보기가 되어야 한다고 했다. 정약용은 "윗물은 흐린데 아랫물은 맑기 어렵다"(牧民心書, 戶典六條, 穀簿)고 하면서, 조직구성원을 이끌기 위해서는 지도자 자신이 바르게 행동해야 하며 조직구성원의 잘못을 고쳐 주기 위해서는 먼저 지도자 자신이 올바르게 행동해야 한다고 했다. 특히 하급관리를 관리하기 위해서는 자신이 도덕적 모델이 되어야 한다고 했다.

하급관리를 단속하는 근본은 자신을 규율하는 것이며, 하급관리가 잘못을 했을 경우 자신의 모습을 보고 하급관리가 고치도록 해야 한다고 했다. 또한 목민관이 자신의 몸가짐이 바르면 명령하지 않아도 하급관리들이 따르고 목민관의 몸가짐이 바르지 못하면 비록 명령을 하더라도 하급관리들이 따르지 않을 것이라고 했다(牧民心書, 奉公六條, 束吏). 이처럼 목민관의 윤리성과 도덕성이 리더십의 근본이 됨을 말하고 있다. 목민관의 윤리성·도덕성은 청심(淸心), 제가(齊家)적 측면에서 살펴볼 수 있다.

> 수령들은 흔히 엄한 형벌과 무서운 매질로 아전을 단속하는 근본으로 삼는다. 그러나 청렴하지도 못하고 지혜롭지도 못하면서 사나움을 위주로 하면 그 폐단이 난(亂)에 이를 것이다. 참판 유의가 홍주 목사로 있을 때, 홍주 아전들은 습속의 간활함이 충청우도가 가장 심했는데, 그가 청렴과 검소로써 스스로를 지키면서 지성으로 백성들을 사랑하니, 아전들이 모두 기쁘게 복종해 회초리를 쓰지 않았는데도 터럭만큼도 위반하는 자가 없었다. 나는 이것을 보고 스스로 규제하는 것이 아전을 단속하는 근본임을 알았다(牧民心書, 奉公六條, 束吏).

가. 청심

청심(淸心)은 소극적으로는 청렴한 관리, 적극적으로 청심을 가진 관리를 말한다. 청심을 가진 지도자는 그가 지나는 곳의 산림천석(山林泉石)에 모두 맑은 빛이 미치기 때문에 리더의 중요한 특징이다(牧民心書, 律己赴任六條, 淸心). 정약용은 지도자의 자질로서 청심한 마음가짐을 제시했다. 청심한 관리란 소극적 의미에서 개인적으로 검소한 생활하고(절약) 관료로서 청렴하게 업무를 수행하는 것을 말하며, 적극적인 의미에서는 비록 법적·관행적으로는 잘못된 것은 아니지만 옳지 않은 법이나 관행을 행하지 않는 도덕적 의미가 포함된 청심의 단계에 이르는 것을 말한다.

① 절약

청심의 첫 단계는 절약이다. 지도자는 자애로워야 하고 자애로워지려는 리더는 반드시 청렴해야 하며 청렴한 자는 반드시 절약하는 자세를 지녀야 한다고 했다. 즉, 절약은 청렴의 근본이다. 절약한다는 것은 한정을 두어 절제한다는 것이다. 한정을 두어 절제하는 것은 반드시 법식이 있어야 한다. 법식이라는 것은 절용의 근본이다(牧民心書, 律己赴任六條, 節用). 정약용은 검소한 후에라야 청렴할 수 있고, 청렴한 후에라야 자애로울 수 있을 것이니 검소야말로 목민하는 데 가장 먼저 힘써야 한다고 했다(牧民心書, 律己赴任六條, 治裝).

이러한 절약은 목민관의 개인적 차원에서는 물론이고 또한 예산이나 세금의 운용과 같이 국가 공금을 사용할 때도 적용되기 때문에 소비의 법칙을 정하고 절약하는 자세를 지녀야 한다고 했다. 즉 목민관의 절약하는 자세는 예산과 공금을 집행할 때도 영향력을 미치기 때문에 예산이나 세금을 불필요한 곳에 쓰거나 남용하는 것을 방지하기 위한 리더의 기본적인 자질이라는 것이다. 정약용은 "조정에서 백성을 위해 수령을 보낼 때에는 씀씀이를 절약해 백성을 사랑하도록 마땅히 경계해야 할 것이거늘 명분 없는 돈을 마음대로 토색하고 창기를 끼고 거문고 타고 피리 불면서 술 마시는 비용으로 충당하게 되는 이것은 무슨 제도인가"(牧民心書, 律己赴任六條, 除拜)라고 목민관이 공금을 함부로 사용하는 것을 비판하고 이를 막기 위해 스스로 절약하는 자세를 키워야 한다고 했다.

> 사사로운 쓰임을 절약하는 것은 사람들이 능히 할 수 있으나 공금을 절약하는 것을 능히 할 수 있는 사람은 드물다. 공물을 사물처럼 아껴야 이것이 현명한 수령이다(牧民心書, 律己赴任六條, 節用).

② 청렴[2)]

청렴(淸廉)은 목민관이 갖추어야 할 기본적인 자질이며, 모든 선

(善)의 원천이며 모든 덕의 근본이다. 청렴하지 않으면 목민관을 할 수 없다고 했다(牧民心書, 律己赴任六條, 淸心). 청렴한 지도자는 염리(廉吏)이고 청렴하지 않은 지도자는 탐리(貪吏)이다(박석무, 1999; 125). 정약용은 "지혜가 원대하고 사려가 깊은 관리는 욕심이 크기 때문에 염리가 되고, 지혜가 짧고 생각이 얕은 관리는 그 욕심이 작아서 탐리가 된다"고 했다(牧民心書, 律己赴任六條, 淸心). 즉 사소한 욕심을 따라가는 사람은 탐리가 되며 큰 지도자가 되고자 하는 사람은 염리가 된다는 것이다. 또한 청렴한 사람은 스스로에게 엄하고 책망하는데 가볍게 하는 사람이며 청탁이 행해지지 않으면 청렴하다 말할 수 있다고 했다(牧民心書, 律己赴任六條, 淸心).

> 청렴은 벼슬살이의 근본이며 검약은 몸가짐의 바탕이라고 한다. 청렴은 천하의 큰 장사이기 때문에 욕심이 큰 사람은 반드시 청렴하려 한다. 사람이 청렴하지 못한 것은 그 지혜가 짧기 때문이다. 그러므로 예로부터 무릇 지혜가 깊은 선비는 청렴을 교훈으로 삼고 탐욕을 경계하지 않은 사람이 없다(牧民心書, 律己赴任六條, 淸心).

③ 청심

청심(淸心)은 적극적인 의미에서 청렴을 말한다. 지도자가 검소하고 공금을 함부로 남용하지 않으며 뇌물이나 청탁을 받지 않는다면 청렴한 관리이다. 청렴한 관리는 법과 규칙을 지키고 이를 어기지 않는다.

---

2) 청렴의 세 등급: "『상산록』"에서 이렇게 말했다. 청렴에는 세 등급이 있다. 첫째, 최상의 등급은 봉급 외에는 아무것도 먹지 않으며 먹고 남는 것은 역시 가지고 집에 돌아가지 않으며 벼슬을 그만두고 집으로 돌아가는 날에 한 필의 말로 조촐하게 가는 것이니 이를 염리(廉吏), 즉 청렴한 관리라고 한다. 둘째, 중간 등급은 봉급 외에 명분이 바른 것은 먹고 바르지 않는 것은 먹지 않으며 먹고 남은 것은 집으로 보내는 것이다. 셋째, 최하의 등급은 이미 규례로 되어 있는 것이라면 비록 명분이 바르지 않더라도 먹지만 규례로 되어 있지 않은 것은 죄를 먼저 짓지 않으며 향임(鄕任)의 자리를 팔지 않으며 재감(災減)을 훔쳐먹거나 곡식을 번롱하지 않으며 송사, 옥사를 팔아먹지 않으며 조세를 더 부과해 나머지를 착복하지 않는 것이니 이것이 오늘날의 염리이다(牧民心書, 律己赴任六條, 淸心).

하지만 청심은 법과 규칙을 넘어 도덕적 관점에서 능동적인 청렴함을 말한다. 즉, 비록 법과 규칙에는 맞지만 실제적으로는 옳지 않거나 법과 규칙이 실상을 반영하지 못해서 잘못 규정되었을 경우에는 목민관은 법이나 규칙에 얽매이지 않고 올바른 것을 행하는 것이 청심이다.

> 민가에서 물건을 사들일 때 관가에서 정한 기준이 너무 헐한 것은 마땅히 시가대로 사들여야 한다. 관에서 정한 가격은 대개 헐하고 박한 것을 따르게 마련이고 물건값의 높고 낮음이 시기에 따라 변하는데 관식은 한 번 정해 백 년이 되도록 고치지 않으니 그 시세에 알맞게 맞추지 못하는 것이 당연하다. 값이 박하면 아전이 괴롭고 아전이 괴로우면 백성이 괴롭다. 무릇 관용 물건은 마땅히 춘분과 추분에 시가를 개정하고 반년 동안 시행해 그대로 둘 만한 것은 그대로 두고 고쳐야 할 것은 고쳐서 오로지 시가에 따라 값이 너무 깎인 것이거나 너무 높게 되는 것이 없도록 하는 것이 좋다(牧民心書, 律己赴任六條, 淸心).

정약용은 강잠의 일화[3]에서 보듯이 상사의 명령이 공법에 어긋나고 민생에 해를 끼치는 것일 때에는 상사의 명령에 따르지 않고 민생을 지켜야 한다는 적극적인 청심을 주장하면서도 오랜 동안 내려온 관행이 여러 이유로 고치기 힘들 때에는 비록 고칠 수 없어도 목민관 스스로는 하지 않는 소극적 청심을 말하기도 했다.

나. 제가(齊家)

정약용은 수신한 후에 제가하고 제가한 후 치국하는 것은 천하에

3) 조정의 명령이 내려올 때 백성들이 즐거워하지 않아 받들어 시행할 수 없으면 마땅히 병을 칭탁하고 그 자리를 떠나야 한다. 강잠이 진류현을 맡아서 부임한 지 수개월 만에 청묘령이 내려왔다. 강잠이 그것을 현문에 내걸고 또 각 마을에 붙이게 한 지 사흘이 되어도 찾아오는 사람이 한 사람도 없었다. 그는 드디어 그 방을 떼어 아전에게 주면서 말하기를 "백성이 원하지 않는다" 하고 곧 병을 칭탁하고 떠나버렸다(牧民心書, 奉公六條, 宣化).

공통된 리더의 원칙이라고 했다. 고을을 다스리려는 자는 먼저 자기의 집을 잘 다스려야 한다. 한 고을을 다스리는 것은 한 나라를 다스리는 것과 같다. 집안을 잘 다스리지 못하면 한 고을을 다스릴 수 없다는 것이다(牧民心書, 律己赴任六條, 齊家). 따라서 리더는 자신을 수양한 후 가정을 잘 다스려야 한다. 정약용이 말하는 제가의 범위는 가족은 물론 친구, 친척까지 포함된다. 자신이 아무리 청렴하다 할지라도 가족이나 가까운 사람이 뇌물이나 청탁을 받는다면 그 자신도 결국에는 청렴하다고 할 수 없다는 것이다.

> 자기 사람을 단속해 금하는 것을 범하지 않도록 하고 만일 범하는 자가 있거든 꼭 죄를 주어야 하며 용서해서는 안 된다. 하지만 너무 각박하여 인정에 가깝지 않은 것은 본받을 것이 못 된다. 새 고을로 부임할 때, 신영리(수령을 맞이하러 오는 지방관청의 아전)가 오는 날에 수리(首吏 : 으뜸 되는 아전)를 불러 다짐하되, 자제 이하는 얼굴을 대면할 수는 있지만 말을 나누어서는 안 된다. 자제들이 말을 걸면 너희들은 부득이 대답을 안 할 수 없을 것이니 죄는 자제들에게 있다. 그렇지 않고 우연히 말 한 마디라도 건다면 너에게 곧 죄가 될 것이다. 아전과 하인들이 말을 걸 때, 네가 그것을 금지하지 못해도 너에게 곧 죄가 있다(牧民心書, 律己赴任六條, 治裝).

> 친척이나 친구가 관내에 많이 살면 거듭 단단히 단속해 남이 의심하고 비방하는 일이 없게 함으로써 서로 좋은 정을 보존하도록 해야 한다(牧民心書, 律己赴任六條, 屛客).

정약용이 리더가 갖추어야 할 자질로서 제시한 '제가'는 현대적 의미가 크다고 할 수 있다. 근래에 리더의 윤리성이 강조되면서 리더 자신의 부정부패는 많이 감소했지만 리더의 가족이나 개인적 친분이 두터운 사람들이 리더와의 관계를 이용한 부정부패가 확산되고 있다. 이에 정약용이 말한 리더의 자질 중에서 '제가'는 그 범위가 목민관 자신뿐만 아니라 가족과 친척, 지인까지 포함하고 있기 때문에 현재의 우리에게 주는 함의가 크다. 특히 공공조직의 경우 더욱 그러하다.

(2) 목민 리더십과 서비스 정신: 현장 중심의 서비스 제공

정약용은 목민관이 시나 읊조리고 바둑이나 두면서 다스리는 일은 아전들에게 맡겨 두는 것은 큰 잘못이라고 했다(牧民心書, 律己赴任六條, 飭躬). 목민관은 백성에게 필요한 것이나 어려움이 무엇인지를 알기 위해 그 고을에 사족이나 향리에게 지속적으로 물어보고 이를 알아내야 한다고 했다. 또한 믿을 만한 사람을 시켜서 백성의 실생활을 알아보아야 한다고 주장했다. 이러한 점은 백성의 입장에서 서비스를 제공하는 현장 중심의 서비스라고 할 수 있다.

> 수령이 우뚝 고립되어 있어서 내가 앉아 있는 그 자리 밖은 모두 나를 속이는 자들이다. 눈을 사방에 밝히고 귀를 사방에 통하게 하는 일은 오직 제왕만이 그러해야 하는 것은 아니다. 무릇 미세한 허물이나 작은 흠은 마땅히 용인해 보아 넘기고 지나치게 세세히 밝히는 것은 진정한 밝음이 아니다. 이따금 가다가 부정을 적발하되 그 기미를 살핌이 귀신 같아야 백성들이 두려워한다(牧民心書, 奉公六條, 察物).

또한 현장 중심의 서비스를 제공하기 위해서는 목민관이 백성의 삶을 잘 살피기도 해야겠지만 백성이 목민관에게 직접 자신의 상황을 말할 수 있는 기회도 있어야 한다. 목민관은 백성이 자신의 어려움을 이야기하는 것이 사회적 분위기나 백성의 입장에서 어려운 점이 있다고 하면서, 백성들이 어려움을 이야기할 수 있도록 분위기를 조성하고 장려해야 한다고 했다. 즉 리더는 조직구성원이 자신의 문제나 상황을 거리낌없이 이야기할 수 있는 분위기나 제도를 만들어야 하며 실질적으로 조직구성원의 입장에서 이야기를 경청해야 한다고 말하고 있다.

가로막혀서 통하지 못하면 민정(憫情)이 그 때문에 답답하게 되는 것이니, 와서 호소하고 싶은 백성들로 하여금 부모의 집에 들어옴과 같이 해 주어야 훌륭한 수령이라고 할 수 있다. 호태초(胡太初)가 말하기를 "백성들이 수령 알기를 다만 하늘처럼 멀리할 뿐만 아니라 신명처럼 두려워하니 원통함을 머금고 고통을 삼키면서도 수령의 문전에 들어가 호소할 길이 없다. 요행히 그 앞을 지나간다 하더라도 이졸들이 막으니 수령은 마땅히 대문과 뜰을 크게 열어 두며 이졸을 물리치고 자리 앞에 앉혀 두고 편안한 얼굴로 캐어물어서 그 말하고자 하는 법을 다 할 수 있도록 해야 한다 (牧民心書, 刑典六條, 聽訟).

이 밖에도 『목민심서』에는 목민관이 백성의 물정을 살피는 방안을 봉공 6조(奉公六條), 찰물(察物)[4] 편에서 다음과 같이 제시했다. <표 6-1>에서 보듯이 다산의 리더십에서는 목민관이 백성들의 사정을 알아보는 다양한 방법을 제시하고 있다. 이처럼 목민관은 백성들의 필요와 요구를 파악하는 것이 중요하며 이를 위해 끊임없이 노력하고 힘써야 함을 강조한다. 이것은 섬김의 리더십이 강조하고 있는 조직구성원의 필요·요구를 살펴서 그들을 위한 서비스를 제공하는 현장 중심의 서비스 정신과 같다. 이는 섬김의 리더십이 가지는 조직구성원에 대한 섬김의 정신과 목민관이 백성들을 향한 사랑, 즉 애민정신이 유사하기 때문일 것이다.

(3) 목민 리더십과 감정이입

감정이입이란 지도자가 조직구성원의 입장에서 그들의 감정을 이해하고자 하는 것이다. 지도자는 조직구성원의 입장을 더 잘 이해함으로써 조직구성원들이 직면한 문제나 조직구성원 간의 갈등도 조화롭게 해결할 수 있음을 물론 그들을 잘 이해할수록 그들이 필요한 것을 좀

4) 물정을 살핀다는 뜻으로 『목민심서』에서는 지방관이 아전 등의 부정과 작폐, 민간의 동태와 실정 등을 탐지하는 것을 가리킨다.

〈표 6-1〉『목민심서』에서 나타난 백성을 살피는 방법

『목민심서』, 봉공 6조(奉公六條) 찰물(察物)
◇ 수령이 우뚝 고립되어 있어서 내가 앉아 있는 그 자리 밖은 모두 나를 속이는 자들이다. 눈을 사방에 밝히고 귀를 사방에 통하게 하는 일은 오직 제왕만이 그러해야 하는 것은 아니다.
◇ 매 계절의 첫날 초하룻날에 향교에 첩문(帖文)을 내려 백성들의 질고(疾苦)를 묻고 각기 이해를 지적해 진술하게 한다.
◇ 자제와 빈객 가운데 마음가짐이 단정·결백하며 겸하여 실무에 능한 사람이 있거든 마땅히 이들로 하여금 몰래 민간을 살펴보게 할 것이다.
◇ 수리(首吏)의 실권이 무거워서 수령의 총명을 가려 실정이 상달되지 아니하니 별도의 염문(廉問)을 그만둘 수가 없다.
◇ 무릇 미세한 허물과 잗다란 흠은 마땅히 용인해 보아 넘길 것이니, 지나치게 세세히 밝히는 것은 진정한 밝음이 아니다. 이따금 부정을 적발하되 그 기미를 살핌이 귀신 같아야 백성이 두려워한다.
◇ 좌우에 가까이 있는 사람들의 말을 그대로 믿고 들어서는 안 된다. 비록 그냥 부질없이 하는 이야기 같아도 모두 사의(私意)가 들어 있다.
◇ 미행으로는 물정을 제대로 살피지도 못하고 한갓 그 체모만 손상시킬 뿐이니 하지 말아야 할 것이다.
◇ 감사(監司)가 염문(廉問)할 경우, 감영의 이서(吏胥)를 시켜서는 안 된다.
◇ 무릇 행대(行臺)가 물정을 살피는 데에는 오직 한나라 자사(刺史)의 6조[5] 항목이 목민의 가장 좋은 법이다.

더 효과적으로 제공할 수 있을 것이다. 앞서도 언급되었지만『목민심서』책 자체가 애민의 책이다(고승제, 1998: 333). 목민관은 백성의 입장에서 백성의 어려움을 보살펴야 한다. 이러한 점은『목민심서』에 고스란히 드러나 있다. 특히 '애민 6조'는 노인을 공경하고(養老), 어린이를 보살피고(慈幼) 가난한 자를 구제하고(振窮), 환자를 돌보고(寬疾), 재난을 구제하는(救災) 것을 기술하고 있다. 여기에서 정약용의 복지

5) 한나라 무제 원봉(元封) 5년 자사(刺史)를 두어 각각 13개 주를 맡아서, 추분(秋分)에 지방을 돌아다니며 치민의 상태를 살펴 능한 이를 올리고 능치 못한 이를 내쫓으며 억울한 옥사(獄事)를 판결해서 처리할 때 기준이 된 여섯 가지 항목을 말한다.

사상을 엿볼 수 있지만 백성에 대한 감정이입도 되었음을 알 수 있다. 『목민심서』에서는 백성과 하급관리를 대할 때 그들의 입장을 이해하려는 노력을 찾아볼 수 있다.

> 예제(禮際)라는 것은 군자가 신중히 여기는 바이니 공손함이 예의에 알맞아야 치욕을 멀리하게 된다. 존비(尊卑)의 등급이 있고 상하의 표지가 있는 것이 옛날의 원칙이다. 나는 문관이고 상대가 무관이라고 하여 그를 비교해 괄시해서는 안 되며, 내가 세력이 크고 상대가 세력이 약하다 하여 교만하게 대해서는 안 되며, 내가 잘났고 그는 어리석다 하여 그를 우둔하다고 말해서는 안 되며, 나는 나이가 많고 그는 젊다 하여 그를 딱한 듯 대해서는 안 된다(牧民心書, 奉公六條, 禮際).

> 『운곡정요』에서 말하길 이졸(吏卒: 하위관리들)은 수령과 백성 사이를 가로막고 있다. 이러한 병폐를 철저히 제거해 수령과 백성 사이가 환히 트여서 가림이 없도록 해야 한다. 그러나 이졸 가운데에도 가난하고 피폐하고 유달리 고생하는 자가 많은데 이러한 사람은 그들을 보살펴 그들 또한 사람의 아들이라는 생각을 항상 간직하는 것이 좋다(牧民心書, 奉公六條, 馭衆).

정약용은 백성과 하급관리가 우매하고 잘못한 점이 있더라도 목민관은 이를 표면적으로 다루는 것이 아니라 백성이나 하급관리가 왜 그렇게 행동할 수밖에 없는가를 생각하고 그들의 입장을 이해해야 한다고 지적한다. 이러한 점에서 섬김의 리더십이 강조하는 감정이입적 태도는 어떠한 경우라도 백성과 하급관리의 입장을 생각하고 덕으로써 그들을 대해야 한다는 목민 리더십과 일치한다.

3) 목민 리더십과 변혁적 리더십

목민 리더십은 변혁적 리더십 측면에서도 재해석할 수 있다. 변혁적 리더십은 현 제도의 문제점을 인식하고 이를 개혁하려는 변화지향성을 갖는다. 정약용의 목민 리더십은 당시 제도의 문제점을 아전(지방 관청의 관리)의 부패에서 찾고 있다. 아전의 무리는 마치 여관의 주인이고 수령은 여관의 나그네와 같아서 아전들을 잘 관리하지 못하면 이들의 부정한 행태가 백성들을 더욱 힘들게 한다는 것이다(牧民心書, 律己赴任六條, 赴任). 따라서 이를 근본적으로 개선하기 위한 다양한 제도개선책을 제시했다. 이를 구체적으로 살펴보면 다음과 같다.

(1) 하급관리에 대한 체계적 관리와 통제

정약용은 목민 리더십을 다루면서 목민관과 백성 그리고 목민관과 하급관리의 관계를 구분지어 살펴보고 있다. 목민관과 백성의 리더십 관계는 애민사상을 바탕으로 목민관이 백성을 보살피는 섬김의 리더십이지만, 목민관과 하급관리의 관계에서는 백성의 삶을 괴롭히는 하급관리를 관리・통제하고 이를 개혁하려는 변혁적 리더십이다. 『목민심서』에서는 '봉공 6조(奉公六條), 속리(束吏)' 편과 '봉공 6조, 어중(馭衆)' 편에서 조직의 구조적 변화를 이끌기 위해 하급관리를 관리・통제하는 것을 제시했다. '봉공 6조, 어중'에서는 하급관리를 통솔하는 법을 말하고, '봉공 6조, 속리'에서는 하급관리를 통제하는 법을 제시하고 있다.

정약용은 목민관이 하급관리를 통솔하기 위해서는 먼저 목민관 자신의 개인적 자질을 먼저 갖추어야 한다고 한다. 자신이 바르게 행동하는 것이 하급관리를 통솔하는 기본이 되는 것이다. 또한 하급관리를 통솔하기 위해서는 그들이 가지고 있는 지위에 대한 속성을 잘 파악해야 한다. 다시 말해서 그 직위에 대한 업무 파악과 그 지위에 속한 사람들의 일반적인 특성을 알고 대해야 한다고 한다.

'봉공 6조, 속리'를 살펴보면 '봉공 6조, 어중'과 같이 목민관의 자질을 강조하고 있다. '봉공 6조, 속리'와 『목민심서』에 나타난 면을 전반적으로 살펴보면 무엇보다도 부패나 문제가 발생할 수 있는 직위와

〈표 6-2〉『목민심서』에 나타난 하급관리를 통솔하는 법

『목민심서(牧民心書)』, 봉공 6조(奉公六條) 어중(馭衆)
◇ 어중(馭衆)하는 방법은 위엄과 믿음뿐이다. 위엄은 청렴에서 생겨나고 믿음은 성실에서 나오는 것이니, 성실하고도 능히 청렴해야 이에 뭇사람을 복종시킬 수 있는 것이다.
◇ 군교(軍校)는 무인(武人)으로 거칠고 사나운 자들이다. 그들의 횡포는 마땅히 엄격하게 막아야 한다.
◇ 문졸(門卒)이란 옛날의 이른바 조례(皁隷)이다. 관속(官屬) 중에서 가장 교화에 따르지 않는 자이다.6)
◇ 관노(官奴)의 농간은 오직 창고에 있는데 창고에는 아전이 있으니, 그 폐해가 대단치 않으면 그들을 은혜로써 어루만져 때때로 그 지나친 것이나 막을 것이다.

업무에 대한 관리·통제를 강조했다.

관례에 따르는 형식적인 문첩의 경우는 이속을 시켜도 무방하다. 그러나 백성을 위해 폐단을 설명하고 시정할 것을 요구하는 경우라든지 위의 명령을 받들어 행하지 않기로 한 경우에는 직접 써야 한다. 일상적인 업무는 하급자에게 맡기되 부패가 일어날 수 있거나 백성들에게 영향력이 큰 경우는 직접 처리해야 한다(牧民心書, 奉公六條, 文報).

군포를 거두는 날에는 수령이 직접 받아야 한다. 아전들에게 이를 맡기면 백성들의 부담은 배로 될 것이다. 서울의 군영에 군포를 상납하는 날에 하급관리들이 횡포하고 교활한 짓을 거리낌없이 하여 연중 관례로 주는 것 외에 또 새로운 뇌물을 토색질하는데 그 욕심이 충족되지 않으면 퇴짜 놓기가 일쑤이다(牧民心書, 兵典六條, 簽丁).

6) 백성이 소장을 가지고 관아에 왔는데 이를 막는 것이 문지기이다. 여러 날을 와서 문지기 때문에 들어올 수가 없어서 그냥 돌아가게 된다. 수령은 백성이 관아에 들어오는 것이 마치 자기 집처럼 들어가게 해야 한다(이인철, 2004: 276).

군포는 당시 백성에게 부담이 되는 사항이고 그 밖의 백성의 삶에 큰 영향을 미칠 수 있는 사안에 대해서는 목민관이 직접 챙겨야 함을 보여 준다.

이처럼 정약용의 리더십에서는 조직의 구조적 변화를 이루기 위해 조직구조의 대대적인 변화보다는 조직구조에서 부패가 발생하거나 백성들에게 영향력이 큰 직위나 업무를 관리·통제함으로써 목민관이 하급관리를 통제하는 방안을 제시하고 있다. 이 밖에도 '봉공 6조(奉公六條), 속리(束吏)'에 나타난 방법은 <표 6-3>과 같다.

목민 리더십에서 살펴본 하급관리의 관리·통제를 통한 조직구조의 변화는 먼저 목민관 자신이 하급관리에게 모범이 되어야 하고, 조직의 구조를 잘 파악해서 그 직위와 각 직위에 있는 사람의 특성을 잘 파악해야 한다고 한다. 그뿐만 아니라 하급관리를 통제하기 위해서는 전반적인 개혁보다는 부패가 발생할 수 있는 직위 또는 사람이나 백성들에게 미칠 영향력이 큰 사안을 목민관이 직접 처리함으로써 우회적으로 통제할 수 있다고 주장한다. 그러나 목민관이 하급관리의 업무를 일일이 관리·통제할 필요는 없고 일상적인 일이거나 백성들에게 영향력이 적은 일은 하급관리에게 맡기도록 해야 한다고 지적한다.

이와같이 목민 리더십은 변혁적 지향성과 함께 조직과 조직 직위·업무에 대한 체계적인 이해를 바탕으로, 해야 할 일과 위임해야 할 일을 구별해 효과적으로 변화를 주도할 수 있는 변혁적 리더십의 특징을 가진다.

(2) 문제해결적 조직 개혁

정약용은 기본적으로 개혁론자이다. 따라서 그의 목민 리더십에서도 개혁의 요소를 살펴볼 수 있다. 정약용은 지방 관아의 문제점을 인식하고 이를 고치기 위해 노력하지만 급진적 개혁보다는 점진적 개혁을 추구한다. 예를 들어, 앞에서도 언급했듯이 관례 중에서 좋은 것은

〈표 6-3〉『목민심서』에 나타난 하급관리 통제 방법

『목민심서(牧民心書)』, 봉공 6조(奉公六條) 속리(束吏)
◇ 아전을 단속하는 근본은 자기 자신을 규율함에 있다. 자기의 몸가짐이 바르면 명령하지 아니해도 일이 행해질 것이요, 자기의 몸가짐이 바르지 못하면 비록 명령을 하더라도 행해지지 아니할 것이다.
◇ 예(禮)로써 바로잡고 은혜로써 대한 뒤에라야 법으로 단속할 것이니, 만약 능멸하여 짓밟고 함부로 부리며 이랬다저랬다 속임수로 몰아가면 단속을 받으려 하지 않을 것이다.
◇ 윗사람으로 있으면서 너그럽지 못한 것은 성인이 경계한 바이니, 너그러우면서도 풀어지지 않으며 어질면서도 나약하지 않으면 또한 일을 그르치는 바가 없을 것이다.
◇ 타이르고 감싸 주며 가르치고 깨우치면 아전들 역시 사람의 성품을 타고난지라 바로잡아지지 않을 자 없을 것이니, 위엄부터 먼저 베풀지는 말 일이다.
◇ 타일러도 깨우치지 아니하고 가르쳐도 고치지 아니하며 세력을 믿고 속여 크게 간악한 자는 형벌로 임해야 할 것이다.
◇ 원악대간(元惡大奸)은 모름지기 포정사(布政司)[7] 밖에다 비(碑)를 세우고 이름을 새겨서 다시는 영구히 복직하지 못하게 할 것이다.
◇ 알지 못하면서도 아는 척하고 응대하기를 물 흐르듯 막힘없이 하는 것은 수령이 아전의 술수에 떨어지는 까닭이 된다.
◇ 아전의 구걸은 백성들이 괴로우니, 금하고 단속해 간악한 짓을 못하도록 할 것이다.
◇ 아전의 인원 수가 적으면 한가로이 지내는 자가 적어서 백성을 침학하고 가렴하는 일이 심하지 않을 것이다.
◇ 작금의 향리는 재상과 결탁하고 감사와 연통해 있어서 위로는 수령을 없이 보고 아래로는 생민을 수탈하니, 능히 여기에 굴하지 않을 수 있는 자는 훌륭한 수령이다.
◇ 수리는 권한이 중하니 지나치게 중용할 수 없으며 너무 자주 부를 수 없으되, 죄가 있으면 반드시 벌을 주어 백성들로 하여금 의혹이 없도록 해야 할 것이다.
◇ 이속의 잔치놀이는 백성을 상하게 하는 것이니, 엄중히 금하고 여러 번 경계해 감히 희롱하고 즐기는 일이 없도록 할 것이다.
◇ 취임한 지 몇 달이 지났거든 아전들의 이력표(履歷表)를 만들어 책상 위에 놓아둘 것이다.
◇ 아전의 농간에는 사(史)[8]가 모주(謀主)가 되니, 아전의 농간을 막고자 한다면 사가 두려워하도록 할 것이요, 아전의 농간을 들추어 내려면 사를 잡아야 할 것이다.

따르되 고쳐야 할 것은 수정해 나가야 하지만 각 고을의 관례를 고쳐야 할 때 그것이 힘들 경우 목민관 자신만은 그것을 따르지 않아야 한다고 말하는 것처럼 소극적 자세를 취하기도 한다.

> 무릇 그릇된 관례로 내려오는 것은 고치도록 결심하고 혹 고치기 어렵다면 그래도 나는 범하지 말아야 한다. 수령이 된 자가 의리를 헤아려서 그것이 천리에 어긋나며 왕법에 거스리는 것은 절대로 자신이 범해서는 안 된다. 혹 여러모로 구애되어 혁파하기 어려운 것은 비록 고칠 수 없어도 나만은 하지 않아야 한다(牧民心書, 律己赴任六條, 淸心).

> 법으로서 해가 없는 것은 지켜서 변경하지 말고 관례로서 사리에 맞는 것은 그대로 따르고 버리지 말도록 할 것이다. 정자가 말하기를 지금 시대에 살면서 지금의 법령을 못마땅하게 여긴다면 옳은 일이 아니다. 정사를 논할 경우에 모름지기 오늘날의 법도 안에서 처리하여 그 합당한 것을 얻도록 해야만 옳은 일이라 할 것이다. 만약 반드시 고치고 난 후에야 정사를 할 수 있다면 의(義)란 것이 어디 있겠는가(牧民心書, 奉公六條, 守法).

목민 리더십은 행정적 측면에서 형식주의와 비효율성에 대한 개혁을 추구했다. 관행상으로 이루어져 왔던 것이지만 불필요하다고 생각되는 것은 과감히 폐지할 것을 강조한다. 상부에 보고하고 하급자에게 제공해야 할 문서의 경우에는 문첩에 기록하고 기한별로 정리해야 한다고 한다(牧民心書, 奉公六條, 文報). 이와같이 비효율적으로 이루어져 왔던 행정 업무들을 정리해 간편하고 효율적인 업무로 전환시킴으로써 조직의 개혁을 체계적으로 이루고자 했다.

---

7) 정사(政事)를 펴는 기관이란 뜻.

8) 사(史)는 서기(書記)를 말한다. 창곡의 곡식을 도용하고 전세를 도적질해 몰래 감추는데 그 숫자를 아는 자이다.

4 해석과 평가

이 세상에는 많은 지도자가 있었다. 사자처럼 강한 제왕적 지도자가 있는가 하면 마음으로 조직구성원을 아끼며 봉사하는 섬김의 지도자도 있다. 업무 중심의 지도자가 있는가 하면 관계 중심의 지도자도 있다. 상이한 지도자의 유형이 있는 것처럼 리더십의 자질도 다양하다. 비전이나 예지력과 같이 미래를 준비하기 위해 필요한 자질이 있는가 하면 소통의 기술이나 분석력, 그리고 판단력과 같은 업무 관련 능력이나 도덕성과 청렴성과 같은 윤리적 자질도 있다. 사회는 각기 그 사회의 특징과 시대정신에 따라서 특정한 지도자 유형을 선호하기도 하며 다양한 리더십 자질에 우선순위를 매기기도 한다.

이 장은 정약용의 『목민심서』에서 나타난 목민 리더십을 현대적 의미로 재해석하고자 했다. 목민 리더십은 섬김의 리더십이요 변혁적 리더십이다. 섬김의 리더십은 지도자의 자질과 마음가짐을 강조하고 변혁적 리더십은 지도자의 변화지향성을 강조한다. 목민 리더십은 도덕성·윤리성, 현장 중심적 서비스 그리고 감정이입의 섬김의 리더십적인 면이 있다. 목민 리더십은 지도자의 도덕성·윤리성을 강조하면서 수령이 백성을 목민하는 데 앞서 자신을 바르게 하고 가족과 친구·친척의 부정부패도 단속할 것을 주장한다. 특히 목민 리더십은 지도자의 도덕성을 담보하기 위해 절약정신과 청렴함, 그리고 청렴함의 적극적 개념인 청심의 중요성을 강조한다. 또한 목민 리더십은 백성을 두루 살펴 그들의 필요를 채워 주는 현장 중심적 서비스 마인드를 가진다. 마지막으로 백성의 마음과 처지를 이해하기 위해 백성의 입장에서 생각해 볼 것을 요구하고 있다. 또한 목민 리더십은 변혁적 리더십의 특징도 있다. 목민 리더십은 다양한 조직문제를 정확하게 진단하고 이를 개선하기 위해 강한 변혁지향성과 체계적인 조직에 대한 이해를 바탕으로 조직을 개혁해 나갈 것을 강조한다. 이를 위해 지도자는 조직구성원과 정확한 업무 분담을 통해 해야 할 일과 하지 말아야 할 일을 구분해 내어야 한다.

정약용의 『목민심서』는 약 200년 전에 저술되었고 시대 상황이 매우 다르기 때문에 『목민심서』에 숨겨진 다산의 뜻을 완전히 밝혀내는 것은 매우 어렵고 무리가 따르는 작업이다. 그러나 우리는 『목민심서』를 통해 다산이 참된 리더십의 모습을 고민한 흔적을 찾을 수 있다. 『목민심서』는 어떤 사람이 지도자가 되어야 할 것인가를 보여 주는 안내서인 동시에 참된 지도자를 위한 귀한 지침서이다. 정약용은 목민 리더십을 통해 혼탁한 시대를 사는 우리에게 필요한 섬김의 리더십과 변혁적 리더십의 원형을 보여 준다.

참고 문헌

고승제(1995). 『다산을 찾아서』. 서울: 중앙일보사.

김재득(2000). 행정부문에서 임파워먼트 개념에 대한 올바른 이해. 『한국 인간관계학보』, 5(1): 215-240.

김호정(2000). 변혁적 리더십과 전통적 리더십의 관계 및 바람직한 리더십 모형. 『한국정책학회보』, 10(3): 87-107.

박석우(1999). 다산의 공직윤리와 목자상. 『한국행정학회 1999년 국제학술대회 발표논문』, 125-138.

류병곤 · 조영락(2007). 서번트 리더십이 감성지능에 따라 조직 시민행동에 미치는 영향에 관한 연구. 『인력개발연구』, 19(1): 41-57.

이인철(2006). 『리더십의 고전 목민심서』. 서울: (주)고려원북스.

이창신(2006). 변혁적/거래적 리더십이 집단 자아존중감과 무사안일 행태에 미치는 영향. 『한국사회와 행정연구』, 17(2): 25-52.

이창원(2005). 변혁적 리더십 이론의 개념적 · 방법론적 문제에 대한 검토. 『한국행정논집』, 17(4): 1035-1061.

정우일(2006). 「리더와 리더십」, 서울: 박영사.

Cerff, Karen & Brouce E. Winston(2006). *The Inclusion of Hope in the Servant Leadership Model*. School of Leadership Studes. Servant Leadership Research Roundtable. Regent University.

Dennis, Robert S. & Mihai Bocarnea(2005). Development of Servant Leadership Assessment Instrument. *Leadership & Organization Development Journal,* 26(8): 600-615.

Goleman, Daniel(1998). What Makes a Leader?. *Harvard Business Review,* 82: PART 1: 82-91.

Griffith, D. Stephen(2007). *Servant Leadership, Ethics and the Domains of Leadership*, Servant Leadership Research Roundtable, Regent University School of Global Leadership & Entrepreneurship.

Lanctot, James D.(2007). *Character and Leadership: Situating Servant Leadership in a Proposed Virtues Framework.* Servant Leadership Research Roundtable. Regent University School of Global Leadership & Entrepreneurship.

Lawson, D.(2007). *The Ethics of a Servant Leader: Leadership Ethic and the Components of Patterson's Servant Leadership Model*. Unpublished Doctoral Dissertation. Regent University. Virginia Beech.

Patterson, K & R. F. Russell(2004). Transformational versus Servant Leadership: A Difference in Leader Focus. *Leadership & Organization Development Journal,* 25(4): 349-361.

Spear, L. C.(1995). *Reflections on Leadership: How Robert K. Greenleaf's Theory of Servant-leadership Influenced Today's Top Management Thinker.* New York: John Wiley.

Van Wart, M.(2003). Public-sector Leadership Theory: An Assessment. *Public Administration Review,* 63(2): 214-228.

Van Wart, M.(2005). *Dynamics of Leadership in Public Service: Theory and Practice.* M. E. Sharpe, Inc.

Yukl, Gary(2006). *Leadership in Organizations*. Pearson Education Inc.

제7장 의사결정론

심준섭

1 서 론

인간의 판단과 의사결정 과정은 복잡성, 불확실성, 모호성의 상황에서 불완전하며 오차 내재적인 인과 지식을 적용하고 시험하는 과정이다. 불확실성의 세계에서는 제한된 합리성만을 지닌 인간의 판단과 결정에 기초한 어떠한 문제 해결 노력이라도 오차가 개입되게 마련이며, 따라서 항상 잘못될 가능성이 있다.

여러 분야의 연구자들은 인간의 인지적 과정(cognitive process)을 설명, 개선 또는 예측하려는 목적으로 판단과 의사결정을 연구해 왔다. 전통적인 결정이론에 따르면 의사결정 오차(decision error)는[1] 문제의 실제 상태(true state)에 대한 부정확한 추론에서 기인한 잘못된 판단이나 결정을 의미하며, 결정오차의 크기는 거짓긍정(false positives)과 거짓부정(false negatives)의 합으로 계산된다(Einhorn,

1) 대부분의 연구들은 'error'를 오차가 아닌 오류로 일관되게 번역하고 있으나 이는 적절하지 않은 해석으로 판단된다. 영어의 'error'는 규준(a code of behavior)에서 벗어난 상태를 의미한다(Webster 사전). 한글에서 오차는 실제로 계산하거나 측량한 값과 이론적으로 정확한 값과의 차이를 의미하나, 오류는 생각이나 지식 등이 그릇되어 이치에 맞지 않음을 의미한다. 이렇게 본다면 'error'가 규준에서 벗어난 상태를 의미하며, 또한 그릇된, 즉 옳지 못하다는 가치판단적 의미를 내포하지 않는 경우에는 오류보다는 오차로 해석하는 것이 적절하다.

1978). 즉 실제로 발생하지 않은 사건을 발생할 것이라고 잘못 예측하는 경우가 거짓긍정이며, 실제로 발생한 사건을 발생하지 않을 것이라고 잘못 예측하는 경우가 거짓부정이다.

조선 후기의 위대한 사상가이자 실학의 집대성자인 다산 정약용(1762-1836)은 『흠흠신서(欽欽新書)』의[2] 서문에서 "사람의 생명은 하늘에 매여 있는 것이다. 그런데 목민관이 또 중간에서 선량한 사람은 편안히 살게 해 주고, 죄지은 사람은 붙잡아 죽이는 것이니, 이는 하늘의 권한을 드러내 보이는 것일 뿐이다. 사람이 하늘의 권한을 대신 쥐고서 삼가고 두려워할 줄 몰라 털끝만한 일도 세심히 분별해서 처리하지 않고서 소홀하게 하고 흐릿하게 하여, 살려야 되는 사람을 죽이기도 하고, 죽여야 할 사람을 살리기도 한다"고 설명하고 있다.

이처럼 정약용은 목민관에게 요구되는 중요한 덕목 중 하나가 올바른 판단과 의사결정임을 강조한다. 특히 정약용이 언급한 살려야 되는 사람을 죽이는 경우인 거짓긍정과 죽여야 될 사람을 살리는 경우인 거짓부정의 문제는 극단적인 형태의 판단오차를 나타낸다. 정약용은 이러한 판단오차를 줄이기 위해 『흠흠신서』를 기술한다고 분명하게 밝히고 있다.

판단오차와 관련해 중요한 점은 이러한 거짓긍정과 거짓부정의 두 오차가 독립적인 것이 아니라 상호의존적인 교환 관계(trade-off)를 지니고 있다는 점이다(심준섭, 2004; Hammond, 1996). 그 결과 불확실성의 정도를 감소시키지 않은 상태에서 거짓긍정(또는 거짓부정)을 감소시키려는 시도는 거짓부정(또는 거짓긍정)을 증대시키는 결과를 가져온다. 이러한 오차의 상호의존적 상황은 '오차의 이중성(duality of error)'으로 규정된다(Hammond, 1996). 물론 결정오차의 이중성

---

2) 정약용은 『목민심서(牧民心書)』의 형벌에 관한 부분에서, 사람의 생명과 관계되는 형벌은 별도의 전문서적을 통해 논의하겠다고 한 바에 따라, 사망사건에 대한 판결과 처벌의 절차에 관한 상세한 내용으로 구성된 것이 『흠흠신서(欽欽新書)』이다.

문제는 이분법적 결정(dichotomous decision)을 필요로 하는 의사결정 상황이 항상 존재한다.

결정오차의 이중성 문제는 보건, 의료, 복지, 예산, 교육, 사법 등 광범위한 정책 분야에서 심각한 문제이다. 특히 이 가운데 형사재판을 비롯한 사법적 영역은 인간의 존엄성과 직결되므로 판단과 결정오차의 문제가 가장 중요한 이슈로 다루어지는 영역이다. "이 사람이 진짜 범인일까?" "피의자가 거짓말을 하고 있는가, 아니면 진실을 말하고 있는가?" 등 이러한 모든 질문은 의사결정자(예 : 판사)로 하여금 불완전한 정보를 토대로 문제의 실제 상태에 관련해 어떤 결론을 내릴 것을 이 장에서는 요구한다. 물론 막대한 비용을 수반하는 오차의 가능성에 대한 의심은 판단을 어렵게 만드는 중요한 요인이다.

이 장에서는 『목민심서』와 『흠흠신서』를 중심으로 목민관의 사법적 판단과 의사결정에 관한 다산 정약용의 사상과 논의를 분석하고, 정약용이 의사결정 오차를 어떻게 이해하고 개념화하는지를 분석할 것이다. 더 나아가 의사결정 오차를 최소화하기 위한 정약용의 노력을 분석하고자 한다. 행정학 분야에서 지금까지 이루어진 다산 관련 연구들이 대부분 다산의 개혁사상이나 목민관으로서 갖추어야 할 덕성과 자세에 연구에 초점을 맞추어 온 상황에서, 의사결정에 관한 정약용의 사상을 연구하는 것은 상당한 의미를 지닌다.

2 조선의 사법 체계

법이란 시대 사회문화의 반영이며 정치의 표현이다. 『경국대전(經國大典)』은 조선의 사회·문화·경제 제도를 반영해 500여 년간 통치의 근간이 되어 온 조선의 최고 법전이다. 15세기 중엽에 들어서면서, 조선왕조는 여러 차례의 개혁을 통해 통치기구와 통치 체제를 정비해 왕권에 기초한 중앙집권적인 정치 체제를 실현하고 엄격한 신분적 질서를 확립함으로써 통치의 기본 틀을 세웠다. 통치자들은 이때 세워 놓은 틀과 질서를 확립하고 법제화하기 위한 방안들을 모색했으며, 그 과정에서 『경국대전』은 완성된 모습을 갖추어 갔다.

건국과 더불어 조선왕조는 법전의 편찬에 착수해 고려 말 이래의 각종 법령 및 판례법과 관습법을 수집해 1397년(태조 6) 『경제육전(經濟六典)』을 제정, 시행했다. 『경제육전』은 태종 때에 『속육전(續六典)』으로 수정되었으며, 세종 때에도 법전의 보완 작업이 계속되었지만 통치 체제가 점차 정비되면서 조직적이고 통일된 법전을 만들 필요성은 더욱 커졌다.

세조는 즉위하자마자 이전의 모든 법을 전체적으로 정리해 후대에 전할 법전을 만들기 위해 육전상정소(六典詳定所)를 설치하고, 법전 편찬 작업을 시작했다. 1460년(세조 6) 제일 먼저 호전(戶典)이 완성되고, 1466년(세조 12년)에 『병술대전(丙戌大典)』으로 불리는 『경국대전』이 편찬되었다. 이 『병술대전』에서 처음으로 제정된 것이 호전(戶典)과 형전(刑典)이었다. 이후 『경국대전』은 성종 때 대폭 수정되었고, 1485년부터 본격적으로 시행되었다.

이처럼 호전과 형전이 먼저 편찬되어 공포·실시된 이유는, 국가의 물질적 기초를 이루는 토지·조세·재정·호적 제도 등 재정·경제 제도의 완비가 조선왕조의 통치 체계를 확립하기 위한 핵심 과제였으며, 형법·형사재판법·민사재판법·노비 제도 등에 관한 규정 역시 왕권의 유지와 강화를 위한 초미의 관심사였기 때문이다(윤국일 역주, 2000).

『경국대전』 형전에 나타난 조선왕조의 재판 제도는 대명률(大明律)을 그대로 적용하고 있다. 특히 『경국대전』 형전은 죄인에 대한 형률(刑律)의 적용을 다루고 있는데, 문무관리, 내시, 노비(관노와 사노), 승려, 도적, 아전, 부녀자, 임금의 친족(議親) 등 왕을 제외한 모든 대상을 포함하고 있다. 형률을 적용할 때 관리에 의한 자의를 방지하고 남형을 금지하기 위한 감독 체제를 강화하는 방안들도 포함되었다. 즉, 행정과 사법이 엄격히 분리된 시스템이 아니기 때문에 독립된 사법기관이 존재하지는 않았으나, 『경국대전』은 인신을 구속할 수 있는 공식적인 기구들을 중앙의 형조(刑曹), 한성부(漢城府), 사헌부(司憲府) 등 삼법사(三法司), 장례원(掌隸院) 및 의금부(義禁府)로 한정했다. 지방의 사법기관으로는 관찰사(觀察使), 목사(牧使), 부사(府使), 군수(郡守), 현령(縣令), 현감(縣監) 등이 포함되었다.

조선 시대의 재판은 크게 송사(訟事)와 옥사(獄事)로 구분되었다. 송사(訟事)는 개인 간의 일상에서 발생하는 분쟁의 해결을 위해 관청에 판결을 호소하는 민사재판과 비슷하며, 옥사(獄事)는 강도, 살인, 반역 등의 중대 범죄를 다스리는 일이며, 국가사회의 공권력 유지를 위한 형사사건으로 고발 또는 수색해 처벌하는 형사재판을 말한다. 사형에 해당하는 범죄가 발생하는 경우에는 관찰사가 국왕에 보고했고, 국왕만이 최종 사형 집행권을 행사했다. 사형수는 특별한 경우를 제외하고는 조정에서 세 차례의 심리 과정(三覆制)을 거친 후 연말에 사형을 집행했다.

조선의 왕들은 인정(仁政)의 상징으로서 형률(刑律)을 중시했다. 형벌권의 남용을 방지하고, 남형하는 경우 엄중한 형사 처벌을 했는데, 이를 위해 지방마다 훈도(訓道)와 검률(檢律)을 파견해 관찰사의 재판 관련 업무를 지원하게 했다. 또한 휼수(恤囚)의 규정을 두어 죄수의 인권 보장을 위한 법적 제도를 마련했다. 그러나 이러한 강력한 법질서의 구현 노력에도 불구하고 조선 초기의 형률은 심각한 문제점을 드러내고 있었다.

> 근년 이래로 죄수를 처결하는 관리들이 법조문을 알지 못하고 자기 개인의 의사대로 중하게도 처리하고 경하게도 처리하는 관계로 형벌이 꼭 적합하지 않지만 억울한 사정을 하소할 데가 없는 까닭에 화기를 손상하게 되는 것은 참으로 우려하지 않을 수 없다(태종실록 8권 26장).

1592년부터 5년에 걸친 임진왜란과 이어진 정유재란은 행정의 문란, 군신 세력 간의 당쟁, 군정 및 토지 제도의 문란, 지방관과 향리의 부패와 약탈, 민심의 이반, 농민의 피폐와 농촌의 붕괴, 신분 제도의 혼란, 세도정치 등 사회적 모순과 혼란을 심화시켰으며, 이로 인해 조선사회 전반은 피폐해져 갔고, 왕권 중심의 통치 체제는 붕괴 직전에 다다랐다. 이 과정에서 형률의 질서도 문란해져 남형(濫刑)의 사례가 빈번했다. 또한 지방수령이 재판에 대한 경험과 지식이 부족한 경우가 많아 실제로 아전(衙前)에 의해 재판이 진행되는 경우가 빈번했다.

숙종, 영조 및 정조는 한결같이 송사의 처결은 공평(公平), 염정(廉正)해야 하며, 옥송(獄訟)은 중하게 여겨 자세히 살피고 신중하게 하며 공평하고 진실되게 할 것을 강조했다. 이들은 형정의 문란을 시정하려는 노력을 전개했고, 실제 어느 정도 성과를 거두기도 했다. 특히 영조는 가혹한 형벌과 남형 등을 폐지했으며, 정조는 수령이건 형리건 남형을 일삼는 담당관을 적발해 파면과 같은 엄한 처벌을 내렸다.

이러한 노력들에도 불구하고 조선 후기의 붕당정치 및 세도정치로 인한 정치의 부패와 신해사옥(1791)을 시발로 한 연이은 천주교 탄압으로 형률 제도에 대한 백성들의 불만은 고조되었으며, 조선의 형률 제도의 존립을 위태롭게 했다.

3 의사결정과 결정오차에 대한 다산의 사상

1) 판단과 의사결정: 단(斷), 결(決) 및 판(判)

의사결정(decision)은 주어진 환경 속에서 목표의 달성을 위해 행동경로(a course of action)를 선택하는 과정이며, 판단(judgment)은 알려진 정보를 이용해서 알지 못하는 상태(unknown state)를 결정(determine)하려고 노력하는 과정으로 정의된다. 이러한 현대적인 의미의 판단 및 의사결정(decision making) 또는 결정(decision)과 정확히 일치되는 표현을 다산의 저작에서 찾기는 어렵다. 다만 정약용은 판단을 의미하는 단(斷)과 판(判), 결정을 의미하는 결(決)이라는 표현을 『목민심서(牧民心書)』와 『흠흠신서(欽欽新書)』 등 여러 저술에서 빈번하게 사용하고 있다.[3]

구체적으로 결(決)의 경우 문맥상 판결(判決)을 의미하는 경우가 대부분이나, 단(斷)의 경우 판단(判斷)과 판결(判決)의 두 경우에 모두 사용하고 있다. 한편 판(判)의 경우 '판정되어 드러나다'의 뜻으로도 해석되고 있다. <표 7-1>은 『목민심서』에 나타난 단(斷), 결(決) 및 판(判)을 정리한 것이다.

의사결정에 관한 정약용의 생각을 살펴보면, 정약용이 인식하는 목민관은 하늘의 뜻을 대신해 판단과 의사결정을 하는 대리인이며, 따라서 정확한 판단을 해야만 하는 존재이다.

> 사람의 생명은 하늘에 매인 것이다. 그런데 목민관이 또 그 중간에서 선량한 사람은 편안히 살게 해 주고, 죄지은 사람은 붙잡아 죽이는 것이니, 이는 하늘의 권한을 드러내 보이는 것일 뿐이다(欽欽新書, 序文).

그러나 동시에 하늘의 뜻을 거스르는 잘못된 판단과 의사결정을 하는 오류에 빠지기 쉬운(fallible) 존재이기도 하다.

> 하늘이 올바르게 하지 않는 것이 아니고 오직 사람이 명(命)을 두는 것이니 하늘의 형벌이 백성들에게 미치지 아니하면 훌륭한 정치가 세상에 있지 않은 것이다(欽欽新書, 經史要義).

또한 정약용은 『목민심서』, 형전 6조의 단옥(斷獄) 편에서,

3) 현대적인 표현인 결정(決定)이 정확한 한자어 표현은 아니다. 연구자가 대만의 학자에게 자문한 결과, 결정의 정확한 중국어 표현은 결책(決策)으로 확인되었다.

〈표 7-1〉『목민심서』에 나타난 단(斷), 결(決), 판(判)

표현	출처		원문	해석
단(斷)	형전 6조	청송(상)	其斷必遲	판결이 반드시 늦어지나니
	형전 6조	청송(하)	聽斷	송사의 판결을
	형전 6조	단옥	明斷立決	명백한 판단으로
	형전 6조	단옥	宜以義斷	의(義)로써 판단해야
	형전 6조	신형	過笞五十 自斷	스스로 결단하는 정도이니
	형전 6조	금포	斷其輕重	경중(輕重)을 판단한다
결(決)	형전 6조	청송(상)	剖決如神者	갈라 판결하기를
	형전 6조	청송(하)	決訟之本	송사를 판결하는 근본은
	형전 6조	단옥	明斷立決	명백한 판단으로
	형전 6조	단옥	錤念誤決	착각해 그릇 판결했다가
	형전 6조	단옥	大小決獄	크고 작은 옥사의 판결은
	형전 6조	신형	不宜決罰	형벌을 결행함이 마땅치 않다
판(判)	진황 6조	비자	歲事既判	그해의 농사가 이미 흉작으로 판정되거든
	진황 6조	보력	歲事既判	농사가 흉작으로 판정되었거든

단옥의 요체는 밝게 살피고 신중하게 생각하는 데 있을 뿐이다. 밝게 살피기만 하고 신중히 생각하지 아니하면 뜻밖의 판결에 억울함이 많을 것이요, 신중히 생각하기만 하고 밝게 살피지 못하면 일이 지체되어 결단하기가 어렵다(牧民心書, 刑典六條, 斷獄).

라고 지적했다. 이처럼 정약용은 형사사건을 판결할 때 목민관에게 요구되는 결정이나 판단은 매우 어려운 것이며, 또한 오차가 수반될 수 있다는 점을 냉철하게 지적하고 있다.

나아가 정약용은 의사결정과 판단이 어렵고, 또한 오차가 초래될 수밖에 없는 근본적인 이유로 인간이 지닌 합리성의 한계를 지적했다. 이러한 생각은 사이먼(Simon, 1957)이 언급한 제한된 합리성과도 맥락을 같이한다.

> 한마디로 형사재판의 판결을 내리고 귀신같이 맞추는 것은 오직 천재만이 할 수 있다. 범인(凡人)으로서 흉내낼 수 있는 일이 아니다(牧民心書, 刑典六條, 聽訟).

2) 사법적 의사결정 오차

의사결정과 그 오차에 관한 다산 정약용의 주요 사상과 논의는 『목민심서』의 형전 6조와 『흠흠신서』에 잘 나타나 있다. 정약용은 사법적 판단과 관련된 목민관의 가장 중요한 책무 중의 하나가 무죄를 유죄로 만드는 일과 유죄를 무죄로 방면하는 일을 경계하고 최소화하는 데 있다고 강조한다.

사법적 판단과 판단오차를 개념화하는 효율적인 방법은 의사결정표를 이용하는 것이다. <표 7-2>에 제시한 것처럼 사법적 판단의 오차를 분석하기 위해 판단(즉, 판결)과 진실의 관계를 비교할 수 있다. 판단을 통한 추정(처벌 또는 방면)이 진실(무죄 또는 유죄)과 일치하는 경우와 그렇지 않은 두 경우로 구분이 가능하다. 그 결과 사법적 판단의 경우 <표 7-2>처럼 네 가지 상황이 존재할 수 있다. 구체적으로 유죄인 사람을 유죄 판결하는 경우인 참긍정(true positives), 무

〈표 7-2〉 사법적 판단의 결과

	진실(truth)	
법률적 판단	**무죄**	**유죄**
무죄(방면)	참부정(true negative)	거짓부정(false negative)
유죄(처벌)	거짓긍정(false positive)	참긍정(true positive)

죄인 사람을 무죄 판결하는 경우인 참부정(true negatives), 유죄인 사람을 무죄 판결하는 경우인 거짓부정(false negatives), 무죄인 사람을 유죄 판결하는 거짓긍정(false positives)의 네 가지 귀결이 사법적(형사사건의) 판단의 결과로 발생한다.

이러한 네 가지 귀결 가운데 참긍정과 참부정은 사법 체계가 의도했던 바람직한 귀결들로서 정의(justice)가 실현되는 경우이다. 그러나 거짓긍정과 거짓부정의 귀결들은 판단과 진실이 일치하지 않는 경우이며, 사법적 판단의 오차를 나타내는 것으로 개인에 대한 비용뿐만 아니라 막대한 사회적 비용을 유발하는 경우가 대부분이다. 특히 사법적 판단 영역에서는 이 두 오차 가운데 무고한 사람을 잘못 처벌하는 거짓긍정의 오차를 최소화하는 것이 무엇보다 중요한 과제이다. 이는 거짓부정 오차로 인한 개인적·사회적 비용에 비해 거짓긍정 오차가 초래하는 비용이 훨씬 큰 것으로 평가되기 때문이다.

그런데 중요한 점은 두 오차 사이에는 이중성의 문제가 존재한다는 것이다. 즉 불확실성의 수준을 감소시키지 않은 상태에서 거짓긍정(또는 거짓부정)을 감소시키려는 시도는 거짓부정(또는 거짓긍정)을 증대시키는 결과는 가져온다는 것이다. 이러한 상황은 '오차의 이중성'을 의미한다(Hammond, 1996).

이하에서 제시되는 것처럼 다산은 목민관의 그릇된 판결로 인한 거짓긍정과 거짓부정의 문제에 대해 상세히 다루고 있다.

(1) 거짓긍정의 오차

가. 거짓긍정의 오차에 대한 관심과 배경

정약용은 거짓긍정 오차와 그에 따른 개인적 사회적 비용의 문제를 지적했다. 특히, 『목민심서』의 형전 6조와 『흠흠신서』의 경사요의(經史要義) 가운데 1권과 2권은 주로 '잘못 살인을 하다,' '원수를 갚다,' '억울한 허물이 밝혀지다' 같은 잘못된 판결의 사례들을 다룸으로써 거짓긍정 오차의 사례와 그에 따른 문제들을 지적한다.

정약용은 주자(朱子)를 인용하며, "오직 조사함에 살피지 못한 점이 있고, 형벌의 시행에 부당한 것이 있을까 두려워한 것이다"라고 하여 목민관의 판결에서 거짓긍정의 오차를 지적하고 있다. 또한 정약용은 "큰 옥사가 만연하면 억울한 자가 열에 아홉이나 될 것이니 자기 힘이 미치는 것은 가만히 구해 주고 빼내어 줄 것이다"[4)]라고 하여 거짓긍정의 오차로 인한 피해가 심각함을 지적했다. 나아가 정약용은 무고한 자를 죽여서 상을 바라는 목민관의 사악한 행위를 비판하면서, 이러한 현상이 단련성옥(鍛鍊成獄), 즉 "없는 것을 가리켜 있다고 하고 허위를 얽어서 사실로 만들어 드디어 억울한 옥사를 이룸"에까지 이르고 있다고 주장한다.

이처럼 정약용은 거짓긍정의 결정오차의 사례와 문제점을 냉철하게 지적하고 있는데, 거짓긍정의 오차에 대한 정약용의 관심은 상당 부분 정약용 자신의 불행했던 운명에 그 뿌리를 두고 있다고 하겠다. 정약용이 유배지에서 두 아들에 대한 당부를 적어 가르쳤던 하피첩(霞帔帖)에 기술된 내용의 일부를 통해 다산 스스로가 거짓긍정의 피해자임을 묘사하고 있다.

> 전체적으로 완전해도 구멍 하나만 새면 깨진 항아리이듯, 모든 말을 다 미덥게 하다가 한 마디만 거짓말해도 도깨비처럼 되니 늘 말을 조심하라(霞帔帖).

정약용은 순조 원년인 1801년에 일어난 신유사옥과 같은 해 '황사영 백서사건'으로 유배생활을 시작하게 되면서 스스로가 정부의 잘못된 정치적 판단의 피해자로 인식하게 되었다. 즉 서학과는 관계가 전혀 없는 정약용 자신이 공서파에 의한 정치적 희생물이라 생각하고 있었

4) 정약용, 牧民心書, 刑典六條, 斷獄, "大獄蔓延 寃者什九 已力所及 陰爲救拔."

기에 목민관의 잘못된 판결에 의한 거짓긍정 문제에 대한 관심이 지극히 클 수밖에 없었다.

나. 거짓긍정 오차의 제거

정약용은 목민관이 거짓긍정의 오차를 줄이기 위한 적극적인 노력을 기울여야 한다고 역설한다.

> 억울하게 죽는 자는 모두 관아에서 죽는 것이다.…… 곧 우연히 억울한 죄를 뒤집어쓰고 씻을 길 없는 사람으로 하여금 무죄를 호소할 수 있도록 마음에 공정하고 신중할 것을 맹세해야 하겠다. 또한 평민을 잡아다가 억지로 두들겨 맞추어 도둑으로 만드는 수가 있으니, 능히 그 억울함을 살펴서 누명을 벗기고 양민으로 만들어 주면 이야말로 어진 수령이라 할 것이다[5] (牧民心書, 刑典六條, 除害).

이 밖에도 거짓긍정의 오차를 줄이기 위한 노력은 『목민심서』와 『흠흠신서』의 여러 부분에서 발견된다. 대신 구속된 죄수의 문제, 강제 자백의 문제, 도뢰(圖賴)의 문제 등은 그 대표적인 사례들이다. 특히 "무고하여 옥사를 일으키려고 하는 것을 도뢰(圖賴)라고 하는데 엄히 다스려 용서하지 말 것이며 법에 따라 반좌율(反坐律)을 적용해야 할 것이다"[6]라고 하여 무고죄의 경우 강력한 처벌을 통해 재발을 방지하고자 했다.

(2) 거짓부정의 오차

가. 거짓부정의 오차에 대한 관심과 배경

정약용은 『흠흠신서』에서 집중적으로 거짓부정의 오차와 그 피해에

---

5) 정약용, 牧民心書, 刑典六條, 除害, "枉執平民 鍛之爲盜 能察其寃 雪之爲良 斯之謂仁牧也."

6) 정약용, 牧民心書, 刑典六條, 斷獄, "誣告起獄 是名圖賴 嚴治勿赦 照律反坐."

대한 자신의 생각을 피력하고 있다. 정약용이 언급하고 있는 거짓부정의 문제는 크게 두 가지로 구분되는데, 첫 번째는 주로 절도사, 수령, 부윤(府尹), 부사(府使), 군수 등의 정부 관리와 왕족을 포함한 권문세가, 토호 등의 범죄에 대한 처벌의 문제이다. 다산은 이들의 범죄는 적절하게 처벌되지 않는 경우가 빈번하다고 지적하면서 법집행이 공평해야 한다고 역설한다. 다음으로 사건을 다루고 재판을 할 때 이들의 잘못된 판결로부터 발생하는 거짓부정의 문제이다. 즉 잘못된 판결로 죄지은 사람을 제대로 처벌하지 못하는 사례들을 의미한다.

우선 정부 관리의 범죄에 대한 처벌의 문제와 관련해 정약용이 『흠흠신서』에서 인용하고 있는 사례들을 분석해 보면, 왕비의 친족(사례 68), 절도사(사례 69), 사명(使命)을 수행하는 사신(사례 70), 부사(사례 71, 72), 세력가와 종(사례 73, 74, 75, 76, 77) 등의 사례는 이들의 권력적 배경 때문에 이들이 저지를 범죄에 대한 처벌이 제대로 이루어지지 못하는 경우가 많음을 지적한다. 정약용은 『흠흠신서』에서 다음과 같이 지적했다.

> 수령이 공무로 말미암아 사람을 죽인 경우엔 죽음에서 벗어날 수 있으나 사사로운 일로 사람을 죽이면 목숨으로 보상하는 것이다(欽欽新書, 經史要義).

> 다만 사람의 죄를 판결함에 법대로 하지 아니하고 그 무겁고 가벼움을 가리고 기준이 없이 죄를 법에 합당치 않게 하면 관리가 된 자는 이미 법이 무서워 그만두는 바가 없습니다. 마땅히 무거운 형벌로 다시 (관리를) 처벌해 균등하지 못하다는 원망을 갖지 말게 하십시오(欽欽新書, 經史要義).

또한 정약용은 사건을 다루고 재판을 할 때 목민관의 그릇된 판결로 발생하는 거짓부정의 문제도 냉철하게 지적한다.

> 근세에 와서 원수를 갚은 사건에 대한 원 사건의 허실은 검토하지 않고 오직 관용으로써 석방하는 일에만 힘쓰니 이것도 한 폐단이다(欽欽新書, 經史要義).

> 오늘날에는 다만 죄수에게 관용을 베푸는 것만이 음덕이라 하고, 사건의 처리에 먼저 살아 있는 사람에게만 은혜 베풀기를 위주로 하고 있으며, 죽은 사람을 위해 목숨을 보상시키는 것도 역시 음덕임을 모르고 있다(欽欽新書, 經史要義).

이처럼 정약용은 거짓긍정 오차에 대한 냉철한 인식뿐만 아니라 거짓부정의 오차와 그에 따른 문제점을 지적하고 있다. 다산의 거짓부정 오차에 대한 인식의 근간에는 암행어사와 곡산부사 시절의 관직 경험이 자리하고 있다. 1794년 33세 나이에 경기도 암행어사로 임명된 정약용은 지방을 순찰하며 농촌의 궁핍상과 지방수령, 향리, 아전 등에 의한 지방행정의 부패상을 낱낱이 목격하면서 이들에 대한 처벌의 미비함을 『목민심서』와 『흠흠신서』를 통해 신랄하게 지적했다.[7]

『목민심서』의 경우 목민관인 지방수령들이 부임부터 물러날 때까지 지켜야 할 윤리강령이 담겨 있는데, 정약용이 『목민심서』를 통해 타락한 목민관의 정신적 자세를 바로잡으려 했던 점도 입법·사법·행정의 삼권을 모두 지닌 목민관에 대한 올바른 법집행이 얼마나 어려웠는가를 반증한다.[8]

또한 『흠흠신서』는 『경세유표』와 『목민심서』 중 형옥(刑獄)에 관한 부분만을 보완하기 위해 저술되었다. 그러나 무엇보다 살리고 죽이는

7) "억지 짓을 잘하는 지방 권력자들은 연약한 백성들에게 승냥이나 호랑이이다. 그들의 박해를 제거해 줌으로써 양 떼를 살려내야만 목자라 할 것이다"(牧民心書, 刑典六條, 禁暴).

8) 조선 후기에 지방에 만연된 수탈은 국가가 주체가 되어 국가적 규모로 추진된 것이 아니라, 수령을 중심으로 아전과 공모하는 차원에서 이루어졌고, 그 배후에 중앙의 세도 가문이 자리하고 있었다. 이처럼 조선 후기 지방행정은 총체적인 부패 유발 구조를 지니고 있었다(이상엽, 2002).

권한을 하늘을 대신해 가진 목민관들이 백성의 생명을 가볍게 여겨 살림과 죽임의 지극히 중요한 대목에서 생명에 관한 형벌을 함부로 베풀고 있기에 『흠흠신서』를 저술하게 되었다고 정약용은 『흠흠신서』의 서문에서 밝히고 있다.

한편 곡산부사 시절의 목민관 경험은 정약용으로 하여금 목민관의 잘못된 판결로 인한 거짓부정의 문제들에 관심을 갖게 만드는 중요한 계기가 되었다. 물론 이러한 인식이 훗날 농민을 위한 정치, 경제 개혁안을 마련하는 학문적 기틀로 이어지게 된다.

나. 거짓부정 오차의 제거

거짓부정의 폐해에 대한 정약용의 생각은 분명하다. 정약용은 『목민심서』 형전 6조 금포(禁暴) 편에서, 백성들에게 해를 끼치는 무리를 금하는 것이 금포라고 하면서, 호강(豪强)과 귀근(貴近)의 무리가 백성에게 해를 끼치는 주범이라 했다. 나아가 호강의 무리를 귀척(貴戚), 권문(權門), 금군(禁軍), 내신(內臣), 토호(土豪), 간리(奸吏), 유협(遊俠) 등 일곱 종류로 분류하고 있는데, 목민관은 유협을 제외한 나머지 집단이 잘못하는 경우 이들의 처벌을 두려워해서는 안 된다고 지적한다.

> 횡포와 난동을 금지하는 일은 백성을 편안히 하는 것이다. 호강(豪强)을 치고 누르되 귀근(貴近)을 꺼리지 않는 것 또한 수령이 힘써야 할 바이다.[9] 또한 호강의 포악함이 하민(下民)에게 독을 끼치고 병들게 하는데 그 구멍이 아주 많아 낱낱이 들 수가 없다[10] (牧民心書, 刑典六條, 禁暴).

즉 이들 세력에 대한 올바른 법적용의 미비가 거짓부정의 주요한

---

9) 정약용, 牧民心書, 刑典六條, 禁暴, “禁暴止亂 所以安民 搏擊豪强 毋憚貴近 亦民牧之攸勉也.”

10) 정약용, 牧民心書, 刑典六條, 禁暴, “豪强之虐 毒痡下民 其竇尙多 不可枚擧.”

차원이며, 따라서 이들에 대한 강력한 법집행을 통해 거짓부정의 폐해를 최소화해야 한다는 점을 강조한다.

한편 목민관의 잘못된 판결에 따른 거짓부정의 문제와 관련해, 목민관이 죄지은 자를 석방하는 거짓부정의 오차를 유발하는 것은 악을 저지르는 것과 같다고 하여, 이를 해결하기 위해서는 엄격한 법적용이 필요하다고 역설한다.

> 저 죄 없는 자에게 죄가 없음을 증명하지 못하게 하고, 죄 있는 자는 도리어 석방되게 하는 것이니, 이는 곧 악을 저지르는 것이라 무슨 복록의 갚음이 있겠는가! 지금의 법관은 흠휼해야 한다는 말에 홀려 사람의 죄는 너그럽게 용서되어야 한다고만 생각해 법을 운용한다(欽欽新書, 經史要義).

3) 결정오차의 유발 요인

지금까지 법률적 행위자들의 사법적 판단과 결정에서 오차를 유발하는 다양한 요인이 제시되었다. 정약용은 『목민심서』와 『흠흠신서』에서 형사사건에 대한 목민관의 판결 과정에서 판단오차를 유발하는 요인들을 날카롭게 지적하고 있으며, 이러한 요인들을 현대적 의미로 해석하면, 잘못된 정보에 대한 주목, 허위상관(illusory correlation), 주요 정보의 누락 등으로 거짓긍정과 거짓부정의 문제를 유발하는 대표적인 요인이며, 연구자들이 지적하고 있는 사법적 판단오차의 유발 요인이기도 하다.

첫째, 사건의 본질과는 무관한 정보에 의해 사건의 판단이 좌우되는 경우인 '잘못된 정보에 대한 주목(attention)'의 문제이다. 잘못된 정보에 주목함으로써 최초의 가능성과 상반되는 증거를 찾는 데 실패하거나, 또 다른 대안의 가능성을 고려하는 데 실패하게 된다.

정약용은 잘못된 정보에 기초한 판단은 거짓긍정의 오차를 유발할 수 있다고 경고한다. 어떤 집의 아이가 유모에 의해 짓눌려 사망한 사건[11)]에 대한 사례분석에서, 형부(刑部)에서 아이가 외아들인가 아닌가로 형의 가중을 판단하는 것을 비판하면서, "계획적이냐 아니냐를 참으로 마땅히 분별해야 할 것이지 외아들이냐 아들이 많으냐를 또는 왜 묻는 것인가. 아마도 잘못된 것 같다"라고 지적한다(欽欽新書, 擬律差例). 정약용은 이 사례의 경우 고의인가 과실인가가 판단의 중요한 정보이지 아이가 독자인가 아닌가의 문제는 사건의 본질과는 무관한 정보라고 지적한다. 이는 피의자의 특성이라는 사건의 본질과는 관련이 없는 법률 외적인 요인에 의해 판결이 영향을 받는 잘못된 경우를 경고하는 것이다.

둘째, 정보들 간의 '허위상관'과 이로 인한 잘못된 이야기 구조(story structure)의 구성의 문제이다. 허위상관은 실제로는 상관 관계가 없는 사건들 사이에 상관 관계가 존재한다고 믿는 경우이다. 이러한 허위상관에 대한 믿음은 흔히 이를 증명하기 위한 정보들을 찾기 위한 노력, 즉 확증오차(confirmation bias)[12)]와 연결되며, 또한 사건 전말에 대한 이야기 구성에서 잘못된 인과적 추론을 하도록 만드는 중요한 오차 유발 요인이다. 그 결과 목민관의 잘못된 이야기 구조는 그릇된 판결로 이어지게 된다.

정약용은 기색(氣色), 즉 얼굴색만으로 판단을 하거나 소리만을 듣고 판단하는 경우 사건을 그릇되게 처리하게 된다고 지적했다. 여인의

11) "형부는 유모 서씨의 아내 허씨가 어린아이를 짓눌러 죽게 한 사건을 심리, 교수형을 판결해 가을까지 기다렸다가 처형한 것을 물었다. 이는 진실로 법률에 따라 처리할 일이나 다만 짓눌려 죽은 이 어린아이 말고도 대를 이을 아들이 있으며, 또 실제로 부주의에서 나온 일이라면 마땅히 선례를 비춰 보고 때에 따라 오히려 용서할 수 있겠습니다. 만일 이 사건의 어린아이가 외아들로서 다른 아들이 없는 경우에는 이와 같이 미욱한 유모가 조심해서 기를 줄 몰라 마침내 짓눌려 죽게 했으니 매우 원통한 일입니다. 또 혐의가 있어 원한을 품고 계획적으로 죽게 하여 그 가정으로 하여금 대가 끊어지게 했다면 반드시 이 사실을 구명해야 할 것입니다. 임금의 명령을 받들겠습니다"(欽欽新書, 擬律差例).

12) 확증오차는 어떤 결정을 하거나 가설을 세우는 경우, 이 결정이나 가설을 뒷받침하는 정보나 데이터만을 찾으려는 성향을 나타낸다.

곡소리를 듣고 슬프지 않다고 판단되어 심문한 결과 살인을 저지른 범인으로 밝혀진 사례에[13] 대한 평가에서, "살펴보건대, 이 조목은 또한 반드시 내용이 있을 것이다. 신통하다 할 수 없으며, 이와 같은 기록은 부실해 알 수가 없다" 하고 지적했다. 또 다른 사례[14]에서는 얼굴색으로 정직함을 판단하는 경우의 판단오차를 지적하며 "기색만에 전적으로 의지하면 선입견을 가지게 되어 사건을 그릇 처리하게 된다"고 경고했다. 이 두 사례는 곡소리와 범죄 여부, 안색과 정직함 사이에 실제 관련이 없음에도 불구하고 두 변수 사이에 상관 관계가 존재할 것이라고 착각하는 허위상관의 문제를 지적하고 있다.

셋째, 의사결정 과정에서 주요 정보의 누락 문제이다. 만일 의사결정 과정에서 모든 정보와 이 정보의 통합(integration) 원칙이 알려져 있다면 의사결정은 분석적 계산 절차에 따라 이루어지며 그 결과 판단오차는 발생하지 않을 것이다. 그러나 모든 정보를 고려하는 것은 불가능하며, 따라서 중요한 정보만을 토대로 판단과 결정을 해야 하는데, 중요한 점은 주요 정보가 누락되어도 이를 확인하기가 쉽지 않다.

정약용은 형사사건의 진술에서 단사(單辭)와 양사(兩辭)로 구분해 단사는 잘못된 판단을 내리게 할 수 있다고 지적한다. 즉 주요 정보가 누락된 상황에서의 판단은 오차를 유발하기 쉽다는 것이다.

> 채침(蔡沈)이 이르기를, 진술이 사실이 아니면 반드시 차이가 있게 마

13) "고려 우왕(禑王) 원년에 이보림(李寶林)이 경산부의 수령으로 있을 때, 길에서 여자의 곡성을 듣고 말하기를 '곡소리가 슬프지 아니하니 부정이 있다'고 하여 데려다 심문하니, 과연 간부(奸夫)와 남편을 계획적으로 죽인 자였다"(欽欽新書, 經史要義).

14) "정현(鄭玄)이 이르기를, 그 진술하는 말을 살펴볼 때 정직하지 않는 경우 번거롭고, 그 얼굴빛을 살펴볼 때 정직하지 못한 경우 얼굴이 붉어지고, 그 숨소리를 살펴볼 때 정직하지 못한 경우 헐떡이고, 그 듣고 느낌을 살펴볼 때 정직하지 못한 경우 헛갈려 어지러워지고, 그 눈동자를 살펴볼 때 정직하지 못한 경우 눈에 정기가 없어진다고 했다"(欽欽新書, 經史要義).

련이다. 진술을 듣는 요체는 반드시 그 차이를 살펴야만 한다. '따르지 않으려다 따른다' 함은 진술을 들음에 편견을 가져서는 안 된다는 말이고 '그렇지 않은데 그렇단 말인가'와 같은 말로서 무겁고 가벼움을 살펴 올바름을 취하라는 뜻이다. '애(哀)하고 경하여 형사사건을 처리하며'란 불쌍히 여기고 삼가고 두려워하여 그 사실을 찾아내는 것이요, '법전을 명확히 열어 주고 여러 사람이 서로 검토해 보아야'란 법률을 자세히 밝히고 여러 사람의 의견을 헤아리는 것이다(欽欽新書, 經史要義).

구준(丘濬)이 이르기를, 단사란 세상에서 이른바 한쪽의 진술이다. 무릇 원고·피고가 구비되려면 사건에 대한 양편의 진술이 있어야 할 것이다. 곧 양편의 진술을 듣고 결정 처리하는 것이다(欽欽新書, 經史要義).

정약용에 따르면 단사란 형사사건을 판결할 때 한쪽의 진술에만 의존하는 것인데, 따라서 양편의 진술을 들어야만 '밝고 맑게' 사건을 처리할 수 있다고 주장한다.[15]

이처럼 중요한 정보의 누락은 목민관으로 하여금 형사사건에 대한 이야기 구조를 구성할 때 잘못된 인과적 추론을 하도록 만들며, 따라서 정약용은 이러한 잘못된 이야기 구성을 방지하기 위해서는 모든 중요한 정보를 신중하게 고려해야 함을 강조하고 있다.

4) 결정오차의 제거와 오차의 교환율에 대한 정약용의 사상

(1) 결정오차의 최소화를 위한 목민관의 자세

정약용은 형사사건에 대해 판단과 결정을 할 때 목민관에게 요구되는 가장 중요한 요소가 흠휼(欽恤)과 흠흠(欽欽)이라는 점을 강조한다. 흠휼이란 '사건을 조심스레 다루고 그 사람을 가련히 여기라는 뜻'

15) "억울한 일을 당해 송사를 하려는 백성이 있을 때에는 언제든지 목민관을 만나서 호소할 수 있는 길을 터 주어야 하며, 목민관은 원고나 피고 어느 한쪽의 말을 편파적으로 믿어선 안 된다"(牧民心書, 刑典六條, 聽訟).

이라 하고 있으며, 흠흠은 '삼가고 또 삼가는 것'이라 하여 형벌을 다스리는 근본이라 했다. 이처럼 흠휼과 흠흠은 애민사상을 실천하기 위한 출발점인 동시에 의사결정의 오차를 최소화하기 위한 필요 조건으로 인식되었다.

이상에서 살펴본 것처럼 목민관에게 흠휼과 흠흠을 기초로 한 두 의사결정 오차의 제거는 어렵지만 반드시 요구되는 과제였다. 실제로 『흠흠신서』에서 제시된 형사사건의 사례들이 거짓긍정과 거짓부정의 오차를 모두 다루고 있는 점은 정약용이 양쪽 오차를 모두 인식하고 있었음을 알 수 있다.

또한 다산 정약용은 판결에 앞서 결정오차를 최소화하기 위해서는 충분한 시간을 갖고 가능한 많은 정보를 탐색하고 활용할 것을 주장한다. 정약용은 『목민심서』의 형전 6조 청송(聽訟) 편에서,

> 청송(聽訟)을 거침없이 하는 것은 타고난 재능이 있어야만 되는 일이니 위험한 방법이다. 청송을 반드시 하나하나 따져 하는 것은 마음을 다해서 되는 일이니 확실한 방법이다. 따라서 민사소송을 간결하게 하려면 반드시 판결을 늦추어야 한다. 한번 판결을 내린 다음에 다시 또 송사가 일어나지 않게 하기 위해서이다[16] (牧民心書, 刑典六條, 聽訟).

라고 하여, 의사결정이나 판단을 서두르는 것이 잘못된 판결을 초래한 주요 요인임을 지적한다. 이처럼 판단오차를 줄이기 위해 정약용이 강조하는 목민관의 자세는 진실 발견을 위해 최선을 다하며, 그 바탕에 내면의 중립을 유지하는 자세이다 (하태영, 1996).

한편, 정약용은 "(목민관이) 얼핏 잘못 생각해 그릇 판결한 것을 깨닫거든 감히 과실을 얼버무리지 않는 것도 훌륭한 사람의 태도가 될 것이다"[17]라고 하여 판단오차가 발생하는 경우 머뭇거리기보다는 즉

---

16) 牧民心書, 刑典六條, 聽訟, "聽訟如流 由天才也 其道危. 聽訟必核盡人心也 其法實 故欲詞訟簡者 其斷必遲 爲一斷而不可復起也."

각적 오차 수정 노력을 기울일 것을 강조한다.

> 생각건대, 다른 일은 잘못을 그대로 두어도 다만 자기 한 사람의 허물이 될 뿐이지만 옥사는 잘못을 그대로 두면 남의 생명을 해치는 것이다. 반드시 하늘의 재앙이 있을 것이니 이런 일은 마땅히 특별히 살펴야 할 것이다(牧民心書, 刑典六條, 斷獄).

(2) 거짓긍정과 거짓부정 오차의 교환율

한 명의 무고한 사람에 대한 잘못된 처벌을 막기 위해 얼마나 많은 죄인을 방면할 수 있는가의 문제는 거짓긍정과 거짓부정 오차 간의 교환율(trade-offs ratio)과 직결되며, 이는 사법적 판단에서 가장 중요하면서도 어려운 문제로 여겨져 왔다. 정약용은 거짓긍정과 거짓부정 오차와 그 유발 요인에 대해 주목했을 뿐만 아니라 두 오차의 적정한 교환율에 대해서도 자신의 견해를 분명히 했다.

> 사건의 판결이란 천하의 저울이다. 죄수를 위해 죽일 길을 찾아도 형평이 아니며, 죄수를 위해 살릴 길을 찾아도 형평이 아니다. 그러나 살 길을 찾고 죽일 길을 찾지 아니함은 진실로 죽은 자는 다시 살아날 수 없으므로 살려놓고 그 죽일 것을 찾아내더라도 오히려 어긋나지 않는 것이다. 죽여 놓고 살 길을 찾을 수 있겠는가. 그러므로 형사사건을 다스리는 자는 반드시 죄수를 위해 살 길을 찾아야 한다(欽欽新書, 經史要義).

이처럼 정약용은 죽은 사람을 다시 살릴 수는 없다는 점을 강조하면서 죄가 없는 사람을 잘못 죽이는 거짓긍정의 비용이 죄인을 그릇되게 살려 주는 거짓부정의 비용에 비해 훨씬 크다는 점을 분명히 하고 있다. 또한,

---

17) 牧民心書, 刑典六條, 斷獄, "錤念誤決 既覺其非 不敢文過 亦君子之行也."

> 옥사를 다스릴 때는 마땅히 사랑하고 관대하게 하는 것으로 기본을 삼아야 할 일이지, 어찌 스스로 문책을 면하기 위해 그 억울함을 알면서 그것을 풀어 주지 않을 것인가. 만약 잘못 놓아 준 바가 있다 하더라도 내 한 몸으로 열 사람의 죽음과 바꾸는 것도 역시 원하는 바이다(牧民心書, 刑典六條, 斷獄).

라고 함으로써 목민관은 거짓긍정의 오차를 줄이기 위해 필연적으로 발생되는 거짓부정의 비용을 감수할 수 있어야 한다고 지적했다. 나아가 무고한 열 명의 사람을 그릇되게 죽게 하는 거짓긍정의 비용은 정약용 자신의 죽음과 동등한 가치를 지니고 있다고 평가함으로써 두 오차 간의 교환율에 대한 자신의 철학을 분명히 했다.

4 해석과 평가

지금까지 다양한 학문 분야에 걸쳐 다산 정약용의 사상과 학문에 대한 연구가 진행되어 왔다. 특히 행정학의 경우 정약용에 대한 연구는 대부분 그의 개혁사상과 관련된 연구에 집중되었다. 이러한 상황에서 이 연구는 최초로 의사결정과 의사결정 오차에 관한 정약용의 사상과 논의를 현대적 의미로 재해석하고자 시도했다. 이를 위해 이 연구는 『목민심서』와 『흠흠신서』를 중심으로 목민관의 사법적 판단과 의사결정에 관한 정약용의 사상과 논의를 분석하고, 정약용이 의사결정 오차를 어떻게 이해하고 개념화하는지를 분석했다. 이와 함께 의사결정 오차를 최소화하기 위한 정약용의 노력을 살펴보았다.

의사결정 연구의 시각에서 이상의 분석 결과를 살펴보면, 다산 정약용은 현대의 판단과 의사결정 연구자들이 관심을 갖는 주제와 이슈들에 대해 이미 200여 년 전에 상당히 체계적이고 분석적인 논의를 했음을 알 수 있다. 구체적으로 이러한 결과는 의사결정 연구의 관점에서 다음과 같은 중요한 의미를 지닌다.

첫째, 다산 정약용은 인간이 지니는 제한된 의사결정 능력을 냉철하게 인식하고, 그 결과 목민관의 판단과 의사결정에도 오차가 개입될 수 있음을 지적한다. 둘째, 정약용은 의사결정 오차를 거짓긍정과 거짓부정의 경우로 구분하고, 두 오차의 제거가 어려운 일이기는 하지만 이를 최소화하기 위한 노력을 전개할 것을 역설했다. 특히 의사결정 오차를 최소화하기 위해서는 목민관에게 흠휼(欽恤)과 흠흠(欽欽)이 반드시 필요하다고 강조했다. 이는 판단오차를 최소화하기 위해서는 충분한 시간을 갖고 많은 정보를 탐색하고 활용해야 한다는 의사결정의 기본 원칙과도 일치된다. 또한 정약용은 거짓긍정과 거짓부정 오차 간의 적정한 교환율에 대해서도 진지한 고민을 했음을 알 수 있다.

마지막으로, 정약용은 의사결정 오차의 주요 유발 요인을 지적하고 있는데, 이를 분석해 보면 잘못된 정보에 대한 주목, 정보들 간의 허위상관의 문제, 의사결정 과정에서 주요 정보의 누락 등 현대의 의사결정 연구자들이 주목하는 결정오차 유발 요인과도 일치한다.

참고 문헌

다산연구회(역주)(1984). 『역주 牧民心書』. 서울: 창작과비평사.

박석무 · 정해렴(역주)(1999). 『역주 欽欽新書』. 서울: 현대실학사.

심준섭(2004). 불확실성과 정책오차의 이중성: 신용카드사 규제정책을 중심으로. 『한국행정학보』, 38(6): 131-153.

안서원(2000). 『의사결정의 심리학』. 서울: 시그마프레스.

윤국일(역주)(2000). 『역주 경국대전』. 서울: 여강출판사.

이상엽(2002). 조선 후기 지방행정에 있어서 수령의 역할과 부패 유발구조. 『한국지방자치학회보』, 14(3): 151-172.

하태영(1996). 다산 정약용의 형사철학과 형사정책. 『동아법학』, 11(21): 177-

216.

Einhorn, J.(1978). Decision errors and fallible judgment: Implication for social policy. In K. Hammond (ed.), *Judgment and Decision in Public Policy Formation*. Boulder, CO.: Westview Press.

Hammond, K.(1996). *Human Judgment and Social Policy: Irreducible Uncertainty, Inevitable Error, Unavoidable Injustice*. New York: Oxford University Press.

Simon, H. A.(1957). *Models of Man*. New York: John Wiley and Sons.

제8장 사회복지 이념

조성한

1 서 론

다산 정약용은 조선의 대표적 실학자로서 당시의 지배적 유교사상에 대한 새로운 해석을 통해 실용적인 통치 이념과 방법을 추구했다. 당시의 지배계층이 공유하던 주자학이 권위주의적이고 형식적이었던 것에 반해, 다산은 실사구시(實事求是) 차원에서 해법을 제시하고 실천하려고 노력했다. 이러한 다산의 노력은 정조의 서거와 더불어 더 이상 실천의 여지가 없었으나 유배 중에 집대성한 실학에 관한 방대한 저서들은 그의 통치사상이 현대적 국가관리 이론들에 비추어 전혀 손색이 없음을 보여 준다.

다산의 복지사상 역시 당시의 지배적 사회가치를 뛰어넘는 현대적 복지 이념 및 정책대안을 반영하고 있다. 같은 시대의 서구의 복지 이념과 정책이 단순한 '빈곤의 구제 및 통제'에 지나지 않았던 것에 반해, 다산의 복지 이념은 생산적인 요소들을 내포하고 있다. 실학이 중국을 통해 들어온 서학의 유입에 절대적 영향을 받았다는 점에 비추어 볼 때 다산은 그 이상의 업적을 거두었다고 하겠다.

다산은 당시의 시대적 상황에 비추어 볼 때 파격적일 만큼 평등사상을 나타내고 있다. 물론 다산은 계급을 타파하거나 할 정도의 평등을 주장하는 것은 아니고, 빈곤층의 나태에 대한 비판도 같이 하고 있어 시대적 한계를 완전히 벗어나지는 못하고 있다. 하지만 비생산적인 계급에 의존한 분배에 대해서는 비판적 입장을 취했고, 계급에 대한 기회의 평등을 보장하는 등의 주장은 파격적인 것이었다.

당시는 시장경제에 대한 이론이 서구에서도 많이 발전하지 못한 상황이기도 했고, 조선조는 시장경제와 거리가 있기는 했다. 하지만 다산은 대부분의 사람이 자주적인 차원에서 스스로 노동과 시장 거래를 통해 삶을 영위할 것을 강조했으며, 가족이 우선적인 복지의 책임을 지도록 했다. 또한 아동복지를 중요시하여 미래의 노동력 보존을 위한 국가의 양육과 교육의 책임도 강조했다. 고을의 수령은 일을 할 수 없는 사람들에 대해서는 아버지와 같은 마음으로 보살펴야 하지만 가능한 자립할 수 있게 지원하고 통제하는 것도 주장했다.

이와같이 다산의 복지 이념 및 정책은 평등주의를 바탕으로 한 실용적・생산적 가치관에 바탕을 둔다. 이러한 다산의 복지정책은 현재의 한국 복지정책면에서 시사하는 바가 크다. 따라서 이 연구는 다산의 저서와 다산에 대한 연구들을 바탕으로 그의 실용적・생산적 복지이념을 분석해 현대의 복지정책에 활용할 수 있는 실용적인 교훈을 도출하는 데 목적이 있다.

2 조선 후기의 사회복지 상황

1) 정치경제적 배경

다산 정약용이 태어나서 한 시대를 풍미한 영정(英正) 시대는 극심한 국가 혼란을 겪은 직후였다. 16세기 말과 17세기 초에 왜란과 호란의 두 차례 전란을 겪으면서, 양반들의 정권 획득을 위한 경쟁과 투쟁은 더욱 격심했다. 조선 사회의 통치철학이었던 주자학은 더 이상 국가의 기강을 잡는 역할을 하지 못했고, 당쟁을 조장하고 양반들의 특권만 인정하는 비윤리적 이념으로 전락했다.

당시의 극심한 당쟁과 부패는 관료가 되기 위한 길도 왜곡해 능력보다는 당파와 뇌물이 결정적인 요인이 되도록 했다. 중앙에서는 매관매직이 성행했고, 지방에서는 백성에 대한 수탈에 여념이 없었기 때문에 이 시기의 각종 연대기와 개인 문집에는 농민의 유망, 질병, 기근, 도덕, 민란 등이 많이 기록되어 있다(장동희, 2003).

두 차례의 전란을 겪은 후라서 당시의 경제적 상황은 무척 열악했다. 그럼에도 불구하고 부패한 관료들은 사리사욕을 채우는 데만 급급했으며, 이러한 상황을 대표하는 당시의 사회상이 '삼정(三政)의 문란'이다. 삼정은 토지세를 의미하는 전정, 국방비를 의미하는 군정, 춘궁기에 쌀을 빌려 이자를 붙여 갚는 환곡을 의미한다. 이러한 삼정이 문란했다는 것은 바로 국가재정이 파탄에 이름을 의미한다.

전정의 문란은 토지의 생산 수준보다 많은 세금을 걷기도 하고, 사실상 생산이 없는 토지에도 세금을 거두었다. 반면 양반이나 부호들은 아전들을 위협하거나 매수해 세금을 힘없는 농민들에게 덮어씌우기도 했다.

군정의 경우는 양반, 승려, 이서, 역리 등의 계층을 제외하고 농민들이 주로 그 대상이 었다. 그런데 점차 다양한 수법으로 군정의 대상자들이 빠져나감에 따라 남아 있는 사람들에 대한 수탈이 심해졌으며, 어린아이들에게 부과되는 황구첨정, 이미 사망한 사람에게 부과되는 백골징포 등이 자행되었다.

환곡의 경우는 강제적 고리대금으로 전락되었다. 환곡제도의 도움이 필요 없는 농민에게도 강제로 나누어 주고 높은 이자로 갚게 하거나 묵은 곡식을 새 곡식으로 바꾸거나 흉년이 들어 곳간이 비면 이듬해 강제로 다시 거두어들이는 등 농민들을 괴롭혔다.

농경사회에서 이러한 삼정의 문란은 백성들의 생활을 파탄에 빠뜨렸을 뿐 아니라 국가의 재정도 어려움을 겪게 만들었다. 이러한 문제를 바로잡기 위해 수시로 암행어사가 파견되었지만 암행어사들이 제

역할을 다하지 못하거나 심지어 뇌물을 받고 눈을 감아 주는 일도 반복되었다.

2) 사회 이념적 배경

당시의 정치경제적 혼란은 백성들로 하여금 국가에 대한 충성심을 약하게 만들었고, 사회 체제에 대한 반감을 강화시켰다. 삼정의 문란으로 농민들은 거주하던 지역을 떠나서 이동하는 경우가 잦았으며, 도시의 발달은 이러한 이동성을 더욱 부추겼다.

신분적으로도 당파싸움으로 양반계급이었던 신분이 노예로 전락하거나 공을 세운 사람이 노예나 천민의 신분에서 자유인이 되기도 했다. 이러한 몰락과 신분 상승은 능력에 따른 것이 아니었고 불합리한 정치사회적 환경에 기인한 것이었기 때문에 백성들은 당시의 지배적 사상이나 지도 이념을 신뢰하지 않았다.

이에 따라 작고 큰 민란들이 있었으며, 대부분 이상적 사회상을 내걸고 국가 체제를 전복하려 했다. 이러한 사회적 불안감은 백성들로 하여금 새로운 사상이나 종교에 대한 욕구를 불러일으켰으며, 당시 중국에서 들어온 천주교가 급속히 번지는 사회적 배경이 되었다.

이념적으로는 실사구시와 경세치용을 내세운 '실학'이 나타나기 시작했다. 비합리적이고 비실용적인 통치철학에 대한 비판으로 시작된 실학은 평등주의 사상을 바탕으로 능력을 중심으로 한 인재 등용을 주장했다. 또한 복지적 철학의 근본이 되는 '애민사상' 역시 실학에서 비롯되었다.

16세기 중엽에 시작된 실학은 성리학의 허구적 세계관에서 탈피해 현실적인 세계관을 제시하고자 했다. 실학은 17세기 초 중국을 통해 서구 문명과 천주교를 접할 수 있게 되면서 더욱 체계적인 사상으로 발전했다. 실학에서는 허구적 행위에는 가치를 두지 않았고, 진정한 현실적 노력만을 진정한 것으로 보았다.

이에 따라 천민도 노력을 통해 관직을 얻을 수 있을 뿐 아니라 양반이라고 해도 관직에 나아갈 능력이 부족하면 농사를 짓거나 장사를 해서 실질적으로 기여해야 한다는 것이 실학적 가치관이었다. 따라서 왕이 진정으로 국가를 위한다면 백성을 사랑해야 한다는 애민사상과 더불어 생산적인 복지철학을 이루는 기초가 되었다.

3 다산의 복지 이념

1) 평등주의적 복지사상

(1) 신분 제도의 기회 평등

다산의 복지사상의 기본은 평등의 가치관에서 비롯된다. 다산의 평등 개념은 계급을 완전히 타파하는 것을 의미하지는 않는다. 『목민심서』와 예전 등에서 보면 "족(族)에는 귀천이 있으니 마땅히 그 등급을 구별해야 하고 세력에는 강약이 있으니 마땅히 그 정상을 살펴야 한다"라고 하여 귀천·강약의 신분 체계를 긍정적으로 보는 입장을 보여 준다(곽효문, 1995).

그렇다고 해서 다산이 불평등을 신봉한 것은 아니었다. 다산의 평등에 대한 사회정의관은 현대 철학자 롤스(John Rawls)의 사회정의론에 준하는 것이었다. 롤스는 사회계약을 바탕으로 한 사회정의론에서 두 가지 원칙을 제시한다(Rawls, 1971).

첫째는 자유의 원칙(the liberty principle)으로 사회구성원 모두 평등한 자유를 누릴 수 있다. 어느 누구도 부당한 대우를 받지 않고, 특정 원칙이나 규칙을 받아들일 수도 있고 거부할 수도 있으며, 자신이 필요로 하는 원칙이나 규칙을 제안할 수도 있다. 그러나 실제로 이러한 원칙을 지키는 것은 불가능하고, 또한 바람직하지도 않기 때문에 예외를 위한 두 번째의 원칙이 제시된다.

둘째는 차별의 원칙(the difference principle)이다. 실제로 사람들은 분야나 수준에서 다른 능력을 지니고 있으며, 각기의 능력을 최대한 사용할 수 있게 하는 것이 가장 생산적이다. 따라서 모든 사람에게 어떤 지위로 갈 수 있는 자유와 기회만 공평하게 주어진다면, 지위에 따른 차별화도 가능하다. 또한 이러한 차별화는 사회 전체의 생산성을 높이는 데 기여할 수 있어야 한다.

두 번째 원칙을 지키기 위해서는 또 하나의 하위 원칙이 필요하다. 이 원칙은 최소극대화의 원칙(principle of maxmin)으로 사회 전체의 생산성을 삶의 질에 대한 기대치나 효용으로 표현할 수 있다면, 가장 어려운 사람들에게 도움이 되는 것이 사회 전체의 생산성을 극대화할 수 있다는 것이다.

다산의 불평등은 롤스의 두 원칙 중 두 번째에 해당되는 것으로, 지위의 차이는 명백히 인정하면서, 기회의 평등을 강조한다. 물론 당시의 시대적 환경에서 완전히 벗어날 수 없는 것이기 때문에, 노비계급에 대해서는 엄격한 통제를 강조했다. 그러나 그 밖의 백성에 대해서는 평등주의적 사상을 강조해 본인의 능력에 따라 벼슬도 할 수 있어야 한다고 주장했다. 이는 민본·위민의 사상은 존재하지만 실질적으로 평등의식이 결여되어 있는 유학의 전통에서 볼 때 매우 예외적인 것이었다 (윤사순, 1885).

다산은 사농공상(士農工商)의 신분 구조에서 사(士)를 지배계급으로 보고 농공상(農工商)은 피지배계급으로 보았다. 양반 중심의 사회에서 '사(士)' 계층만이 독서만을 즐기고 생산활동에 참여하지 않는 것을 비판하며, '사(士)'라고 해도 도(道)를 배워 벼슬을 하지 않는다면 다른 계층과 마찬가지로 생산활동에 참여해야 한다고 주장했다. 『여유당전서』에서 다산은 다음과 같이 주장한다 (이용형, 2000).

> 사(士)도 직업을 바꾸어 공업이나 상업을 할 수 있을 것이요, 아침에

> 밭 갈러 나가고 저녁에는 집에 돌아와 고인(古人)의 책을 읽는 사람도 있을 것이다. 부민(富民)의 자제들을 가르치는 것으로써 생계를 도모할 수도 있을 것이요, 실리(實理)를 일으키고 기계를 제조하여 노력을 덜어 주기도 하며, 농사 기술과 목축법을 지도해 농민에게 도움을 줄 수도 있을 것이다. 이러한 사람들은 그 공이 어찌 육체노동을 하는 사람의 그것에 비하겠는가. 1일의 노동을 10일로 기록해, 그에 따라 곡물을 분배받아야 옳을 것이다(與猶堂全書, 詩文集, 田論五).

이와 같은 다산의 주장을 보면 '평등과 차별'을 한꺼번에 나타내고 있다. 양반이라고 해도 도(道)의 성취가 높아 벼슬을 맡지 못한다면 다른 계층과 마찬가지로 생업에 종사해야 한다는 평등을 나타내면서도, '사(士)'의 정신적 노동에는 더 많은 보답을 해야 하는 차별 원칙도 보여 준다. 다만 그 이유는 양반이기 때문이 아니라 단순 노동보다 정신적 노동이 훨씬 더 사회에 기여하는 공헌도가 높다고 믿었기 때문이다.

또한 다산은 백성이라면 누구나 '사(士)'가 될 수 있다고 주장함으로써 '기회의 평등'의 가치관을 보여 주기도 했다. 그는 『통새의』에서 "인재를 뽑는 데 가장 좋은 방법은 동서남북에 구애됨이 없게 하고 멀거나 가깝거나 귀하거나 천하거나 상관 없이 시행해야 한다"고 했다(장동희, 1997).

이러한 다산의 평등사상은 각 계층은 그 자체로 존재하고, 각 계층이 가지는 능력, 공헌, 특권 등이 달라야 함을 인정하지만 누구나 자격만 되면 그 자리에 갈 수 있다는 롤스의 '평등과 차별'의 사회정의 원칙을 고전적 유교 시대에 이미 나타나고 있는 것이다. 즉, 수직적 평등과 수평적 평등을 내포하는 현대적 기회의 평등이 그의 사상에 잘 반영되고 있다.

(2) 전제(田制)를 통한 평등사상

이러한 평등사상은 다산의 토지개혁안인 여전제(閭田制)에도 잘 반영되고 있다. 여전제 토지개혁론을 통해 다산은 기존의 양반 집권층의 지주제가 타도되어야 함을 주장한다(한영우, 1986).

> 어떤 사람이 있는데 그의 전지(田地)는 10경(頃)이고 그의 아들은 10명이라고 하자. 그 중 한 아들에게는 3경을 주고, 두 아들에게는 2경씩을 주며, 세 아들에게는 1경씩을 주고, 나머지 네 아들은 받을 땅이 없어 울면서 뒹굴다가 길거리에서 굶어죽는다면 그런 사람은 부모 노릇 잘할 사람이라 할 수 있을까? 하늘이 백성을 낼 적에 먼저 전지를 마련해 생령(生靈)으로 하여금 먹고 살게 했고, 또한 백성을 위해 임금과 목자(牧者)를 두어 백성의 부모가 되게 했으며, 백성의 재산을 균제(均制)케 함으로써 모든 사람을 다 잘살게 하도록 했다(與猶堂全書, 田論).

다산은 여전제를 통해 실제로 농사를 짓는 사람들이 토지를 소유하도록 했다. 여전제는 산곡(山谷)과 천원(川源)의 지세를 기준으로 구역을 획정하고 경계를 획정해 경계를 삼고 그 경계선 안에 포함되어 있는 지역을 1여(閭)로 하는 것이다. 1여(閭)에는 30호(戶)가 있고, 3여(閭)를 리(里), 5리(里)를 1방(坊), 그리고 5방(坊)을 1읍(邑)으로 할 것을 정하고 있다. 실제로 여전제에서 개인이 토지를 소유하는 것은 아니고, 여 단위로 공동 생산을 하고 공동 분배를 하는 것을 의미한다. 여기서 공동 분배란 똑같이 나누는 것이 아니며, 기여한 만큼의 노동량에 따라 분배함을 의미한다.

따라서 사대부라고 해서 실제로 농사를 짓지도 않으면서 전지를 소유하는 것은 여전제가 시행된다면 가능하지 않았다. 양곡은 농사짓는 사람만이 배급을 받을 수 있으며, 다른 직업을 가진 사람은 양곡과 교환할 수 있는 다른 생산이 있어야 했다. 사대부라고 해도 벼슬을 하지 않는다면 농공상(農工商) 중 하나를 택해 전업한 후 양곡과 교환을 해야 한다.

다산은 이와같이 한 후 백성들에게 이주의 자유를 준다면 전국적으로 균등한 인구의 배분이 이루어지고, 백성들의 빈부가 균등해질 것을 기대했다. 실제로 다산이 여전제를 집행하기 위한 세부적 계획을 만들거나 집행한 적이 없어 실용성에 대해서는 의문이 제기되기도 하지만, 여전제는 다산의 평등사상을 반영하고 있다.

다산의 여전제에 대해 사대부의 힘을 약화시키고 왕권을 강화시키기 위한 제도라는 비판도 있다(박영조, 1987). 그러나 이러한 비판은 다산의 근본적 평등사상이 절대적 왕권마저도 부정하고 있다는 것을 이해하지 못한 것이다. 다산에 의하면 왕은 민에 의해 선출되는 것이며, 왕이 민의를 거스르면 민에 의한 교체도 가능하다는 것이다(정윤재, 1999).

> 가(家)를 기본 단위로 해서 5가(家)가 1린(隣)이 되어 인장(隣長)을 뽑고, 5린(隣)이 1리(里)가 되어 이장(里長)을 뽑고, 5리(里)가 1현(縣)이 되어 현장(縣長)을 뽑고, 여러 현장이 공동으로 추대해 제후(諸侯)를 정해서, 마침내 여러 제후들이 공동으로 추대해 천자(天子)를 정한다는 것이다. 이렇게 해서 천자란 여러 사람이 추대해서 이루어진 것이다(茶山論說選集, 68쪽 재인용).

따라서 여전제가 사대부의 힘을 약화시키고 왕권을 강화시키기 위한 것이란 주장은 다산의 민본적 평등사상을 이해하지 못하거나 알지 못해서 기인한 것이라 하겠다. 결국 여전제는 모든 백성이 평등하게 잘살 수 있도록 하기 위한 다산의 복지 평등사상임을 알 수 있다.

2) 자립적 공동체 복지 이념

다산의 복지에 대한 언급은 『목민심서』의 애민 6조(愛民六條)와 진황 6조(賑荒六條)에 나타나 있다(정약용, 1979). 애민 6조는 평상시의 복지에 대한 사상과 행정을 설명하고 있으며, 진황 6조는 천재지변에 의한 백성의 어려움을 구해 주기 위한 행정을 나타내고 있다. 『목민심서』에 나타난 다산의 복지 이념은 어려움에 처한 백성을 국가가 구제해야 하는 것을 강조하고 있으면서도, 개인과 가족, 그리고 지역사회가 복지의 우선적 주체가 되어야 함을 내포하고 있다.

(1) 애민 6조의 자립사상

애민 6조는 ① 양로(養老), ② 자유(慈幼), ③ 진궁(振窮), ④ 애상(哀喪), ⑤ 관질(寬疾), ⑥ 구재(救災)의 6조로 구성되어 있다. 이 어섯 가지의 경우 모두 어려움에 처한 사람들을 국가가 도와 주어야 함을 의미하지만, 양로와 자유의 경우는 가족의 중요함을 강조한다.

양로는 수령이 백성들에게 노인을 공경하는 시범을 보여 주어야 함을 강조한다. 그러나 가장 근본적인 것은 당시의 효도의 예가 무너짐에 대한 다산의 안타까움을 나타내고 있다.

> 양로의 예가 폐지된 후 백성들은 효도를 일으키지 않으니 수령이 된 사람은 다시 양로의 예를 거행하지 않으면 안 된다(牧民心書, 愛民六條, 養老).

자유는 고아가 된 아이들을 거두어 기르는 것을 주로 다루고 있지만, 실제로는 백성들로 하여금 자신의 자식들을 버리지 않고 책임을 지도록 하는 것이 근본적 목적이라고 하겠다.

> 백성들이 곤궁하면 자식을 낳아도 거두지 못하니, 그들을 타이르고 아이들을 길러서 우리 자녀들을 보전케 해야 할 것이다(牧民心書, 愛民六條, 慈幼).

또한 아이가 버림을 받아 고아가 된다면 마땅히 새로운 가정을 찾아 주어 입양케 하는 것이 가장 바람직한 방법임을 다산은 자유에서 밝히고 있다. 이와같이 다산은 복지의 책임을 가장 먼저 가족에 두고 있다. 그리고 국가는 가정이 보살피지 못하는 상황이나 개인적 불행에 대해 책임을 지는 것이다.

애민 6조의 대부분은 이와같이 개인이나 가족이 책임지지 못하는 경우에 대한 국가의 책임을 다룬다. 진궁은 보호자가 없는 어려운, 애상은 상사에 임한, 관질은 일할 능력이 전혀 없게 된, 구재는 화재나 수재로 인해 생계가 어려워진 사람을 국가 구제의 대상으로 설명하고 있다.

그러나 국가가 복지로 백성을 구제하는 데도 다산은 엄격하게 개인이나 가정의 책임을 묻고 있다. 애민 6조에서도 구휼에 대해 ① 10~60세인 사람, ② 육친이나 친척이 있는 사람, ③ 자기 재산이 있는 사람은 대상에서 제외하고 있다.

> 수령은 사궁(四窮)을 선정할 때 세 가지 보는 바가 있으니 첫째는 나이요, 둘째는 친척이요, 셋째는 재산이다. 나이가 60세 미만이 되어서 능히 자기 힘으로 먹을 수 있는 사람과 이미 10세가 되어서 능히 스스로 먹을 것을 구할 수 있는 사람을 돌보아 줄 것은 없다. 비록 육친은 없더라도 아직도 시공의 친척이 있어 그 집 형편이 다소 넉넉해 거두어 줄 수 있는 사람이 있을 때에는 관에서 마땅히 좋은 말로 타이르고 엄한 말로 경계해 그로 하여금 거두어 주고 때때로 살피고 단속하는 데 그칠 것이며, 그런 사람들까지 돌볼 필요는 없다. 자기 재산이 있는 자도 돌볼 필요는 없다(牧民心書, 愛民六條, 振窮).

(2) 진황 6조의 자립사상

진황 6조는 ① 비자(備資), ② 권분(勸分), ③ 규모(規模), ④ 설시(設施), ⑤ 보력(補力), ⑥ 준사(竣事) 6개 항목으로 이루어진다. 이 중 권분이 지역사회에서 스스로 서로를 보살피게 하는 것이 중요함을 강조하고 있다. 또한 이렇게 서로를 돕는 것이 강제가 아닌 자율적 의지에 의해 이루어져야 하는 것도 잘 나타나 있다.

권분의 원래적 의미는 '흉년이 들었을 때 부유한 사람들에게 권장해 절량 농민을 구제하기 위한 곡식이나 재물을 내놓거나 직접 나눠 주도록 하는 일'을 의미한다. 그러나 실제로 부유한 사람과 그렇지 않은 사람을 하늘이 정한 것이 아니기 때문에 언제 누가 도움을 줄 위치에 있고 누가 도움을 받을 위치에 있게 되는지는 예측할 수 없다. 따라서 어려울 때 지역 주민끼리 상호 협조하도록 권하는 것을 의미한다.

> 옛날에는 백성에게 목・인・임・휼(睦婣任恤)[1]을 가르쳤으며, 그 가르침을 따르지 않는 자는 형벌로 다스렸다. 흉년에 곡식을 나누어 먹도록 권한다면 백성으로서 어찌 나누어 먹지 않는 자가 있겠는가? 형제에게 나누어 주고 인척에게 나누어 주고, 이웃에게 나누어 주고, 가난하고 외로운 이에게 나누어 줌으로써 왕명을 받드는 것이요, 그 재물을 관가에 바쳐서 만민에게 나누는 것이 아니다(牧民心書, 賑荒六條, 勸分).

이와같이 권분에서는 국가가 구휼의 원천적 책임을 지기보다는 자율적으로 지역사회가 하나의 공동체로 스스로 서로를 도와 복지문제를 해결하는 것을 바람직한 구제 방법으로 보고 있다. 국가가 강제로 재물을 걷어 어려운 사람에게 나누어 주는 방법보다 지역사회가 스스로 자립하는 것이 더욱 바람직함을 보여 주고 있다.

> 중국의 권분하는 법은 모두 곡식을 팔도록 권하는 것이었지 거저 먹이도록 권하는 것이 아니었고, 모두 베풀도록 권하는 것이었지 바치도록 권하는 것이 아니었으며, 모두 몸소 솔선하는 것이었지 입으로만 말하는 것이 아니었고, 모두 상을 주어 권장하는 것이었지 위협하는 것이 아니었다. 지금의 권분이란 것은 비례(非禮)의 극치이다(牧民心書, 賑荒六條, 勸分).

---

1) 목(睦)은 형제 간에 화목함, 인(婣)은 인척 간에 사랑함, 임(任)은 이웃 간에 도움, 휼(恤)은 가난한 사람을 구휼하는 것을 의미한다.

다산은 국가가 강제로 부자나 백성의 재산을 빼앗아 두었다가 어려울 때 백성에게 베푸는 것은 바람직하지 않다고 주장한다. 이는 실제로 백성들이 스스로 생산한 재물을 국가가 강제로 취해 남을 도와 주는 데 백성들 스스로 공을 세우지 못하게 하고, 국가가 그 공을 가로채는 데에 지나지 않다는 것이다.

(3) 사대부에 대한 근로 연계 복지

다산은 평등사상을 바탕으로 사대부(士大夫)에 해당되는 사(士)의 직업에 대해서도 양반이란 명목 아래 무위도식하는 것을 양해하지 않았다. 사대부라고 해도 도(道)를 배워 벼슬을 하지 못한다면, 마땅히 농사를 짓거나 기술을 개발해 국방이나 경제에 기여하는 등의 생업에 종사하도록 하는 것을 마땅하게 생각했다.

다만 사대부들의 경우 농경, 국방, 생산 등에 관련된 연구를 하여 실용적인 기술을 개발한다면, 그 노력은 10배로 쳐 주는 제안을 하고 있다. 이는 정신적 노동이 육체적 노동보다 값지다는 다산의 실물적 가치관을 반영한다.

이렇게 양반계급에게조차 생산적 활동을 통해서만 생계 유지를 할 수 있도록 함으로써 다산은 모든 계층에 자립적 복지를 강조했다. 노동에 참여할 수 있는 능력을 지닌 사람은 어떤 직업이나 계층을 막론하고 정신적이든 육체적이든 근로를 통해서만 생계의 비용을 감당하도록 한 것이다.

3) 관리적 효율성과 투명성

진황 6조의 권분이 지역 주민들의 자립적이고 자율적인 복지를 강조했다면, 다른 부분들은 국가의 복지행정의 효율성과 투명성을 강조한다.

우선 비자(備資)에서 다산은 “구황(救荒)의 정치는 예비하는 것만 같지 못하니, 예비하지 않음은 모두 구차할 뿐이다"고 강조하며 흉년이나 재해에 미리 준비할 것을 권한다. 즉 백성이 어려워진 후에 구제하기보다는 어려워지는 것을 미리 예방하는 것이 효율적인 구황행정임을 보여 주는 것이다.

규모(規模)는 어떤 일의 계획을 세우고 범위를 정한다는 뜻이다. 즉 진휼을 행하는 데 지나침과 모자람이 없이 용의주도하게 적절한 시기에 행해져야 함을 의미한다. 기아민의 실태와 식량 사정을 면밀히 조사 파악하고 이를 기초로 계획을 수립할 것이며, 용의주도한 진휼을 실시함으로써 한 백성이라도 희생을 당하는 일이 없이 기근을 극복해서 많은 성과를 이룩할 것을 강조한다(장동희, 2003).

설시(設施)에서는 진제(賑濟)에 필요한 일체의 시설과 그 행정기구 및 진제의 구체적인 시행 방법을 제시하고 있다. 시설에는 도감 1인, 감관 2인, 색리 2인을 두되 반드시 '신중하고 청렴한' 사람을 두어야 한다. 또한 곡식을 키질하여 그 알곡의 양을 정확히 측정해 이에 합당한 정도의 대상자와 수혜 기간을 정해야 한다. 이는 복지행정에서 정확성과 예산 정도에 맞는 합당한 복지 혜택의 정도를 정해야 함을 의미한다.

보력(補力)은 민력이 다소나마 펴질 수 있도록 민생을 안정시키는 방책을 강구한다는 것을 의미한다. 농사가 흉년으로 판명되면 마땅히 논을 대신 밭으로 삼아 일찍이 다른 곡식을 파종하도록 타일러야 하며, 봄날이 길어지면 공역을 일으켜 백성들이 기근에서 벗어나도록 구제해야 한다. 보력은 복지행정에서 직접 구제의 방법과 더불어 백성들이 스스로 일을 통해 민생을 해결할 수 있도록 도와 주는 것이다.

마지막으로 준사(竣事)는 진휼이 끝맺음에 이르러 처음부터 끝까지 점검해 벌과 결산을 다루고 있다. 이는 복지행정에서의 평가 및 투명성을 강조하는 것이다.

> 사람이 두려워해야 할 것은 세 가지이니, 백성이요 하늘이요 그리고 자기 마음이다.…… 백성은 털끝만한 사기와 거짓도 모르는 것이 없으니, 자기의 죄를 알려고 하면 반드시 백성의 말을 들어야 할 것이다(牧民心書, 賑荒六條, 竣事).

이와같이 다산은 진황에서 단순히 베풀기만 하는 것을 중요시하지 않고, 배품에 마땅한 원칙이 있어야 하며, 그 원칙에 따라 효율적이고 투명한 행정을 시행할 것을 강조했다.

4) 다산의 생산적 복지정책

이상에서 본 바와 같이 다산의 복지 이념과 정책은 생산적 복지정책을 반영하고 있다. 생산적 복지란, 생산의 결과보다는 기회의 평등을 바탕으로 개개인이 스스로 열심히 노력해 자신과 가족들의 삶을 영위하도록 하고, 어떠한 지위의 사람들도 근로의 노력이 없이는 소득을 보장받을 수 없으며, 가능한 민간의 자발적 참여를 유도하고, 이러한 복지정책의 관리를 효율적으로 하는 것이다.

생산적 복지의 기초가 되는 기회의 평등은 시장경제에서 기본적으로 가정하는 이기적 합리주의를 바탕으로 한다. 비록 당시 조선 시대에 시장은 없었지만, 다산은 인간의 이기심을 자연적이고 필연적인 것으로 인정하고 있었다(이상익, 1996).

> 백성이 이(利)를 취하는 것은 물이 아래로 흐르는 것과 같고, 백성이 해를 피하는 것은 불이 물을 피하는 것과 같다(與猶堂全書, 田論).

다산은 인간의 이기적 본성에 의해 많이 노력하는 사람에게 더 많은 보상을 준다면, 모든 사람이 더 많은 보상을 받기 위해 부지런히 노력을 더할 것이라고 주장한다. 이러한 다산의 인간에 대한 이해는 『전론』에 잘 나타나 있다.

> 노력을 많이 한 사람은 양식을 많이 얻고 노력을 적게 한 사람은 양식을 적게 얻으니, 노력을 다하지 않고 많은 양식을 노리는 사람이 있겠는가? 그리하여 사람들은 모두 그 노력을 다할 것이며 땅은 모두 완전히 이용될 것이다. 토지가 완전히 이용되면 백성의 산업이 부유해질 것이고, 백성의 산업이 부유해지면 풍속이 두터워져 효제(孝悌)가 확립될 것이다(與猶堂全書, 田論).

이러한 다산의 이기적 인간에 대한 이해가 결국 그로 하여금 여전제와 같은 토지개혁을 추구하도록 했다. 여전제가 시행되면 여(閭) 단위로 공동 생산을 하게 되고, 기여의 정도에 따라 배분을 받게 된다. 게다가 이주의 자유를 통해 생산성이 높은 곳으로 백성의 이동을 자유롭게 보장한다면, 자연스럽게 모든 국토가 생산적으로 이용될 것이고, 모든 백성이 균등하게 잘살게 될 것으로 다산은 기대했는데, 이 모든 것이 '이기적인 인간'이라는 가정을 배경으로 한다.

이기적 관점은 농사를 짓지 않는 다른 직업의 경우에도 다양한 기술을 개발해 농작물과 교환을 하거나 보상을 받아 자연적으로 형평성 있는 분배가 이루어질 수 있는 것까지 예측하고 있다. 이러한 다산의 인간관은 현대적 시장경제에서의 '합리적 인간'의 가정과 일치하는 것으로 이해할 수 있다.

다산은 복지에서 개인의 책임을 강조한다. 국가로부터 복지 혜택을 받을 자격이 있는 사람은 노인, 유기아, 장애인과 같은 자립 능력이 없는 사람들이며, 이들 중에서도 가족이나 친척이 없어 도움을 받을 수 없거나, 개인적 재산이 전혀 없는 사람들만 복지 수혜의 자격이 있다. 따라서 정상적 근로 능력이 있는 백성은 상(喪)을 당했거나 천재지변을 당했을 경우 임시적 혜택을 받을 수 있지만, 근본적으로는 스스로의 생산적 활동을 통해 자신과 가족의 복리문제를 해결해야 한다.

복지행정의 방법론에도 『목민심서』의 진황 6조에서 국가는 가능한 재해의 예방을 최우선으로 해야 하며, 직접 도와 주기 전에 스스로 일을 할 수 있도록 가능한 공공사업과 같은 생산적 복지를 권하고 있다. 특히 기근이 들었을 경우 국가는 값싼 인력으로 여러 공사를 할 수 있고, 기민들은 국가가 임금을 지불하는 공역을 통해 생활을 할 수 있으니, 서로 생산적 결과를 가져올 수 있는 것이다.

또한 다산은 복지의 운영에서도 민간의 자발적 참여와 관리의 투명성과 정확성 등을 애민 6조와 진황 6조에서 명확히 다룬다. 특히 민간의 자발적 참여를 국가에서 강제하는 모순적 착취를 금지하고, 불필요할 정도의 복지 혜택도 금지하고 있다.

이러한 다산의 생산적 복지 이념은 '화성 신도시 건설'을 통해 더욱 확고히 굳어진다. 다산은 화성 신도시 건설에 주로 기술적인 차원에서 모든 기획을 맡았지만, 생산적 복지가 이루어지는 중요한 역사적 사건을 경험하게 된다(조성을, 2002; 이덕일, 2004).

화성의 신도시 건설에 정조는 종전의 강제 노역의 방법이 아니고, 모두 품삯을 주어 일하게 하는 '고립제(雇立制)'를 원칙으로 했다. 이는 조선 시대 관행인 부역을 탈피한 새로운 방식이었다. 『화성성역의궤』에서는 종사한 각급 인원의 근무 일수와 그들에게 지급한 급료를 각자의 이름 밑에 정확하게 적었다(신영훈, 1998).

화성의 건설사업은 국가적 구제사업의 성격도 지니면서 진행되었다. 현대의 '공공근로사업'과 같은 성격을 지녔으며, 흉년에 굶주린 전국의 유이민들이 자발적으로 모여 들었다. 이들을 따라 상인들도 몰려와 공사장 주변이 흥청거렸다. 정조는 화성과 그 일대를 시범지역으로 만들어 백성들이 풍족하게 살게 함으로써 다른 지역이 자발적으로 이를 본받게 하려고 했다(이덕일, 2004).

다산이 이러한 화성 신도시 건설의 기술적인 부분을 책임졌기 때문에, 사회경제적인 계획을 담당하지는 않았지만, 이 공사에의 참여는 훗날 다산의 집필에 많은 영향을 주었다. 다산의 평등사상이나, 전제

개편, 『목민심서』에서 보여 준 공공근로사업의 권장 등은 모두 화성 신도시 건설의 경험이 많은 영향을 준 것이다.

5) 현대적 서구 복지개혁과의 비교

이상에서 다산의 복지사상은 조선 시대 유교적 사회뿐 아니라, 당시 서구의 복지사상에 비해서도 한 단계 앞서고 있음을 알 수 있다. 18세기 말 유럽이나 미국은 아직 빈곤층을 통제하기 위한 구빈법 시대를 벗어나지 못하고 있었으며, 특히 맬서스(Thomas R. Malthus)와 같은 영향력 있는 학자들은 복지를 통한 빈곤층에 대한 구제는 빈곤층의 생활 문란을 가져오며, 인구가 급증하는 결과를 낳는다고 하여 복지제도의 발전을 억제했다.

그러나 서학의 합리주의에 영향을 받은 다산은 오히려 한 단계 더 발전해 효율성이 강조된 생산적 복지의 이념을 보여 주고 있다. 그의 애민사상은 빈곤층뿐 아니라 모든 국민들이 잘살 수 있는 생산적 국가 운영을 연구하게 했을 뿐 아니라, 빈곤층에 대해서도 근로 능력이 전무한 경우나, 천재지변이 아니면 스스로 자립할 수 있도록 전제를 개혁하고 공공근로사업을 벌이는 생산적 복지를 제안했다.

업적과 능력 개발을 중시하는 현대적 복지개혁안은 다산의 기회 평등사상과 견줄 수 있다. 다산은 계급 자체의 불평등은 존재하지만, 누구나 능력에 따라 계급에 접근할 수 있어야 한다고 주장한다. 또한 모든 직업은 스스로의 노력에 대한 대가가 지불될 수 있어야 하며, 근로 능력이 있음에도 사회에 기여하는 바의 업적이 없다면 국가나 사회로부터 아무것도 기대할 수 없음을 강조한다.

근로 연계 복지에 대해서도 정약용은 근로 능력이 없고, 도와 줄 육친이나 친척과 재산이 없는 사람들에 대해서만 국가가 도울 수 있으며, 이에 대한 철저한 자산조사도 필요하다고 하고 있다. 대신 국가의 사업에서 이전과 같은 강제 노역이 아닌 임금을 지불하는 공공근로사업적 성격을 부여하고, 목민관들 역시 봄날 관아의 청사를 수리하는 등의 공역을 일으켜야 함을 『목민심서』의 준사에서 제안한다.

당시 시장경제가 없었던 상황이라 민관 네트워크나 민간 부문의 복지산업 진입과 같은 정책은 불가능했지만, 다산은 권분의 설명을 통해 지역복지에서 부유층이 자진해서 어려움에 처한 사람들을 도와 주도록 하는 정책을 제안했다. 이러한 지역복지는 강제가 없는 자율을 강조하고 있는데, 바로 공동체적 관점에서 지역사회의 자립적 상호 부조를 의미한다. 이러한 다산의 견해는 지역복지의 권장과 민간의 복지 참여를 강조하는 의미에서 현대적 복지개혁과 일맥 상통한다고 하겠다.

4 생산적 복지의 딜레마와 다산의 교훈

1) 한국 복지의 딜레마

한국 사회복지의 딜레마는 선진국보다 100년 가까이 늦게 시작되었으면서, 선진국의 복지개혁의 새로운 패러다임도 같이 도입해야 한다는 점이다. 즉 서구 복지국가는 생성-성장-위기-개혁의 과정을 100년이 넘는 기간 동안 순차적·점진적으로 경험해 왔지만, 한국은 사회복지정책을 도입하던 1980년대 말부터 이른바 '작은 정부'도 같이 도입하게 된 것이다.

1980년대 말에 국민연금을 시작하고, 건강보험을 농촌지역까지 확대하면서 한국의 사회복지정책은 복지국가로의 발돋움을 시작했다. 그러나 실제로 한국 사회가 사회복지에 실질적으로 관심을 가지게 된 것은 진보정당인 민주당이 집권하면서부터이다. 김대중 정부는 '생산적 복지'를 국정과제의 하나로 내세우면서 '국민기초생활보장법'을 제정해 공적 부조를 현실화했고, 국민연금의 확대 및 건강보험의 통합을 시도했으며, 의약분업 등의 복지정책을 수립했다.

그러나 실제로 김대중 정부의 생산적 복지는 서구 복지국가의 지난

100여 년 동안의 복지철학 문제들을 한 군데 모아 놓는 딜레마를 보이고 말았다. 미국식 근로 연계 복지, 영국의 제3의 길이 중심이 된 반면, 척박한 한국의 복지 현실 속에 복지 확대를 위한 전통적 진보철학까지 반영하면서 서로 모순된 정책의 집합이 되었다(조성한, 2005). 이러한 모순된 복지철학으로 시작된 생산적 복지는 결국 실패를 거듭하면서 정권의 기반에 타격을 주기도 했다.[2)]

이러한 김대중 정부의 생산적 복지가 진보와 보수의 이념의 불명확한 혼합으로 실패한 것과 마찬가지로 노무현 정부의 '참여복지' 역시 구체적 정책의 방향이나 내용이 명확하지 못했다(김태룡 외, 2004).[3)] '참여복지 5개년계획'에서 노무현 정부는 ① 전 국민에 대한 보편적 복지 서비스 제공, ② 상대 빈곤 완화, ③ 풍요로운 삶의 질 개선 등을 내세우고 세부계획을 발표했지만, 김대중 정부의 생산적 복지 이상의 새로운 패러다임을 제시하지는 못했다. 특히 민간 복지참여를 통한 참여복지공동체를 확대시킨다고 하지만, 복지산업에 대한 민간 부문의 참여를 위한 규제 완화는 이루어지지 않았다.

특히 참여정부가 들어서면서 급격히 증가한 실업률과 일반 실업률의 2배에 달하는 청년실업률은 참여정부가 내세운 보편적 복지와는 상반된 결과이다. 또한 참여정부 초기를 벗어나서 후기에 도달할 때까지도 이에 대한 연구가 거의 이루어지지 않았다는 것도 참여정부가 생산적 복지와 차별화를 이루지 못했음을 말해 준다.[4)]

---

2) 김대중 대통령은 정권 말기 기자의 인터뷰에서 복지정책이 그렇게 어려운 것인지 전혀 몰랐다며 복지정책에 무모하게 접근한 것을 후회하기도 했다.

3) 실제로 노무현 정부의 경우 초기의 불명확한 참여복지를 내세운 이후 새로운 복지정책 프로그램을 도입할 것을 시도하기는 했지만, 실행된 것이 없어 참여복지에 대한 연구 자체가 거의 없다.

4) 김대중 정부의 생산적 복지에 대한 연구는 오히려 김대중 정부의 집권 기간에 이루어졌던 것에 반해, 참여정부의 집권 기간 동안에는 이에 대한 연구가 없는 실정이다. 보건복지부, 노동부 등의 공무원들과의 인터뷰에서도 참여정부가 뚜렷이 무엇을 추구하고 있는지에 대해서는 답을 못했다.

이와 같은 현재 한국 복지정책의 딜레마와 문제점은 다음과 같이 요약될 수 있다.

첫째, 생산적인 복지를 주장하면서도 실제로는 국민의 근로 능력을 배양하거나 일자리를 창출하는 노력은 거의 없다. 오히려 척박한 복지정책의 현실을 극복한다는 목적으로 국가의 재정에 부담이 될 정도의 복지 확대와, 근로 의욕을 해칠 정도의 사회 보장의 확대를 추진했다(권순원, 2002).

둘째, 빈곤을 구제하기 위한 공적 부조에서 근로나 자활을 유인하거나 강제하는 제도가 결여되어 생산적인 근로 연계가 되지 않았다(문진영, 2001; 박천익, 2005). 이는 생산적 복지라는 개념을 무색하게 하는 복지제도로서 현금 급여 중심의 시혜성만 갖추고 있는 것이다.

셋째, 사회보장제도의 전달 체계에서 민간의 참여가 극히 제한되어 있어 생산적인 민관 합동의 복지 시스템이 구축되지 못했다(조우현, 2001). 실업률은 계속 늘어갔지만, 이 문제를 해결하기 위한 정부의 노력도 부족하며, 전문성이 높고 실질적 고용을 창출할 수 있는 민간기관과의 협동이 잘 이루어지지 않았다.

2) 다산적 해법

다산은 복지제도에서 우선 자립을 가장 중요하게 생각했다. 국가가 백성의 삶을 책임져 주어야 하는 의무가 있음을 인정하지만, 현대의 자산조사(means test)와 같이 스스로의 근로 능력, 부양가족, 또는 재산이 있는 경우는 해당되지 않았다. 대신 국가는 스스로 근로 능력이 있는 사람들에 대해서는 공공근로사업이거나 직업교육이나 정보를 통해 구제해 주어야 한다고 주장했다.

이러한 다산의 주장을 볼 때, 다산은 현 정부와 같은 청년실업에 대한 방치는 용납되지 않았을 것이다. 현재 중소기업에서는 일자리가 부족한데 청년실업은 심각한 상황에 이르고 있는 것은 정부가 그 임무를 다하고 있다고 볼 수 없다.[5] 다산이 가장 선호했을 정책은 최근 복지국가들의 개혁 추세인 근로 연계 복지였을 것이다.

혹독한 미국식 근로 연계 복지라기보다 덴마크나 스웨덴처럼 정부가 일자리를 창출해 실업과 빈곤을 구제하는 방식의 근로 연계 복지가 다산이 추구하는 복지 체제이다. 『목민심서』의 진황 6조에서 보력을 설명하며 국가가 백성에게 일을 할 수 있도록 교육도 시키고, 정보도 주면서, 기회가 되면 공공근로사업도 벌일 것을 제안했다. 이러한 다산의 경험은 화성 신도시 건설에서의 경험을 그대로 반영한 것이라고 하겠다.

또한 다산은 민관 협동에 의한 복지 체제를 구축하려 했다. 진황 6조의 '권분'에서 지역의 부유한 사람들이 자발적으로 빈곤한 사람이나 재난을 당한 사람들을 도와 주도록 제안하고 있다. 당시 현재와 같은 복지재단이나 민간 기업이 없는 상황에서 국가가 할 수 있는 민관 협동의 유일한 대안이라고 할 수 있다. 권분은 현대의 민관 협동과 자원봉사를 다 포함하며, 국가는 이러한 자발적 민간복지가 흥할 수 있도록 인센티브를 마련하는 방안도 제시하고 있다.

더구나 현재와 같이 중소기업의 인력난과 청년실업이 공존하는 상황에서는 중소기업과 같은 민간 기업들이 실업 대책에 같이 참여하는 것이 더욱 효과적이다. 특히 지역사회와 기업 그리고 정부가 함께하는 민관 합동 지역복지는 다산이 가장 효과적이라고 생각하는 사회복지 모형이 될 것이다.

그러나 권분은 국가가 강제로 민간이 복지에 참여하도록 하는 것을 강력히 금지했다. 강제로 복지에 참여시킬 경우 장기적으로 복지를 베풀 수 있는 사람들이 이를 피하기 위해 오히려 관료들에게 뇌물을 주는 등 부정부패가 발생할 수 있기 때문이다.

---

5) 청년실업은 2002년부터 2006년 사이 2배가 늘었다(경향신문, 2006. 4.24.).

> 권분의 영이 나오면 부민(富民)은 크게 놀라고 가난한 사람들은 탐욕스러워진다. 큰 정사에 신중하지 않으면 엉뚱한 공로를 자기 것으로 삼는 자들이 있을 것이다(牧民心書, 賑荒六條, 勸分).

또한 다산은 무분별하게 복지제도를 도입해서 가족을 해체시키기보다는 가족이 중심이 되는 복지 체제를 선호한다. 노인에 대해서는 효를 통해, 자식에 대해서는 책임감에 의해 가족을 보살피도록 국가가 권장할 것을 제안했다. 그럼에도 버려지는 아이들이 있으면, 국가는 가능한 가족에 입양시켜 생활할 수 있도록 할 것을 다산은 제안하고 있다.

마지막으로 다산은 복지행정에서 정확성과 투명성, 효율성 그리고 예산의 한계에 합당한 대상 선정을 제안한다. 알곡식은 키질을 하여 정확한 양을 측정해서 그 양에 맞도록 복지의 수혜자의 수와 지급의 양을 정할 것을『목민심서』의 설시에서 강조했다. 이러한 다산의 복지행정의 가치관은 현재 무분별하게 경제적 측면과 관계없이 복지재정을 늘리려고 하는 정부의 복지정책 방향에 큰 시사점이 될 수 있다.

5 해석과 평가

다산은 조선 시대의 국정관리 전반에 대한 문제점들을 깊이 성찰해 실용적 대안을 많은 저서로 남긴 실학의 대가이다. 다산이 제기한 국정관리의 문제들은 200년 전의 상황에 대한 정리였지만, 지금까지 많은 부분에서 그대로 활용할 수 있을 만큼 시사하는 바가 크다. 어쩌면 그만큼 한국의 국정관리가 크게 발전하지 못했다고 볼 수도 있고, 다른 한편 다산의 폭넓고 깊이 있는 성찰이 시대를 가른다고 볼 수도 있다.

복지에 대해 다산은 많은 내용을 남기고 있지는 않다. 복지제도를 체계적으로 정리하지도 않았다. 하지만 다산의 저작들은 백성의 삶의

질을 어떻게 개선하고, 빈곤의 위기에 처한 백성들을 어떻게 구제해야 하며, 모든 백성이 잘살기 위해서는 근본적인 전제의 개혁 및 직업관의 변화가 어떠해야 하는지를 직·간접적으로 다룬다.

서학의 영향을 받은 다산의 사고 체계는 합리성의 추구와 그러한 합리성을 바탕으로 빈곤에 대한 대책을 논했다. 이러한 다산의 복지정책은 당시의 서구 복지제도의 수준을 훨씬 뛰어넘어, 현대의 복지정책에 더욱 근접해 있었다.

현대의 복지정책은 시혜적 복지정책의 비효율적인 측면에서 벗어나, 경제적 요인과 부합하는 생산적인 복지정책을 추구하고 있다. 이러한 생산적 복지정책은 모든 국민의 노동생산성을 제고하기 위한 업적주의적 복지, 빈곤층의 근로 의욕을 유인하고 강제하는 근로복지, 민간의 역량을 최대한 이용하는 민관 합동 등을 포함한다.

다산의 복지정책 역시 이러한 현대적 복지정책의 거의 모든 면을 그대로 내포하고 있다. 시대적 상황의 차이 때문에 계급이나 시장제도의 한계 등을 나타내고는 있지만, 최대한 기회의 평등과 민간의 참여, 근로의 유인과 강제, 그리고 생산성의 증가를 위한 대안들을 제시하고 있다.

이러한 다산의 생산적 복지 이념과 정책대안은 사회복지의 초기 단계부터 딜레마에 빠져 있는 한국의 복지정책에 시사하는 바가 크다. 형식적으로는 가족과 지역의 역할과 근로 연계 등의 필요성을 강조하지만, 실질적으로는 사회복지 프로그램을 무조건 늘리기에만 집중하고 있는 지금의 실정에서, 다산이 주는 교훈을 깊이 받아들여야 한다. 사회복지라고 해서 무조건 베풀어야 한다는 착각에서 시혜성과 재정 확대만 강조하고 있는 정부의 복지정책들에 대해 경종을 울리면서, 진정한 생산적 복지는 어떻게 이루어져야 하는지를 다산은 그의 200년 전 저서들을 통해 잘 보여 주고 있다.

참고 문헌

곽효문(1995). 정약용의 복지 이념에 관한 연구. 『한국행정사학지』, 4: 105-127.
권순원(2002). 21세기 한국의 사회복지정책: 지속가능한 복지체계의 구축 방안. 『사회과학연구』, 8: 21-38.
김태룡 · 안희정(2004). 효과적인 복지정책을 위한 생산적 복지와 참여복지의 탐색. 『한국사회와 행정연구』, 15(2): 427-445.
문진영(2001). 생산적 복지제도의 구축 방안: 공공부조제도와 적극적 노동시장 정책의 연계 프로그램을 중심으로. 『사회보장연구』, 17(1): 143-743.
박영조(1987). 다산과 리카르도(David Ricardo)의 토지정책 비교. 『한국정치학회보』, 21(1): 49-63.
박천익(2005). 생산적 복지의 현실화와 정책과제. 한국경제학회 2005 경제학 공동학술대회 발표 논문.
신영훈(1998). 『수원의 화성』. 서울: 조선일보사.
윤사순(1985). 다산의 인간관: 탈성리학적 관점에서. 한우근 외. 『정다산 연구의 현황』, 서울: 민음사.
이덕일(2004). 『정약용과 그의 형제들』. 파주: 김영사.
이상익(1996). 정약용 사회사상의 새로운 지평. 『철학』, 48(1): 5-32.
이용형(2000). 다산 직업론에 관한 현대교육적 의미. 『건전사회교육』, 5(1): 85-103.
장동희(1997). 다산 복지행정사상의 특징과 현대적 의의. 『한국행정사학지』, 5: 201-217.
장동희(2003). 『목민심서』를 통해 본 다산의 복지사상 및 정책론. 『정책과학연구』, 3(1): 131-149.
정약용(1979). 『牧民心書』, 다산연구회(역). 서울: 창작과비평사.
정윤재(1999). 정약용의 자작적(自作的) 인간관과 왕정개혁론: 조선 후기 정치권력의 공공성문제와 관련하여. 『한국정치학회보』, 33(4): 83-104.
조성을(2001). 정약용과 화성 건설. 유봉학 외(공편). 『정조시대 화성 신도시의 건설』. 서울: 백산서당.
조성한(2005). 김대중 정부의 생산적 복지에 대한 소고. 『현대사회와 행정』,

15(3): 1-52.
조우현(2001). 생산적 복지정책의 평가와 향후 정책과제. 『노동경제논집』, 24(2): 163-196.
한국학중앙연구원(1991). 『한국민족문화대백과사전』. 성남: 한국학중앙연구원.
한영우(1986). 다산의 『여유당전서』, 역사학회(편). 『실학연구입문』, 서울: 일조각.
Brittan, S.(1975). The Economic Contradictions of Democracy. *the British Journal of Political Science,* 5(2): 129-159.
Esping-Anderson, Gøsta(1996). After the Golden Age? Welfare State Dilemmas in a Global Economy. Gøsta Esping-Anderson(ed). *Welfare State in Transition: National Adaptions in Global Economies.* 1-31. London: Sage Publications.
Esping-Anderson, Gøsta(2002). Towards the good society, once again? Gøsta Esping-Anderson(ed). *Why We Need a New Welfare State.* 1-25. Oxford: Oxford University Press.
Giddens, Anthony(2000). *The Third Way.* Cambridge: Polity Press.
Giddens, Anthony(2002). 「노동의 미래」. 신광영(역). 서울: 을유문화사, *Where Now for New Labor.* Cambridge: Polity Press.
Gilbert, Neil(2002). *Transformation of the Welfare State.* Oxford: Oxford University Press.
Gilbert, Neil & Paul Terrell(1998). *Dimensions of Social Welfare Policy.* Boston: Allyn and Bacon.
Offe, C.(1984). *Contradictions of the Welfare State.* London: Hutchinson Education.
Peck, Jamie(2001). *Workfare States.* New York: the Gulford Press.
Pierson, Christopher(1991). *Beyond the Welfare State?.* PA: Pennsylvania State University Press.
Rawls, John(1971). *A Theory of Justice.* Cambridge: Harvard Univisity Press.

제9장 교육관

조성한

1 서 론

한국의 빠른 경제 발전에 대한 외국 학자들의 논의에서 '유교적 문화에 기반을 둔 높은 교육 수준'은 늘 핵심적 요인으로 자리매김을 해 왔다. 그럼에도 국내에서는 오랜 기간 시급히 해결되어야 할 사회경제적 문제로 '교육제도'가 지적되어 왔다. 따라서 역대 정권들은 어떤 형태로든 교육개혁안을 제시했고, 또 일부 시행도 했다. 그러나 한국의 교육문제는 지속적으로 악화되어 왔으며, 급기야는 교육을 위한 '한국탈출'이라는 현상이 벌어지고 있다.

이러한 교육문제는 교육을 받는 수요자들에 대한 관심보다도, 위정자들의 정치적 목적으로 교육개혁이 이루어졌기 때문이라는 지적이 주류를 이룬다. 위정자들에 의해 교육제도가 불합리적으로 되는 세세한 이유는 다르겠지만, 그 전통은 과거 조선왕조로 거슬러 올라갈 수 있다.

조선왕조의 교육은 위정자들이 당시의 지배적 이념인 성리학에 입각해 공리공론적 철학교육을 통한 수신(修身)과 관리 양성을 위한 과거시험의 주요 과목의 지도에만 치중했다. 중국이 비실용적인 성리학을 지배적 이념에서 배제시킨 이후에도 조선은 지배 세력의 정치적 지위를 지키기 위해 세계적 변화의 현실을 반영하지 못하고 성리학을 굳건히 지켜갔다.

다산을 비롯한 실학자들은 이러한 조선왕조의 정치 및 사회경제적 문제를 해결하기 위한 개혁적 철학을 제시했다. 다산을 비롯한 실학자들도 당시의 시대적 배경에서 완전히 벗어나지는 못했기 때문에 교육의 목표를 '수신(修身)과 치국(治國)'에 두었다. 즉 윤리적 차원에서의 수신과 더불어 실용적 차원에서 국가를 운영하기 위한 수단으로 교육제도의 개혁을 주장했다.

따라서 다산의 교육에서는 현대 교육철학과 같은 아동과 청소년의 발달 과정 속에서 교육제도의 세세한 기법들을 발견할 수는 없지만, 기존 성리학의 교육철학이나 제도적 접근과는 판이한 것이었다. 모두가 능력에 맞는 교육을 받을 수 있는 평등과 더불어 능력에 따른 차별화도 강조되었으며, 현실적 기술과 과학을 강조한 학문 체계의 개혁 등이 실용적 차원에서 강조되었다.

이러한 다산의 교육철학과 정책적 개혁 방안은 현재 한국 교육개혁의 모든 문제를 해결할 수는 없지만, 교육개혁 논의에 중요한 방향을 제시하는 데 큰 도움이 될 수 있다. 이 연구는 한국의 교육개혁에 대한 논의에서 다산의 실학적인 대안들이 주는 시사점을 찾고자 한다. 19세기 학자의 교육개혁을 위한 논의가 21세기 한국의 현실에도 그대로 반영될 수 있다는 점에서 한국 교육제도의 현주소를 일깨워 주는 데 일조할 수 있을 것이다.

2 교육철학

1) 다산 교육철학의 시대적 배경

조선은 건국 이래 통치 권력과 밀착한 주자학을 지배적 사상으로 계급교육을 시행했다(성대경, 1987). 계급교육은 봉건통치자들이 신분사회를 유지하며 중세적 왕조 체제를 호위할 인재를 양성하는 관료

양성교육과 백성을 봉건 도덕적 윤리규범으로 묶어 둘 교민정책(敎民政策)으로 구성했다.

이러한 주자 성리학적인 교육사상의 특징은 교육의 최고 목적을 성현처럼 되는 데 두었기 때문에 교육 방법도 성현의 말을 외우고 따르며 성현의 행동을 모방하는 것을 중요시했다. 양반들은 대부분 과거를 목표로 사장학(詞章學)에 전념하거나 아니면 실용과는 관련이 없는 이기론(理氣論)이나 예론(禮論)으로 공리공담을 되풀이하는 것이 전부였다. 따라서 실제로 국가를 풍성하게 하고 생산성을 높이는 생산기술에 관한 지식이나 과학 지식은 낮은 수준의 공부로 보았기 때문에 다양한 학문이 발달할 수 없었다.

그나마 조선왕조의 전기부터 중기에 이르기까지는 치인학(治人學)이 중심이 되어, 성리학을 바탕으로 한 백성에 대한 교육 풍조가 크게 발전했었다. 특히 향약의 보급은 성리학의 교육을 전국적으로 침투시키는 데 큰 기여를 했다.

그러나 조선 후기에 들어서면서, 점차 치인학보다는 수기학(修己學)이 강조되면서 성리학의 비실용적인 측면이 강조되기 시작했다. 이에 따라 경국치세(經國治世)를 위한 구체적 정책연구는 멀리하고, 전혀 생산적이지 않은 형이상학적 논쟁만을 되풀이했다. 이에 따라 성리학의 해석을 둘러싼 사상 투쟁이 당쟁이라는 모습으로 격렬하게 진행되었다.

양반들이 당리당략에 치중하던 조선 후기, 사회경제적으로는 농업생산력의 발달로 인해 부농의 상업적 경영이 가능해졌다. 이에 따라 화폐경제가 발전하면서 향촌의 신분 질서가 흔들리게 되었다(한우근 외, 1985). 재산이 많은 상민들이 족보를 위조하거나 납속(納粟) 같은 방법으로 신분 상승을 하면서, 상민보다 오히려 양반의 수가 많아지기도 했다. 심지어는 몰락한 양반이 소작농으로 전락하기도 했다.

이에 따라 조선 후기에는 백성들에 대한 통제력이 약화되었고, 성리학은 제 기능을 발휘하지 못하게 되었다. 실학은 이러한 정치경제적 현실에서 지배층의 통치철학인 성리학의 비실용적 측면을 비판하면서 실사구시와 이용후생의 정신을 기반으로 시작되었다. 서구 문물의 도입도 실학사상의 형성에 큰 영향을 주었다.

다산은 16세에 실학의 대가인 성호(星湖) 이익(李瀷)의 글을 읽으면서 실학에 관심을 가지기 시작했다. 또한 서학을 접하면서 실용적 과학과 기술에 대한 연구도 하게 되었다. 실제로 다산의 방대한 저서들은 실학을 집대성한 것으로도 볼 수 있는데, 그의 교육철학 역시 기존의 성리학에서 벗어난 평등주의와 실용주의에 기반을 두고 있다.

2) 다산의 교육철학

(1) 평등주의적 교육철학

다산의 교육철학이 평등주의적이었는지 또는 신분교육을 그대로 유지하고자 했는지에 대해서는 학설이 갈리고 있다(장동희, 2003). 다산이 비록 교육 내용에서 실용주의를 내세우고 있지만, 교육의 대상에 대해서는 당시의 시대적 배경을 벗어나지 못하고 있다는 주장은 『경세유표』에 나오는 다산의 교육제도에 대한 설명에 근간을 두고 있다.

> 이른바 만백성을 교육한다는 것은 천민들까지 전부 가르친다는 말이 아니다. 국자 외에는 비록 벼슬하는 가문이라 하더라도 전부 만백성으로 부르는 것이다. 사도의 교육은 반드시 덕행과 도예를 고사(考査)하게 되는데 도예를 어찌 천민들이 배울 바이겠는가(經世遺表, 僑民之法).

또한 다산은 교육기관에서도 왕족과 선택된 귀족을 위한 교육기관과 평민들이 수학할 수 있는 교육기관으로 이중 구조화시키고 있다.

> 왕자, 왕손으로부터 현손에 이르기까지는 법에 당연히 군(君)으로 봉할 대상자는 태학에서 가르친다. 왕자의 맏손자는 비록 4대를 지냈어도

> 태학에서 가르친다. (옛날에는 별자(別子)로 조상의 대를 잇게 되면 특별히 종손을 삼는다고 했다.) 그 나머지는 사도에게 돌린다(經世遺表, 僑民之法).

교육기관을 이중구조로 하여 왕족이나 귀족의 교육기관과 평민의 교육기관을 분리했으며, 평민을 위한 교육기관인 사도에도 천민은 배제하고자 했던 다산의 교육 이념은 얼핏 보기에 당시의 불평등한 교육제도를 그대로 반영한다. 그러나 이에 대한 반론은, 비록 다산이 시대적 배경에서 전혀 벗어나지 못했지만, 당시의 제도에 비추어 볼 때 상당히 평등주의에 가까운 파격적인 교육철학을 보이고 있다는 것이다(성대경, 1987). 『여유당전서』에서 다산은 사람은 처음부터 어떤 신분을 가지고 출생한 것은 아니라고 밝히고 있다(신천식, 1981).

> 태초에는 민(民)뿐이었으니 어찌 통치자가 있었겠는가? 민(民)은 자유스럽게 무리를 지어 살았다. 어떤 한 사람이 이웃과 다투게 되었는데 결말을 잇지 못했다. 그들 중에 한 노인이 공정한 말을 잘하면서 모든 사람이 그에게 가서 바른 판결을 받았다. 사람들은 모두 복종하고 그를 추대해 존경하여 이정(里正)으로 삼았다. 황제의 근원은 이정에게서 시작한 것이다. 그러므로 법은 백성을 위해 만들어진 것이다(與猶堂全書, 詩文集).

따라서 다산은 통치자와 민의 관계를 계약적 관계로 보고 있다. 통치자인 특정 계급의 신분을 위한 것이 아니고, 모든 백성에게 균등하게 혜택을 줄 수 있어야 한다는 것이다. 이는 천명(天命)이며 만일 통치자가 이것을 어길 경우에는 하늘의 뜻을 어기게 되는 것이다.

그렇다면 다산은 스스로 평등한 인간을 전제로 하면서, 교육에서는 신분의 차이를 엄격히 지키게 하는 모순을 범하고 있는 것이 된다. 하지만 다산은 최소한 천민들에게 '기회'를 제공함으로써 이 문제를 나름대로 해결하고 있다. 『경세유표』의 '교민지법'에서 다산은 다음과 같이 정했다.

> 평민의 경우에는 진사만이 태학에 입학하고 그 나머지는 사도에게 돌린다. 양현고에서 하루 급양하는 진사 수는 100명을 넘지 않는다. 대개 일단 원점을 받은 자는 나가고 못 받은 자는 들어가되(만일 들어갈 것을 요구하는 자가 없을 때는 아무리 원점자라도 그대로 나가지 않는다) 어느 것이고 합격자 발표의 순서를 기준으로 한다. (원점에 대한 규정은 과거제도에 자세히 나온다.) 무릇 진사가 된 자는 비록 천인(下賤) 출신이라도 지금의 법처럼 모두 태학에 입학한다(經世遺表, 僑民之法).

또한 『여유당전서』에서는 인재를 등용하지 못하는 과거제도의 폐단을 막으며, 인재라면 천민도 등용할 수 있게 다음과 같이 제안했다.

> 10년마다 한 차례씩 무재이능과(茂才異能科)를 설행해 서북, 양도(개성·강화) 사람과 중인(中人)·서류(庶流)로부터 천민에 이르기까지 경전에 밝고 행실을 닦아 문학과 정사에 대한 식견이 무리에서 뛰어난 자가 있으면…… 대략 100명을 천거한다. 이들을 서울에 모아서 경학과 시부(詩賦)와 논책(論策)을 시험해 그 중 열 사람을 뽑아서 과거를 보게 한다. 이 과거에 합격한 자를 대성(臺省) 관각(館閣)에서 의정부와 전부에 이르기까지 벌열가(閥閱家)의 자제와 똑같이 등용한다면 …… 막혀 있는 것을 뚫고 답답한 것을 시원하게 하는 데 이보다 나은 방법은 없을 것이다(與猶堂全書, 五學論).

다산의 시대적 배경에서 볼 때, 다산에게 완전한 평등까지 요구할 수는 없다.[1] 따라서 다산은 원칙에서는 시대적 상황에 맞도록 이분법

---

1) 당시 실학파의 정치적 이념은 다산이 표현하는 것보다 더욱 극단적으로 평등사상을 나타내고 있다. 하지만 정치적으로 핍박을 받는 다산의 입장에서 성리학을 완전히 거부하는 평등사상을 확연히 표명하기는 어려운 상황이었다. 따라서 성리학의 입장을 반영하면서, 간접적으로 평등사상을 표현하고 있다.

적인 교육제도를 정해 놓았지만, 결국 천민에게까지 태학에서 공부할 수 있는 기회를 마련했으며, 벼슬길에 오를 기회도 제공했다.

이에 따라 다산의 교육제도는 평등 이념과 더불어 능력에 맞춘 교육제도의 효시로도 볼 수 있다. 결국 능력이 모자란 백성들은 인성교육만 받도록 하는 한편, 능력에 따라 사도와 태학의 교육을 받을 수 있게 한 것은 평등 속에서 능력에 따른 차별화를 강조한 것으로도 볼 수 있다.

(2) 실용적 지식교육

다산의 능력에 따른 교육은 '교육 내용의 전문적 세분화'로 이어진다. 다산은 학교 교육에서 각자의 능력과 소질을 전제로 해서『경세유표』의 '교민지법'에서 다음과 같이 교육의 내용을 분화시키고 있다.

① 문과의 거자(擧子)가 되기 위한 문선(文選)
② 무과의 거자가 되기 위한 무선(武選)
③ 문·무 외에 치민(治民)의 재주를 가진 자로 치선(治選)
④ 의(醫), 역(譯), 악(樂), 역(曆), 산(算), 서(書), 화(畵) 등의 기예를 가진 자는 예선(藝選)

(3) 육조관아(六曹官衙)의 서리(胥吏)를 위한 서선(胥選)

다산은 만민이 종사하는 각종 직업은 천명에 입각한 것이며, 따라서 모든 인간을 직업의 귀천에 따라 신분적으로 예속시켜 차별한다는 것은 있을 수 없다고 보았다. 이러한 관점에서 다산은 모든 사람은 능력에 따라 각자의 소질을 계발하고, 또 이에 종사함으로써 하늘의 소명에 합일할 수 있다고 본 것이다(신천식, 1981).

다산은 악(樂)과 농업 기술을 비롯한 각종 기예의 학습에 대해서도 사회에 필요한 공부로 인정하고 국가의 부강과 윤택한 삶을 위해 크게 장려해야 한다고 주장했다.

> 악(樂)을 만들지 않으면 교화도 마침내 베풀어질 수 없으며 풍속도 마침내 변화시킬 수 없어서 마침내 천지의 화기로움을 이루게 할 수 없다(與猶堂全書, 樂論).

> 농업 기술이 정밀하면 소유하는 땅이 적더라도 많은 수확을 얻을 수 있을 것이며 적은 노력으로도 많은 곡식을 결실할 수 있을 것이다.…… 방직의 기술이 정밀하면 물자의 소비가 적더라도 많은 실을 얻을 수 있을 것이며,…… 병기의 기술이 정밀하면 공격과 방어의 진지 구축에 이르기까지 안전을 더욱 확고히 할 것이며,…… 의술이 정밀하면 병을 진맥하는 데 좀더 정확해 지난 날의 몽매와 오류를 시정할 수 있을 것이며,…… 백공의 기술이 정밀하면 주택 도구부터 성곽 차량에 이르기까지 모두 견고하고 편리할 것이다(與猶堂全書, 技藝論).

학문에 대한 다산의 이해 기준은 세상을 위한 일에 힘이 되는가 또는 백성에게 유익한 일인가에 두었으며, 이러한 실천적 목적에 유념하지 않고 박문강기(博聞强記)나 광사호변(廣詞豪辨)을 일삼는 학문을 배척했다.

> 오늘날 성리학은…… 만 갈래 학설로 쪼개져서 저마다 천하의 오묘한 이치를 다 깨달았다며 대를 이어 다툰다. 자기와 같은 학설을 말하면 지지하고 자기와 다른 학설은 원수처럼 공격해 오직 자기 주장만이 옳다 하니 이것이 어찌 올바른 학문과 거리가 멀다 아니할 수 있는가(與猶堂全書).

이러한 입장에서 다산은 성리학을 비롯해 훈고학, 문장학, 과거학, 술수학 등 오학을 배척했다.[2)] 대신 국가를 부강하게 하기 위한 생산

2) 당시의 지배 이념인 성리학을 비판하는 대신, 다산은 유교의 전통 경전들을 새롭게 해석하고 유교의 전통 자체를 부정하는 것이 아님을 스스로 증명하면서 평생을 보냈다.

기술에 대한 학문이 시급히 필요하다는 것을 주장하면서, 당시 북학파의 견해를 찬성했다. 새로운 기술은 외국으로부터 과감하게 수입해야 한다면서, 『여유당전서』에서 새 기술의 수입과 그 보급을 위한 교육 등 일련의 업무를 담당할 기구로 이용감(利用監)을 설치할 것을 제안했다.

> 지금의 급무는 북학하는 데 있다. 내 생각으로는 별도로 북학만을 전담하는 한 관청을 설치하는데 명칭을 이용감이라 한다. 제조(提調)와 검정(檢正)은 수리(數理)에 밝은 자로 임명하고 별제(別提) 두 사람은 눈썰미와 손재주가 있는 자를 쓰고 학관(學官) 네 사람은 사역원(司譯院)과 관상감(觀象監)에서 수리에 밝고 중국어에 능통한 자를 발탁해서 매년 북경에 보내어 실용에 관계되는 모든 것을 배우고 익혀서 귀국 후 이용감에 배치해 중국에서 배운 것을 제조해 전국에 전수 보급하게 한다(與猶堂全書, 五學論).

(4) 교육행정의 자율성, 전문성과 책무성

다산이 교육행정의 자율성에 대한 언급은 직접 한 바는 없다. 다만, 『목민심서』의 '예전 6조 흥학'에서 가르침은 스승에게 전적으로 맡기는 것을 제안했다. 따라서 교육행정은 좋은 스승을 선택하고 준비하는 데에 그치고, 그 이후 교육은 스승이 담당하는 것이다.

> 배움이란 스승에게 배운다는 것이다. 스승이 있은 후에야 배움이 있는 것이니, 학덕이 높은 사람을 초빙해 사장으로 삼은 다음에야 학규를 논의할 수 있는 것이다(牧民心書, 禮典六條, 興學).

> 단아하고 방정한 사람을 뽑아 제장으로 삼아서 모범으로 삼아 예로써 대우해 그 염치를 기를 것이다(牧民心書, 禮典六條, 興學).

다산은 학교를 세우고, 학교 건물을 보수하고 관리하는 일은 목민관이 책임질 일이라고 주장한다. 목민관은 만민이 교육을 제대로 받을 수 있게 최대한 많은 학교를 건립할 것을 주장했다.

또한 다산은 교육을 담당하는 관리들은 그 자체가 전문성을 갖추어야 한다고 주장했다. 교육은 국가를 부강하게 하는 가장 중요한 일이며, 이를 담당하는 관리들은 그 중요성을 깨닫고 교육행정에 대한 전문성을 갖추어야 한다는 것이다.

교육의 책무성에서 다산은 목민관과 교육을 담당하는 관리들은 양질의 교육 보급과 교육의 질에 선생의 책임이 있음을 밝히고 있다. 교육의 방법이나 교재 선택은 선생들의 몫이지만, 교육의 결과에 대해서는 관리들이 지속적으로 평가해야 하는 책무를 맡아야 한다는 것이다.

3 교육제도와 교육 내용

1) 다산의 교육제도

(1) 교육기관의 이분화

다산은 교육기관을 태학과 사도로 이분화했다. 국자(國子)는 왕자·왕손으로서 현손(玄孫)에 이르기까지 법에 당연히 군(君)으로 봉할 자를 의미하며 최고 학부인 태학에서 배울 수 있지만, 서성(庶姓)이라도 진사(進士)인 자는 태학에서 공부할 수 있었다. 또한 근본이 하천이라도 진사가 되었다면 태학에서 배울 수 있게 하여 능력 있는 사람은 근본이 하천이라고 해도 높은 학문을 공부할 수 있는 기회를 주었다.

왕족에 해당되는 귀근(貴近)한 공족 이외에는 비록 부마(駙馬), 국구(國舅), 원훈(元勳), 대신의 아들이라도 모두 사도에서 가르치게 했다. 국자 이외에는 모두 만민에 해당되기 때문에 사도에서 가르치는 것이 마땅하다고 본 것이다.

이는 조선 시대의 국가 지배 체제와 실학의 평등사상을 모두 반영한 것이다. 전제군주 시대에는 군주와 그 친척들에 대한 특권을 인정하지 않을 수 없다. 따라서 왕족들은 권리에 의해 우선적으로 최상의 교육을 받도록 했다. 하지만 그 특권은 왕족에 한정했으며, 그 밖에는 상당 수준의 고위층 자제라고 하더라도 모두 사도에서부터 시작할 것을 정하고 있다.

비록 태학이 왕족들을 위한 교육기관이지만, 심지어 천민 출신이라도 능력이 출중해 진사를 받게 되면 태학에서 교육받을 수 있는 기회를 부여했다. 따라서 왕족을 제외한 고위 관료부터 일반 백성과 천민까지 능력에 따른 교육 기회를 가질 수 있는 평등사상을 교육제도를 통해 보여 준 것이다.

(2) 사도의 교육 체계

사도(司徒)의 교육 체계는 국가의 행정구역과 연계시켜 공교육 체계로 제도화했다. 특히 중앙정부와 지방정부의 현실적 상황을 반영해 교육제도를 조금 다르게 제안하고 있다. 중앙이란 왕성(王城) 안의 구역을 의미한다.

> 왕성 안에 6부(部) 및 면조(面朝)·후시(後市)가 모두 66방(坊)이고, 성 밖 6수(遂)가 54방이어서 총 120방이 된다. 방마다 선사(選士) 30명을 뽑으면, 총 3,600명이다(經世遺表, 敎民之法).

> 6부에 향대부(鄕大夫)가 6명, 수대부(遂大夫)가 6명이다. 120의 방에 방로(坊老)가 120명이고 방마다 9취(聚)이다. 족사(族師) 각 1명이 교관이 되며, 방마다 선사 30명이 교장이 되는데 선사 1명이 학도 2명을 거느린다(經世遺表, 敎民之法).

> 6부·6수에 학도가 7,200명인데 선사 1명이 각각 2명씩 영도하도록 한다. 6부는 66방이고 그 취는 614이며 6수는 54방이고 그 취는 486이어서, 모두 1,100취 인데, 취마다 6명을 녹취(錄取)하면 6,600명이 된다. 그리

고 또 6부의 600취에 1명씩을 더 뽑으면 600명이니 합쳐서 7,200명이다 (조시 좌우에 천민들이 사는 취에는 더 기록하지 않음)(經世遺表, 敎民之法).

여기서 학도는 10세에서 30세까지인 자가 선발에 참여하게 되고, 모든 선사는 20세에서 40세까지인 자가 그 선발에 참여하며, 이보다 나이가 많은 자는 참여하지 못하게 했다. 학도는 연말에 족사와 선사로부터 1년 동안의 과업을 평가받고, 방로에게 보고되어 출척(黜陟)이 결정된다. 높은 성적을 받게 되면, 선사의 자리에 공백이 생길 때에 올림을 받아 선사가 된다.

선사에 대한 고과는 학도보다 치밀하고 체계적으로 제시되고 있다. <표 9-1>과 <표 9-2>는 각각 12방으로 구성된 부와 9방으로 구성된 부의 선사 정원과 상대적 고과평정표를 나타내고 있다.

〈표 9-1〉 1부 2방표

선별	인원	상지상	상지중	상지하	중지상	중지중	중지하	하지상	하지중	하지하
문선	96	1	2	3	6	72	6	3	2	1
무선	96	1	2	3	6	72	6	3	2	1
치선	48	1	1	2	4	32	4	2	1	1
예선	60	1	2	2	5	40	5	2	2	1
서선	60	1	2	2	5	40	5	2	2	1

〈표 9-2〉 1부 9방표

선별	인원	상지상	상지중	상지하	중지상	중지중	중지하	하지상	하지중	하지하
문선	72	1	2	2	5	52	5	2	2	1
무선	72	1	2	2	5	52	5	2	2	1
치선	36	1	1	1	3	24	3	1	1	1
예선	45	1	1	2	4	29	4	2	1	1
서선	45	1	1	2	4	29	4	2	1	1

대사도(大司徒)는 6향과 6수의 고장(告狀)을 종합해서 처리하되 무릇 상등에 있는 자는 올리고 하지하등에 있는 자는 물리친다. 그 나머지는 상도 없고 벌도 없으며, 3년 만에 대비(大比)해서 잘한 자는 올린다. 올린다는 것은 올려서 거자(擧子)로 삼는 것을 의미한다. 하지하등에 해당되는 자는 태형에서부터 축출되어 변방으로 가야 하거나, 기술이 있는 자는 공조(工曹)로 이첩하고, 용력이 있는 자는 군문(軍門)으로 보낸다.

지방의 교육도 근본은 중앙과 마찬가지이지만, 지방의 행정조직 체계에 따라 조금의 변화를 주고 있다. 다만 지방의 교육에서는 전공 분야라고 할 수 있는 문선, 무선, 치선, 예선, 서선 중 예선과 서선은 두지 않는다.

> 군·현에서 백성을 가르치는 법은 서울과 비교하면 간략하다. 또한 100가(家)는 1취가 되고 9취는 1방이 되는데, 1방마다 교장(敎長) 3명을 세운다(經世遺表, 敎民之法).

여기서 교장이란 중앙의 선사에 해당되는데, 중앙은 1방마다 30명이지만, 지방은 3명으로 제한했다. 그리고 교장이라고 해서 모두 선사와 같은 급은 아니며, 지방의 수준에 따라 달리해야 한다고 제안했다. 이는 지방의 인재가 중앙의 인재만큼이나 밀도가 높지 않기 때문이다.

전국 12성(省)의 정원은 선사 4,800명, 학도 19,200명, 계 24,000명으로 구성된다. 이들 중 선사 4,800명은 문무선 각각 1,920명, 치선 960명으로 분류된다. 이들에 대한 출척 과정은 중앙과 동일하다(전도웅, 1990).

다산의 교육제도에는 현대의 '영재교육'과 같은 내용도 포함된다. 8세에서 15세까지의 동자들 중 재주가 뛰어난 자를 선발해 사도에서 배우게 하는 것이다. 그러나 혼인을 하여 성인이 된 자는 15세가 되지 않았더라도 제외된다.

> 준수한 동몽(童蒙) 60명을 6부와 6수에 선발한 다음, 10명씩을 본학(本學)에 예속시켜 교관의 가르침을 받도록 한다(經世遺表, 敎民之法).

동자의 학업은 교수와 교관이 1년 동안 교과한 것을 바탕으로 <표 9-3>과 같이 9등급으로 평가된다.

〈표 9-3〉 동자의 학업평가표

상지상	상지중	상지하	중지상	중지중	중지하	하지상	하지중	하지하
1	2	3	6	36	6	3	2	1

상등에 있는 자는 더 이상의 학업을 면제해 내보내며, 나이가 차면 바로 선사로 올리게 된다. 중등에 있는 자는 계속 학업하게 하여 다음해 다시 고과한다. 하등에 해당되는 고과를 받은 자는 낙제시켜 내보내어 사사로 학습에 힘쓰도록 한다. 이렇게 하여 해마다 새로 보충되는 인원은 12명이다.

2) 다산의 교육 내용

다산은 아동교육에서부터 정규 교육 과정에 이르기까지 당시의 전통적 교육 내용과 방법에 대해 비판적이었다. 사용하는 교재에서부터 교육 내용이 현실적이지 못하고 비실용적인 것들을 가르쳐서는 안 된다고 주장했다.

우선 아동교육에서 무조건 외우는 것을 지양했고, 글을 이해하고 작문을 잘할 수 있는 교육을 하게 했다. 그러기 위해 문자의 구성이 비체계적인 천자문을 무조건 외우게 하는 전통적 교육 방법을 비판했다(김태오, 1993).

천자문을 사용한 학습에 대한 비판은, 첫째로 천자문은 아이들의 이해 수준에 맞지 않은 내용이라 아이들의 흥미를 잃게 한다는 것이다.

둘째로는 문자를 같은 종류로 배열하지 않고 문장을 이해하고 구성하는 능력을 키우기에 맞지 않다는 것이다. 셋째로는 문자의 대비적 학습이 이루어지지 않는다는 것이다. 문자를 대비시키지 못한다면 문자의 뜻을 제대로 이해시킬 수 없다는 것이다.

이런 문제를 해결하기 위해 다산은 '아학편'을 지어서 아동들이 처음부터 학문을 제대로 이해하면서 익힐 수 있는 교재를 만들었다. 이와같이 다산은 비합리적이고 비실용적인 교육을 지양했으며, 교재의 선택을 매우 중요하게 여겼다. 실제로 배운 학문을 글로 옮기는 데 유용한 교재로 한자의 구성과 운용에 대한 기본 지침인 6서(六書)를 가장 으뜸으로 생각했다.

> 살피건대, 문옹(文翁)의 흥학은 문학에 불과했다. 문학은 옛날 소학의 교육이었다. 소학의 교육은 6서를 위주로 하는데, 상형(象形)·회의(會意)·전주(轉注)·가차(假借)·해성(諧聲)·지사(指事)를 일러 6서라 한다. 문학을 일으키고자 하는 것은 6서의 학문을 그 첫째로 하는데, 하물며 우리나라에서는 6서의 학문이 아직도 캄캄한 지경임에랴(牧民心書, 興學).

다산은 성인으로서 학문에 임하는 자들에게는 10경을 가장 중요하게 권했다. 10경은 시·서·예·악·역·춘추의 6경(六經)에다가 4서(四書)를 더한 것을 의미한다. 하지만 문선, 무선, 치선, 예선, 서선이 모두 10경을 익히는 것은 아니며, 공통 과목을 제외하고는 전공에 따라 선택해야 한다.

> 옛 사람은 문무를 아울러 공부했으나 지금은 문무의 업을 다르게 하니 도무지 옛 뜻이 아니다. 그러나 사람의 재주가 각각 그 소장이 있으니, 과목을 분간하지 않을 수 없지만, 오직 이 예·악만은 비록 무사라도 자신이 직접 익히지 않으면 안 되며, 사·어(射御)는 비록 문사라도 자신이 직접 연습하지 않으면 안 된다(經世遺表, 敎民之法).

다산은 허영심과 술수, 그리고 무조건 형식만 가르치는 5학을 배워서는 안 된다고 말하고 있다. 5학이란 성리학, 훈고학, 문장학, 과거학, 술수학을 의미한다. 5학은 당시 조선 지배층을 가르치는 주요한 교재로 사용되고 있었다. 하지만 실용적 학문을 중시하는 다산은 5학에 대해서는 부정적 시각을 보였다.

비록 학문은 아니지만 다산이 중요하게 여긴 교육 내용은 '기예'이다. 기예는 농사 짓는 법에서부터, 건설, 전쟁 기술까지 모두 포함하는 것으로 국력을 키우는 중요한 밑거름이 되어 주기 때문이다. 그리고 마지막으로 다산은 국사교육도 중요시했다. 당시 조선 사회에서는 중국의 역사를 더욱 중시했지만, 다산이 보기에는 우리의 역사를 알지 못하고 중국의 역사를 아는 것은 큰 폐단이었다.

> 수십 년 이래로 어떤 괴이한 말들이 우리나라의 학문을 심히 배척하고 있다. 대체로 우리나라 선현들의 옛 문집이나 문헌을 보려고 하지 않으니, 이것은 큰 병통이 아니고 무엇이랴. 사대부의 자제들이 우리나라의 역사를 알지 못하고 선배 학자들의 저술을 보지 않는다면 비록 그의 학문이 고금을 뚫는다고 해도 그것은 엉터리 학문일 뿐이다(與猶堂全書 第1集 第12卷).

다산의 교육 내용은 실사구시(實事求是)적 견지에서 형식적이지 않고 실질적인 공부를 강조한다. 따라서 다산은 단순 암기나 형식적 이해에 지나지 않는 공부를 배척하고 명백히 파악하고 실천에 옮길 수 있는 교육 내용과 교육 방법을 강조하고 있다.

> 옛날부터 학문하는 방법은 다섯 가지인데 넓게 배우고(薄學), 따져서 묻고(審問), 조심해서 생각하고(愼思), 명백하게 분변하고(明辯), 독실하게 실행하는(篤行) 것이었다. 오늘날에는 학문하는 자는 첫째로 넓게 배울 뿐이고, 따져서 묻는 것 이하에는 마음을 쓰지 않는다(이익성, 1992).

4 해석과 평가

다산의 교육철학은 실학적 사고의 한 축이지만, 그의 저서에 교육에 대한 논의는 상대적으로 분량이 적다. 따라서 다산의 교육에 대한 언급은 현재 한국의 교육제도가 겪고 있는 많은 문제에 대한 구체적 대안을 제시하고 있지는 않지만 나아가야 할 방향은 보여 준다고 할 수 있다.

현재 한국 사회의 진보 인사들은 사회통합의 차원에서 국가의 공권력에 의한 완벽한 교육의 평등을 주장하고 있지만, 보수 인사들은 공교육을 살려야 하는 데는 찬성하지만, 과도한 교육의 평등은 바라지 않는다. 이에 대해 다산은 후자의 편을 들고 있는 듯하다. 물론 당시의 시대적 상황이 현재와 전혀 다르기 때문에 절대 비교를 할 수는 없지만, 다산은 무엇보다 능력에 맞는 교육을 바라고 있다.

능력에 맞는 교육은 실력의 차이뿐 아니라 적성의 차이도 포함된다. 다산은 모든 사람이 각자에게 맞는 적성과 능력이 있고, 교육은 각자에 맞게 이루어져야 한다고 생각했다. 현재 진보적인 생각처럼 모두가 최고 수준의 교육을 받고 능력과 관계없이 좋은 직장을 다녀야 한다는 생각에 다산은 찬성하고 있지 않다.

대신 다산은 직업의 귀천이 없음을 인정하고, 각 직업이 요구하는 능력과 적성에 맞도록 교육시키고 일을 하게 하는 것이 바람직함을 주장한다. 사회적 계급의 차이에도 불구하고 천민도 능력이 있으면 과거를 통해 벼슬길에 오를 수 있고, 양반도 능력이 없으면 농사 기술을 배워 생업에 종사해야 하는 것이다.

교육의 자율성과 책무성에서, 다산은 학교와 스승에게 자율성을 부여할 것을 제안한다. 스승은 학교에서 가르치는 수업 내용과 교재를 선택할 자율성도 지닌다. 대신 교육 관료는 학교시설의 관리와 훌륭한 스승을 찾아내어 가르침을 베풀게 할 책무를 지닌다. 훌륭한 스승에 대해 관료는 자율성을 부여하고, 잘 대접해야 한다. 하지만 교육의 결과에 대해서는 철저히 평가하여 스승이 나태해지지 않도록 감독하는 기능은 갖추어야 한다.

또한 목민관은 만민이 평등하게 교육을 받을 수 있도록 가능한 최대한의 교육시설을 설립해야 한다. 이렇게 지방의 목민관이 교육에 관심을 가질 수 있는 행정 체계도 갖추어져 있어야 한다.

학교에서 가르치는 내용은 실용적이고 지식기반 사회에 걸맞은 것이어야 한다. 지식기반 사회에 걸맞다는 것은 실용적이고 문제 해결의 능력을 지녀야 하는 것이다. 다산은 당시의 성리학이 이러한 기능이 전혀 없이 당리당략에만 이용되고 탁상공론에만 그치는 것을 개탄하면서, 실용성을 지닌 생산적 지식을 수입하고 가르쳐야 한다고 주장했다.

참고 문헌

김태오(1993). 다산의 『아학편』에 반영된 문자교육관. 『교육철학』, 2: 59-80.

성대경(1987). 다산의 교육개혁론. 『대동문화연구』, 28: 59-79.

신천식(1981). 다산의 교육 이념에 대한 一硏究. 『관대논문집』, 9: 405-429.

이용형(1997). 다산 정약용의 교육관. 『건전사회를 위한 복지의 발전 방향: 부록』. 한국건전사회교육학회.

이익성(1992). 『정약용』. 서울: 한길사.

장동희(2003). 다산 정약용의 교육정책에 관한 연구. 『한국정책과학학회보』, 7(2): 217-236.

전도웅(1990). 『다산의 교육사상연구: 서교와의 접촉을 중심으로』. 연세대학교 교육학과 박사 논문.

정약용(1979). 『牧民心書』, 다산연구회(역). 서울: 창작과비평사.

정약용(1997). 『경세유표』, 이익성(역). 서울: 한길사.

한우근 외(1985). 다산사상의 전개. 『정다산 연구의 현황』. 서울: 민음사.

제10장 다산 행정사상의 현대적 해석과 평가

최병선 · 심준섭

고전은 역설적으로 말해 독자에 따라 읽히는 바 의미와 깊이가 제각기 다르면서도 여전히 누구에게도 다 소화되지 않은 그 무엇이 남아 있기에 고전일 것이다. 이 책에서 필자(모두가 행정학자)들은 다산의 무수한 저작 가운데 다만 일표이서 정도를 읽으면서 행정학적으로 의미 있다고 생각되는 부분들을 뽑아서 현대적으로 재해석하며 그 의미를 새겨보고자 했다. 이렇게 해서 앞의 9개의 글이 쓰여졌지만 덧없이 2년이란 세월을 보낸 지금 이 글들을 다시 읽으며 마무리 글을 쓰려다 보니 과연 우리가 다산의 행정사상을 제대로 이해하기나 했던 것인지 불현듯 의문이 고개를 들었다. 다산의 행정사상에 관한 기존의 글이나 이 책에 담긴 글들이 모두 현대적 평가를 시도하고 있지만 과연 올바르고 정당하다고 말할 수 있을지 자문해 보게 되었다. 이는 다음과 같은 이유에서이다.

첫째, 오늘 우리 사회와 행정이 당면하고 있는 수많은 문제를 놓고 다산과 오늘의 행정학자들이 한자리에 앉아 토론을 벌인다면 어떨 것인가? 다산은 왕도정치 체제의 확립을 이상으로 삼았던 학자이므로 오늘날의 민주주의 사회가 안고 있는 문제들에 대해 엉뚱한 논리나 주장을 펴리라 생각되는가? 다산이 살던 농경 중심 사회에서 완전히 탈바꿈된 복잡한 산업사회, 탈산업사회가 되었으므로 다산은 어안이 벙벙하여 도무지 할 말을 잃을 것이라 생각되는가? 신분의 차별이 타파된 민주평등 사회가 되었으므로 이제 그것에 관해서는 더 이상 할 말이 없을 것으로 생각되는가?

둘째, 더 직접적이고 구체적인 차원으로 내려와서 행정의 역할과 기능에 관해 논의하기로 한다면 어떠한가? 정치적 중립성이 보장되는 관료제도가 확립되어 있으므로 국왕이 인사의 전권을 휘두르던 시대에 살던 다산은 아무 할 말이 없을 것인가? 중앙집권의 필요성을 강조한 다산이므로 주민직선의 지방자치제가 이루어지고 있는 이 시대에 다산은 지방자치제도를 폐기하라고 주장할 것으로 보는가? 이호예병형공(혹은 천지춘하추동)이라는 6부제 중심의 행정조직 편제를 이상으로 삼은 다산이므로 오늘날처럼 수십 개의 부처로 나뉘어 있는 행정구조를 6부제 중심으로 되돌리라는 주장을 할 것으로 보는가?

매우 엉뚱한 질문들로서 대답은 다산의 저작을 읽어내는 눈의 깊이, 그리고 행정에 대한 관점이나 이해도의 차이에 따라 제각기 다를 것이지만, 아마도 '아니다'라고 대답하는 사람들이 훨씬 많을 것이다. 적어도 다산에 관해 책이나 논문을 쓴 분, 깊이 연구한 경험이 있는 분들의 대답은, 만일 다산이 오늘의 행정학자와 마주 앉아 세상사와 개혁 방안을 논한다면 오늘의 행정학자들이 다산의 논설을 당해내기 어려울 것이라는 생각이 든다.[1] 왜 그런가?

다산은 시대가 아무리 변해도 남고야 말 만고불변의 진리 혹은 세상의 이치를 탐구한 사상가요 대학자였다. 이 점은 다산이 일표이서를 짓기 전에, 적어도 유배지에서만도 15년 넘게 육경과 사서에 대한 독

---

1) 다산연구소 이사장인 박석무는 연구소 개설 이래 "풀어 쓰는 다산이야기"를 지금껏 연구소 홈페이지(www.edasan.org)와 이메일을 통해 계속 연재하고 있다. 그때그때 우리 사회의 주요 이슈가 제기될 때마다 이 이슈를 보는 시각이나 관점으로서 적절하다고 생각되는 다산의 말과 글을 인용하면서 쉽게 풀어 소개해 주고 있다. 그 횟수가 지금까지 600회를 넘고 있다.

자적인 해석을 완성하는 일에 몰두했다는 사실만 보더라도 분명하다. 세상의 이치를 터득하고서야 비로소 다산은 당시의 사회 현실을 예리한 안목으로 통찰하면서 매우 구체적인 개혁 처방을 제시했다. 이로 미루어 보건대 다산의 실학사상의 본체는 앞의 저작을 읽어야 더 정확하게 읽어낼 수 있다고 보는 게 맞을 것이다.[2] 이것이 맞는 말이라면 우리가 다산의 개혁서인 일표이서를 읽을 때에도 다산이 경서의 독자적인 재해석을 통해 깨우친 세상의 이치라는 것이 얼마나 탄탄하고, 그것이 사회와 행정에 대한 다양한 문제들의 진단과 처방을 위해 얼마나 논리정연하게 적용되고 있는지에 주목해 읽어야 했다고 생각된다.[3]

돌려 말한다면 다산의 일표이서의 현대적 의미를 평가해 본답시고 오늘날의 사회와 행정 현실을 염두에 두고 200년 전 다산이 했던 말과 주장 가운데 오늘날에도 타당하고 적실성이 있다고 생각되는 부분만을 가려내 평가를 시도하는 것은 다산의 행정사상을 올바로 이해하

2) 다산은 자찬묘지명(自撰墓誌銘)에서 "육경사서로써 수기(修己)하고 일표이서(一表二書)로써 천하국가를 위하니 본(本)과 말(末)을 갖추게 되었다"라는 이 간략한 말로 자신의 학문과 저술의 역정을 요약했다. 다산의 500여 권의 저술 중 육경사서에 관한 저서가 232권이고, 일표이서가 합해 126권이다. 『목민심서』의 서두에서 다산은 "군자의 학문은 수신(修身)이 그 반이요, 나머지 반은 목민(牧民: 치인)이다"라고 말하고 있는 것도 같은 뜻으로 읽을 수 있다. 또 다산은 아들에게 보낸 편지에서, "반드시 먼저 경학(經學)으로 밑바탕을 확실히 세우고, 그 뒤에 옛날의 역사책을 섭렵해 정치의 득실, 치란의 근원을 알아야 하며, 또 모름지기 '실용의 학문(實用之學)'에 마음을 써서 옛사람들의 경제에 관한 서적을 즐겨 읽어 마음에 항상 모든 백성을 윤택하게 하고 모든 사물을 기르려는 마음을 둔 뒤에야 바야흐로 독서군자가 될 수 있다"라는 독서법을 가르치고 있는 데서도 이 점은 분명하게 드러난다. 다산경학의 연구자인 이호형(1996: 13-15)도 이런 관점에 서 있다.

3) 참고로 다산이 스스로 밝힌 독서론 가운데 몇 구절을 인용해 본다. "모든 책에는 읽는 법이 따로 있다. 무릇 세상에 무익한 책이야 구름 지나고 물 흐르듯 읽어도 되지만 백성과 국가에 보탬이 되는 책이라면 반드시 문단마다 이해하고 구절마다 탐구하며 읽어야 한다……소인배들이 어떤 세력에 의탁하고 있는가를 알지 못하면 나라를 통치할 수 없고, 지사(志士)들의 저서 속에 담겨 있는 유분(兪憤)과 고심(苦心)을 알지 못하고서는 나라를 통치할 수 없다"(題盤谷丁公亂中日記).

고 평가하는 적절한 방법이 아닐 수 있다고 생각하기에 이르렀다. 200년 전의 전근대 사회에서 다산이 살고 겪으며 보았던 현실과 오늘 우리의 사회 현실의 차이가 현격한 이상 어찌 오늘의 현실에도 그대로 타당하기를 바랄 수 있겠는가.[4] 이제 이런 관점에서 필자들은 이전의 글들을 요약하고 종합하기보다는 "다산의 행정사상"이란 제하에 앞의 글들과는 부분적으로 상반될 수도 있는 또 다른 해석을 시도해 보려고 한다.

1 권력 중심의 현실주의적 세계관

다산 행정사상의 가장 큰 의미와 기여는 어디에서 무엇으로부터 찾아야 할까? 필자들은 그가 국가 권력이란 것을 세상을 보고, 행정을 보는 중심 개념으로 삼았던 점에 주목하고자 한다. 다산은 오늘날로 말하면 현실주의(realism) 학자였다.

행정을 권력의 관점에서 보는 다산의 이 관점이 오늘날에도 강조되어야 할 이유는 크다. 우선 절대왕정 시대의 백성이든 민주국가의 국민이든 보통 사람들은 행정이라고 하면 가장 먼저 떠올리게 되는 것이 권력이다. 막강하게 행사되는 강제력이다. 국가는 권력을 빼고는 생각할 수 없는 존재이고, 이 권력을 담지하고 행사하는 자가 바로 위정자이고 관료이다.

오늘날 민주주의가 보편화되면서 나타나고 있는 심각한 오해와 폐단 중의 하나는 국가를 권력적 존재로 보기보다는 봉사하는 존재 또는 시혜적 존재로 보려고 하는 경향이다. 주권이 국민에게 있고 국민

4) 이 말은 다산의 저작을 읽는 일에 국한된 말이 아니다. 무릇 고전은 고전이 쓰여진 당시의 상황을 최대한 있는 그대로 이해하고 상기해 가면서 읽어야 할 일이지 지금의 상황에서도 맞는지 어떤지를 평가해 보려는 각이 진 생각을 갖고 읽을 것이 아니라는 말이다. 물론 지금의 상황에서도 타당성이 여전하다면 그것은 고전 중의 고전이 되겠지만, 그것은 필경 매우 추상성이 높은 내용의 고전일 것이다.

으로부터 나오므로 국가는 당연히 주권자의 뜻에 따라야 하고 권력은 오로지 국민에게 봉사하기 위한 목적으로 사용되어야 한다는 것이다. 이는 민주주의의 이상에 불과하다. 규범적으로는 맞는 말이지만 규범이 현실은 아니다. 물론 오늘날에는 절대왕정 시대와 같은 무자비한 권력의 행사나 폭정은 생각할 수 없게 된 것이 사실이다. 그러나 오늘날에도 권력을 쥐고 행사하는 위치에 서 있는 자는 여전히 위정자이고 관료이다. 국민은 주권자라고 하지만 겨우 선거를 통해 위정자를 갈아치울 수 있을 뿐이고, 국가 권력이 행사되는 방식이나 양태는 그 옛날보다 훨씬 복잡하고 다양해졌으며, 미세하고 미묘해져서 그것의 자의적 행사의 소지는 과거보다 훨씬 더 넓혀져 있다.

행정을 논할 때 항상 권력을 중심 개념으로 삼아서 보고 생각해야 하는 이유가 바로 여기에 있다. 권력과 권한이 없이는 국가가 할 수 있는 일이 거의 없지만, 권력의 자의적 행사를 막는 일은 동서고금의 숙제로서 오늘날 민주주의 정체가 확립되고 권력에 대한 견제와 균형의 기제들이 발전했다고 해서 크게 다르지 않다. 다산은 국가 권력의 농단이나 자의적인 행사에서 모든 사회문제의 근본 원인을 찾고, 국가 권력의 농단과 자의적 행사를 막는 데서 개혁의 방도를 찾으려고 했다.

우선 국가 권력의 기원에 대한 다산의 관점이 가장 잘 드러나 있는 『탕론』과 『원목』에서 그는 천자이든 수령(목민관)이든 이들이 행사하는 국가 권력은 본디 백성의 여망과 필요에 의해 주어진 것이고, 법은 백성의 편익을 위해 만들어진 것임을 천리(天理)로서 설명하고 있다. 서학에 접한 적이 있는 다산이지만 이런 주권재민의 사상을 서학에 기대서가 아니라 중국의 고대사 속에서 재발견해 소생시키려고 애쓴 점이 참으로 놀랍다. 여러 학자들이 『탕론』에서 다산이 천자는 백성이 추대했으므로 백성이 뒤집어엎을 수도 있다고 말하면서 동시에 절대왕정 체제를 옹호한 것은 모순이라고 비판하기도 하나(윤재풍, 1997,

2005; 장동희, 1986, 1993 등), 필자들은 이에 동의하지 않는다.[5] 주권재민사상과 왕도정치 사상은 모순 관계에 있다고 볼 것이 아니라, 주권재민의 사상이야말로 왕도정치 사상의 기초요 근본임을 밝히려는데 다산이 이런 글들을 쓰게 된 진정한 뜻이 있었다고 보기 때문이다.[6]

이어서 왕도정치를 이상으로 삼은 다산이 가장 큰 문제로 본 것은 역시 국가 권력의 사유화 및 자의적 행사의 만연이었다. 다산은 권력의 눈으로 세상을 보았다. 세상만사를, 세상의 부조리와 모순을 이 눈으로 읽었다. 우리는 다산이 『목민심서』의 형식을 빌려 자신의 경세관을 펼친 까닭도 사실은 이와 관련이 있지 않나 생각한다. 『목민심서』는 관직에 부임해서 해관될 때까지 목민관이 유념하고 준행해야 할 사항에 대한 다산의 간절한 충고를 담은 책이지만, 탐관오리가 관직에 앉아 국가 권력을 사유화하고 가렴주구와 수탈을 일삼기에 국가의 기강이 흐트러지고 나라의 주인인 백성이 도탄에 빠져 신음하는 것임을 만천하에 고한 고발장으로 읽을 수도 있다는 것이다.

10년이 넘게 『목민심서』의 번역에 힘써 『역주 목민심서』를 편찬해

5) 다산은 왕(king)의 권한 즉 왕권이 아니라 왕에게 국가 권력이 집중된 정치 체제 즉 왕정(kingship)의 강화를 주장했다. 그러므로 다산이 왕권의 강화를 주장한 것처럼 보이기도 하는 것은 그 목적이 왕권의 강화 그 자체가 아니라 왕권을 이용해 중간 세력을 견제하고 제어하는 데 목적을 둔 것임을 기억할 필요가 있다(박현모, 2003: 7-30 참고).

6) 이런 글들에서 다산은 성왕인 탕(湯)과 무왕(武王)이 걸(桀)과 주(紂)를 뒤엎은 것(放伐)은 반역이 아니라는 맹자의 해석을 옹호하면서 이는 고대의 정치를 잘 이해하지 못한데서 오는 오해일 뿐이라고 말한다. 다산의 주권재민 사상을 잘 보여 주는 예가 그가 곡산도호부사로 부임하자마자 처리해야 했던 이계심(李啓心) 사건이다. 전임 부사의 가렴주구에 항의해 일천 여명의 백성을 이끌고 관아로 쳐들어가 시위를 벌이고 피신해 있다가 체포된 이계심을 추심하면서 다산은 통치자들이 밝아지지 못하는 까닭은 백성들이 제 몸의 안일을 꾀해 괴로움을 관에 항의하지 않기 때문인데, "한 고을에 너 같은 사람이 있어 형벌이나 죽음을 두려워하지 않고 만백성을 위해 그들의 원통함을 폈으니, 천금은 얻을 수 있어도 너 같은 사람은 얻기 어려운 일이다"면서 그를 무죄 방면했다.

낸 다산연구회는 그 책의 서문에서 이렇게 말하고 있다. "우리 전근대 사회의 참모습을 가장 역사적으로, 사실적으로 종합하여 제시해 놓은 책이 아마도 『목민심서』가 아닌가 한다. 그것은 우리나라 전근대 역사상(歷史像)의 최후의 원형(原型)을 집성해 놓았다고 생각되는 것이다." 이 말은 『목민심서』가 단순히 목민관을 훈계하는 책이 아니라, 당시의 암울했던 사회상이 어떻게 목민관이 소임을 다하지 못하는 것과 긴밀하게 연관되어 있는지를 명쾌하게 보여 주려 했던 다산의 전략적 계산의 소산이라는 필자들의 해석을 뒷받침해 주는 말이라고 본다(이 책의 제2, 4, 5장 참고).[7)]

『목민심서』는 국가 권력의 사유화와 자의적 행사가 일어나는 갖가지 상황에 대한 자세한 묘사로 가득 차 있다. 놀라운 것은 행정의 위계, 상하 관계 속에서 어떻게 국가 권력의 누수와 침습이 일어나면서 그런 결과가 빚어지게 되는지를 소상하게 분석하고 있는 점이다. 『목민심서』에서의 이런 분석은 그의 논설문에서도 일관되게 전개되고 있다.

예를 들면 향리론(鄕吏論)에서는 수령이 나그네와 같이 떠다니는 존재가 되어서는 향리의 꾐이나 속임수에 무력할 수밖에 없다고 분석하고 있다. 간리론(奸吏論)에서는 아전들이 부패를 일삼는 것은 장래에 대한 희망이 없기 때문이라고 특이한 분석을 하면서 이들의 속임수를 귀신같이 알아채는 재주가 없이는 수령을 옳게 할 수 없다고 말하고 있다. 감사론(監司論)에서는 '제일 큰 도적'이 감사인데 이는 소관 업무가 불명확하고 어쩌다 조정에서 내려와서는 되돌아갈 날만 기다리며 부귀영화에만 탐닉하는 자들이라고 질타하고 있다. 직관론(職

7) 달리 표현한다면 "백성은 토지를 밭으로 여기는데 벼슬아치들은 백성을 밭으로 삼으니, 살갗을 벗기고 골수를 두들기는 것을 밭갈이로 삼으며 머릿수를 세어 거두어들이는 것을 가을걷이로 삼는다"는 말 가운데 다산이 『목민심서』를 지은 동기가 숨어 있다고 보는 것이다.

官論)에서는 관각(館閣)과 대간(臺諫) 등 청직(淸職)에 있는 자들이란 실무를 모르고 전문성이 전혀 없어도 그 직을 유지하는 데 아무 문제가 없으니 당파싸움에나 열중하고, 인재의 등용을 가로막으며, 남의 비밀을 드러내어 잔인하고 독살스러운 논의와 참소를 일삼고 이간질을 직분으로 아는 자들이므로 직제 자체를 폐지해야 한다고 주장한다.

다산은 당시 조선의 온갖 폐단이 국왕과 백성 사이에서 권력을 농단하는 중간 세력 때문에 발생한다고 보았다. "즉 좋은 정치를 하려는 국왕의 의도가 중간의 정치 세력에 의해 차단되고 왜곡되어 그 실제적 효과가 백성들에게 미치지 못하고 있다"고 보았다. 예컨대 "영조의 탕평책과 균역법이 비록 우수한 인재를 등용하고 민생과 국가재정을 개선하려는 좋은 뜻에서 나왔지만 '받들어 돕던 신하들이 미봉책만 일삼아서' 결과적으로 지금은 도리어 백성들에게 해를 끼치고 있다"는 정조의 지적과 동일한 맥락에서 다산은 '아전과 수령의 농간'으로 대동법을 시행하던 당초 취지와 달리 "근년 이래로 여러 관청에서 요구하는 것이 날로 더하고 달로 많아져 백성이 도탄에 빠져서 견디어 내지 못한다"고 보았다(박현모, 2003).

이런 면에서 우리가 다산의 개혁안을 살필 때에는 반드시 다산의 이런 문제 인식과 분석, 즉 중간 세력에 의한 권력의 농단을 막는 일이 국가개혁의 최우선 과제라는 문제 인식과 분석에 기초해 제시된 개혁안들임을 먼저 생각해야만 할 것이다. 예를 들면 다산이 인재 등용의 중요성을 강조하면서 과거제도를 시부(詩賦)가 아니라 전문성과 실무 능력 중심으로 개혁해야 한다거나, 옛날의 법에 있는 천거 방식의 제도화를 주장하고, 이렇게 발탁한 관리가 직분을 얼마나 바르게 수행하고 있는지를 주기적으로 고과하는 고적(考績)제도를 복원하여 엄정하게 시행해야 한다고 주장한 것은 한낱 인사제도의 개혁 차원에서 한 말이 아니라 국가 권력의 농단을 막기 위한 방도의 일환으로 주장한 것임을 알아야 한다는 것이다. 여기서 주목할 것은 이런 다산의 분석이 어렸을 적 목민관이던 부친을 따라다니며 혹은 자신이 목민관이 되어 직접 상대했던 상하의 관리들의 행태나 사고 방식을 깊이 천착해 얻어낸 것들이라는 사실이다.

다산과 같이 국가 권력의 행사를 중심에 놓고 정치행정의 개혁 방향과 대강을 모색하는 일은 민주화된 오늘날의 사회에서도 여전히 타당하고 적실하다. 아니 더 요긴하다. 오늘날의 정치행정 개혁안이라는 것들을 보면 대체로 민주성보다는 능률성이나 효율성의 제고에 치우친 것들이 많다. 예를 들면 행정조직 개편에서 민간 부문과 시장 기능의 성숙에 비추어 볼 때 지금까지 정부가 해 온 일들이 앞으로도 여전히 정부가 도맡아 나갈 일인지, 그것이 국민과 기업의 자유와 권리, 민간 부문의 자율성 신장 등에 어떤 영향을 미칠지 등에 대한 근본적인 문제 의식이나 고민이 없이 지금까지 정부가 해 온 일들을 더 효율적으로 할 수 있게 만드는 것이 문제의 전부인 양 착각하는 경우가 많다. 세종시 문제도 마찬가지이다. 수도에 모든 국가 권력과 행정 권한이 집중되어 있는 것이 인구와 경제의 수도권 집중 문제의 근원이라고 보고 과감하게 지방분권을 추진할 필요가 있음에도, 중앙에 집중된 행정 기능과 권한은 그대로 보유한 채 행정기관의 일부를 특정 지역에 이전하는 것으로 문제를 피하거나 호도하고 있는 것은 아닌가.

국가가 어느 만큼의 권력을 갖고, 어떤 방식으로 권력을 행사하도록 할 것인지의 문제는 국가 운영 체계의 전부라고 말해도 과언이 아니다. 그렇다고 한다면 민주화된 사회에서, 또한 시장경제 체제에서 국회는 당연히 행정부에 집중된 그리고 자의적으로 행사될 소지가 많은 과도한 권한을 통제하는 데 중점을 두어야 할 것인데, 행정부에 더 권한을 주지 못해 안달이다. 국가 권력이 중앙행정기관을 거쳐 지방자치단체를 거쳐 행사되는 동안에 무슨 일들이 어떻게 벌어지고 있는지를 예의주시하고 권력의 사유화와 자의적인 행사를 막기 위한 효과적인 방도를 모색해야 마땅한 일이나 이에 대한 관심은 태부족이다. 법령을 만드는 일에만 관심을 둘 뿐 그것이 집행되는 과정에서 야기되는 온갖 부조리와 부패에 대해서는 그저 공무원의 윤리의식 부재만을 탓할 뿐이다. 토착 비리나 공무원의 부정부패 문제에 대해서는 적발과 처벌을 능사로 알 뿐, 이렇다 할 대안을 제시하지 못하고 있다.

만일 오늘 다산이 살아 돌아온다면 이를 두고 뭐라고 말할 것인가? 아마도 다산은 200년 전이나 지금이나 달라진 것이 별로 없다고 말하지 않을까? 인재를 널리 찾아 쓸 줄 모른다고. 전문성이 부족하다고. 권력의 사유화와 자의적 행사가 많다고. 아직도 관이 민과 기업 위에 군림하고 있지 않느냐고. 민이 관을 두려워하고 있지 않느냐고. 관리들의 무사안일에 대한 통제가 제자리걸음이라고 말하지 않겠는가. 권력의 끈질긴 속성을 간파하고 모든 개혁의 요체를 권력의 사유화 방지에 둔 경세가 다산을 우리가 더욱 경외하지 않을 수 없는 이유가 이것이다.

2 애민에 기초한 법제도 인식

조선 후기에 경세치용, 실사구시의 정신으로 각종 법제도의 개혁을 주창한 학자는 다산만이 아니다. 그럼에도 다산의 개혁사상과 개혁의 방도가 더 큰 설득력과 호소력을 지니는 이유는 무엇인가? 다산의 개혁안이 인간 본성에 대한 깊은 이해와 통찰에 기초하고 있기 때문이다. 다산은 법제도를 단순히 규범적인 차원에서 이상적으로 접근하지 않았다. 국가와 사회 운영의 기초인 법제도는 모름지기 인간 본성에 대한 깊이 있는 이해에 기초해 국민이 쉽게 이해하고 동의할 수 있어야 하며, 자발적으로 순응할 수 있는 수준과 성격의 것이어야 한다고 생각했다.[8] 법제도에 대한 이러한 시각은 오늘날 제도경제학의 관점

8) 다산이 『경세유표』에서 국가 운영 체계를 근본적으로 재설계하고 재구조화하면서 역사적으로 다양하게 제시되고 실제로 활용되었던 각종 제도를 고찰하고 비판하는 가운

과 상통하는 점이 있다(이 책의 제2장 참고).

다산이 파악한 인간의 본성은 아래의 말로 표현되고 있는 바, 이는 동시대를 살았던 스미스(Adam Smith)가 『도덕감정론』에서 제시한 인간 본성과 흡사하다. 그는 이 책에서 이기적인 인간들로 이루어진 사회가 조화를 이루게 되는 까닭은 인간이 동감(sympathy)을 통해, 쉽게 말해 역지사지(易地思之)의 관점에서 또는 공정한 방관자(impartial spectator)의 관점에서 모든 인간 행동의 적정성 여부, 공과(功過), 미덕과 악덕을 판단하고 그런 기준에 따라 사고하고 행동하는 보편적 경향을 갖고 있어서이며, 인간의 이런 본성은 하늘(또는 조물주)이 주신 자애로운 선물이라는 견해를 보인다.[9]

이기심을 인간의 본성의 일부로 보면서도, 선악과 시비를 가릴 수 있는 능력과 심성을 하늘로부터 부여받은 것이 인간이라고 본 점에서 동서양의 현인이 일치를 보였다는 사실이 참으로 놀랍다. 생각건대 이것은 우연의 일치가 아니다. 다산이 일표이서를 짓기 전에 사서육경의 깊은 해석을 통해 인간의 본성과 도덕에 대한 탁월한 시각과 관점을 세웠듯이, 스미스도 『국부론』을 쓰기 전에 『도덕감정론』을 먼저 저술하지 않았던가.[10]

데 끊임없이 가져다 쓴 핵심적인 논거가 바로 이것이었다. 인간 본성에 부합되지 않는 제도는 어리석은 것이고 지켜질 수 없다는 것이었다.

9) 애덤 스미스의 이 사상은 책 전체에 흩어져 있으므로 어느 한 곳에서 인용하기가 쉽지 않다. 참고삼을 만한 문장을 따본다면 다음과 같다: “인간이 아무리 이기적인 존재라 하더라도, 그 천성에는 분명히 이와 상반되는 몇 가지가 존재한다. 그 천성으로 인해 인간은 타인의 운명에 관심을 가지게 되며, 단지 그것을 바라보는 즐거움밖에는 아무것도 얻을 수 없다고 하더라도 타인의 행복을 필요로 한다. 연민과 동정심이 이런 종류의 천성에 속한다”(스미스, 박세일·민경국 역, 2009), 『도덕감정론』, 비봉출판사, 제1편 제1장: 3). “동감의 원인이 무엇이건 간에, 또는 그것이 어떻게 생겨나든 간에, 다른 사람도 마음속으로 우리 마음속의 감정에 동류의식(fellow-feeling)을 느끼고 있음을 보게 되는 것 이상으로 즐거운 것은 없다. 또한 다른 사람이 마음속으로 우리와는 반대로 느끼고 있음을 보게 되는 것만큼 충격적인 일도 없다”(상게서, 제1편 제2장: 13).

10) 사실 다산 정약용과 스미스는 닮은 데가 많다. 앞으로 학계의 많은 주목이 있기를 바

백성이 이(利)를 좇는 것은 물이 아래로 흐름과 같고……백성이 해(害)를 피하려는 것은 불이 습기를 피하려는 것과 같다(與猶堂全書 第1集, 田論 第4卷).

대개 사람이 배태하여 태어나면 하늘은 영명무형(靈明無形)한 체(體)를 부여하는데 그것은 선을 기뻐하고 악을 미워하며 덕을 좋아하고 욕됨을 부끄러워하는 것이다. 이를 일러 성(性)이라 한다(中庸自箴).

젖먹이 아이라도 칭찬하는 말을 들으면 얼굴에 기쁜 빛을 나타내고 어린아이라도 꾸지람을 들으면 부끄러운 마음을 가진다. 이것은 선의 고귀함을 알기 때문에 칭찬을 듣고 얼굴에 기쁜 빛을 보이는 것이며 악을 부끄러워 할 줄 알기 때문에 꾸지람을 듣고 부끄러운 마음이 일게 되는 것이다. 도적은 악인이지만 그를 모르는 사람이 그에게 청렴하다 칭찬하면 그는 즐거워하고, 음란한 자는 악인이지만 그를 모르는 사람이 그에게 정숙한 여인이라 칭찬하면 그가 좋아함은 무엇 때문인가? 덕을 좋아하거나 악을 부끄럽게 여기는 마음이 천성에 근본하여 비록 이 천성을 깡그리 손상하여 남은 게 없어도 오히려 없어지지 않는 것이 있기 때문이다(論語古今註).

이런 인간관의 소유자였던 다산의 법제도에 대한 인식을 단적으로 표현해 주고 있는 것이 『경세유표』의 서문에 있는 아래의 글이다.

여기 『경세유표』에 논한 것은 법(法)이다. 법이라면서 명칭을 예(禮)라 한 것은 무엇인가? 선왕은 예로써 나라를 다스렸고 백성을 지도했다.

라는바, 이미 박홍기는 『다산 정약용과 아담 스미스』라는 책을 썼다. 고무적인 일이다. 그러나 저자가 기본적으로 경제학자인 탓에 비교의 관점이 경제 쪽으로 치우친 감이 있다. 여기서처럼 다산과 스미스의 인간관을 깊이 비교해 본다면 더 재미있는 평가가 나올 법하다. 이 책의 논지는 이 책의 제2장과 유사한 편이다. 요컨대 농업 외의 산업에 대한 관심의 부족, 생산성과 경제 성장의 원인과 요소, 국가 역할에 대한 고찰에서 다산이 스미스에 미치지 못하고 있다는 것인데, 이런 평가에 대해서도 우리는 의문을 가진다.

> 그런데 예가 쇠해지자 법이라는 명칭이 생겨났다. 법은 나라를 다스리는 것이 아니며 백성을 지도하는 것도 아니다. 천리(天理)에 비추어서 합당하고 인정(人情)에 시행해도 화합한 것을 예라 하며, 위엄으로 겁나게 하고 협박으로 시름하게 하여 이 백성들이 벌벌 떨며 감히 범하지 못하도록 하는 것을 법이라 이른다. 선왕은 예로써 법을 삼고 후왕은 법으로써 법을 삼았으니 이것이 같지 않은 바이다…… 주공(周公)이 주나라를 경영할 때에 읍락에 있으면서 법 여섯 편을 제정하고 예(周禮)라 이름했다. 그것이 예가 아니었으면 주공이 어찌 예라 일컬었겠는가(經世遺表, 邦禮艸本).

나라를 다스리는 근본이 곧 법제도일진대, "천리(天理)에 비추어서 합당하고 인정(人情)에 시행해도 화합한 것"인 예(禮)로써 법을 삼아야 세상에 예(禮)가 살아날 것인데, 인간을 악하게 보고 "위엄으로 겁나게 하고 협박으로 시름하게 하여 이 백성들이 벌벌 떨며 감히 범하지 못하도록 하는" 수준의 것을 법이라고 만들어 놓고 윽박지르니 백성이 따라하기 힘들고, 삶이 고달프다는 것이 다산의 생각이었다. 성기호설(性嗜好說)을 펼친 다산은 인간은 본디 선한 본성을 타고났으나 사리와 사욕에 지배당하기 쉬운 존재이므로 선하게도 악하게도 행동할 수 있지만, 동시에 예로 돌아가려고 애쓰는 극기복례(克己復禮)의 존재라고 보았다(이 책의 제2, 4장 참고). 세상에는 별의별 사람들이 많지만 그들도 인간인지라 형편만 허락된다면 극기복례하여 인간으로서 대접받으며 당당하게 살아가기를 희원하는 존재라고 생각했다.

이런 면에서 다산은 투철한 애민사상(愛民思想)의 소유자였다. 본디 착한 심성을 타고났기에 잘못을 범하면 부끄러워하고 반성하며 돌이키고자 하는 존재가 인간이므로 "위엄으로 겁나게 하고 협박으로 시름하게" 하는 것은 인간을 대하는 도(道)가 아니라고, 천리(天理)에 부합되지 않는다고 보았다. 이런 심성을 지닌 인간에게 적절한 행동의 동기와 유인을 제공해 주는 것이 법이고 제도이므로, 모름지기 법과 제도는 인간의 이런 극기복례의 정신을 고양하고 유인하는 데 근본을 두어야 한다고 주장했다. 이런 다산의 인간관, 그리고 법제도에 대한 인식을 잘 드러내 주고 있는 것이 아래의 문장이다.

> 아전이 본디부터 간사한 것은 아니다. 그들을 간사하게 만드는 것은 법이다. 간사함이 발생되는 요인은 이루 다 열거할 수 없다. 무릇 직책은 하찮은데도 재주가 넘치면 간사하게 되고, 지위는 낮은데도 지식이 많으면 간사하게 되고, 노력을 적게 들였는데도 효과가 신속하게 되면 간사하게 되고, 나는 한 자리에 오래 있는데도 나를 감독하는 사람이 자주 바뀌면 간사하게 되고, 아래에는 한편인 무리가 많은데도 윗사람이 외롭고 어리석으면 간사하게 되고, 나를 미워하는 사람이 나보다 약한 탓으로 나를 두려워해서 고발하지 못하면 간사하게 되고, 내가 꺼리는 사람이 다같이 죄를 범했는데도 서로 버티고 고발하지 못하면 간사하게 되고, 형벌이 문란해 염치가 확립되지 않으면 간사하게 된다. 더러 간사한 탓으로 지위를 잃게도 되고, 간사한 일을 하지 않았는데도 간사한 짓을 했다는 것으로 지위를 잃는다면 간사하게 된다. 간사함이 발생하기 쉬운 것이 이러하다. 지금 아전을 제어하는 방법은 전부가 간사함이 발생하게 되는 이유에 합치되지 않는 것이 없는데도 아전으로 하여금 그렇게 하지 못하게 하는 술책은 없다. 이러니 아전이 간사하지 않을 수 있겠는가(간리론(奸吏論). 박석무・정해렴 편역, 1996: 112).

이런 다산의 인간관과 법제도에 대한 인식은 오늘날의 어지러운 법제도 현실을 이해하는 데 없어서는 안 될 안목을 제공해 준다. “위엄으로 겁나게 하는” 것이 법이라는 말은 다산이 살던 당시의 조선에만 적용될 말이 아니다. 우리가 살고 있는 바로 이 시대에 더욱 절실하게 다가오는 말이 아닐 수 없다.

우리나라의 법제도와 온갖 규제는 온통 국민과 기업에 대한 불신에 기초해 있다고 해도 과언이 아니다. 모든 법제도와 규제는 국민과 기업을 잠재적 범법자로 가정하고 있다. 물론 실제로 범법을 하는 사람이나 기업도 없지 않다. 그러나 이들은 높게 잡아도 10~20%를 지나지 않는다(최병선, 2009). 그런데도 모든 규제는 이런 소수의 범법자를 염두에 두고, 이들의 범법행위를 막는 데 목표를 두고 만들어진다. 이렇게 만든 법제도와 규제가 보통의 선량한 사람과 기업의 입장에서 적당한 수준일 리 없다. 법제도가 명령한대로 따르자니 힘이 들고, 따르지 않자니 법의 굴레가 무섭다. 그러므로 이들은 이용 가능한 모든 편법을 동원해 법제도를 따르고 있는 척하게 된다. 그러기에 법제도는 소기의 목표를 달성하는 일이 매우 적다. 법제도가 있기에 세상이 달라지고 있다고 본다면 이것은 세상의 이치를 모르고 하는 말이다. 그런대로 문제가 풀려져 나가고 있다면 그것은 민간이 자신의 이익을 위해 노력한 결과이지 정부가 엄포를 놓은 결과가 아니다.

무슨 사고나 문제가 생기기만 하면 정부는 기다렸다는 듯이 새로운 규제를 만들고 기존의 규제를 더 강화하지만 세상은 크게 달라지지 않는다. 오히려 규제가 늘어날수록 규제가 만들어 내는 문제는 더 늘어날 뿐이다. 현실에 맞지도 않는 법제도를 교묘하게 회피하려다 보니 엉뚱한 재주만 늘어가고, 부정부패의 소지만 더 커질 뿐이다(김영평・최병선・신도철, 2006). “선량하게 법을 지키는 사람이 바보”가 되고 마는지라 법의 위엄과 정부의 위신은 나날이 떨어져 갈 뿐이다. 시장에 대한 간섭과 규제가 많아질수록 시장은 강하고 건전해지는 것이 아니라 더 비효율적으로 변해 가며 생산성은 저하될 뿐이다. 이것이 국민과 기업을 무조건 불신하면서 규제에 규제를 가할 때 나오는 결과이다.

법제도에 대한 다산의 관점은 이런 면에서 주목할 만하다. 예로써 자연스럽게 질서를 잡아가야 할 일을 정의를 내세워 법으로써 강제하기에만 주력하다보니 법제도가 현실과 유리되면서 “법 따로, 현실 따로”가 되고만다는 것이 다산의 법제도에 대한 관점이기 때문이다. 흔히 사회문제가 발생하면 기업가가 악하고 부도덕해서라고만 보는 경향이 있다. 그러나 사실은 그들이 악해서가 아니라 어쩔 수 없어서 그런 행위를 하는 경우가 많다는 사실도 인정해야만 한다. 예컨대 불량식품이 나도는 것은 식품 생산, 유통, 판매업자가 부도덕해서 혹은 기술 능력이 없어서 그런 것이라고만 단정할 일이 아니다. 제대로 된 식품을 만들 수 있지만 그렇게 하려다 보면 가격이 상승하고 소비가 줄어서 수익을 낼 수 없기 때문에 어쩔 수 없이 그런 것이라고 이해할 필요도 있다. 도대체 어떤 인간이 불량식품을 만들어 팔며 자랑스럽게 생각하고 행복해 할 것인가? 그런 사기 행각을 일삼는 기업가도 없지 않고 또 이들은 끝까지 색출해 엄벌해야 마땅한 일이지만, 이들을 타깃으로 삼아 법제도를 강화하는 것은 바람직한 접근이 아니다.

생각건대 다산이 말한 것은 법과 제도는 "세상의 이치에 맞고 인정에 화합하는" 것이어야 한다는 것이다. 오늘날의 말로 표현한다면 법과 제도는 시장의 원리에 부응하는 것이어야 한다는 것이다. 사기와 폭력이 배제된 시장에서 이윤을 얻을 수 있는 방법은 소비자의 만족을 얻는 방법밖에는 없는데, 그럼에도 불구하고 소비자에게 손해나는 방법으로 이윤을 얻으려 한다면 그것은 사기를 제외하고는 반드시 그럴 만한 이유가 있다고 보고 이 문제를 순리적으로 해결해 주는 것이 바람직한 방법이라고 말할 수 있을 것이다. 이것이 전제되어야만 비로소 누구나 동의할 수 있고 그래서 자발적으로 따르려 하기에 지켜질 수 있는 법과 제도가 만들어질 수 있다. 다산이 겁박하는 법이 아니라 예로써 백성을 다스려야 그것이 백성을 옳게 다스리는 것이라고 말한 것은 바로 이것이다.

또한 다산이 법제도의 개혁과 함께 항시 수령의 애민(愛民)과 현명(賢明)을 주문한 것은 바로 이런 생각을 갖고 있었기 때문이다. 처벌만 앞세워서는 인륜이 바로 선 사회를 만들 수 없다고 본 것이다. 이기심에 따라 행동하기 쉬운 것이 인간이므로 법제도는 모름지기 인간의 이기심이 반사회적인 방향으로 작동하지 않게끔 견제하고 유도할 수 있도록 만들어야 하고, 더 나아가 법을 집행할 때도 제반의 사정과 정황을 세심하게 살펴서 무리하게 집행되는 일이 없도록 해야 민심에 화합할 수 있다고 본 것이다. 다산이 비록 법을 어긴 자라 할지라도 관대하게 처분할 것을 주문한 것도 이런 고려가 있었기 때문이었다. 『목민심서』에 나오는 아래 말들은 다산의 이런 생각을 잘 보여 준다.

> 아랫사람을 부리려면 너그럽게 해야 한다.……그러나 너그러우면서도 풀어지지 않아야 하며 어질면서도 나약하지 않아야만 그르치는 일이 없을 것이다(牧民心書, 吏典六條, 束吏).

> 이졸 가운데에도 가난하고 피폐하고 유달리 고생하는 자가 많은데 이러한 사람은 그들을 보살펴 그들 또한 사람의 아들이라는 생각을 항상 간직하는 것이 좋다(牧民心書, 吏典六條, 馭衆).

이와같이 아전이나 백성은 가난하고 예(禮)를 알지 못해 잘못을 저지르는 일이 많으므로 인자한 마음으로 관대하게 다스릴 것을 주문한 다산이지만, 아전과 백성이 예를 좇아 살도록 만들기 위해서는 수령이 스스로를 규율하는 데 철두철미해야 한다고 역설했다. 스스로 위엄을 세우지 못하면 간교한 아전과 어리석은 백성을 다스릴 길이 없다고 강조했다.

> 하급 관료들을 단속하는 근본은 자기 자신을 제대로 규율함에 있다. 자기 몸가짐이 바르면 명령하지 않아도 행정이 제대로 되고, 자기 몸이 바르지 못하면 아무리 명령을 내려도 제대로 행해지지 못할 것이다(牧民心書, 吏典六條, 束吏).

> 뭇 백성들을 거느리는 요체는 위엄과 믿음뿐이다.…… 위엄은 청렴에서 나오고 충성스러운 행위로부터 믿음은 나온다.…… 백성들에게 온갖

충성심을 다 바치고 청렴한 정사를 펼 수 있다면 그때에야 모든 백성들이 복종하게 된다(牧民心書, 吏典六條, 馭衆).

뒷날 참판의 지위까지 오른 유의(柳誼)라는 분이 홍주(洪州)의 목사(牧使)로 근무했다. 홍주의 관리들 습속은 간사하고 교활함이 충청 우도(右道)에서는 가장 심했다. 그러나 유의가 '청렴과 검소함[淸儉]'으로 스스로를 지키면서, '지극한 정성[至誠]'으로 백성들을 사랑해 주니 간교한 관리들이 모두 기쁨으로 복종해 회초리 하나 쓰지 않았건만 털끝만큼의 탐학질하는 사람도 없었다(牧民心書, 吏典六條, 束吏).[11]

이런 인용문에서 잘 드러나고 있듯이 다산은 법제도의 흠결과 폐단을 논할 때 혹은 법제도 개혁의 방향을 모색할 때 인간의 본성에 기초한 인간 행동의 이해, 이런 본성을 지닌 인간들이 처하게 되는 구체적 상황을 반드시 염두에 둔 것으로 보인다. 반드시 인간 사회의 상하좌우의 관계를 따져서 법제도의 합리성과 타당성을 논할 것을 주문하고 있다. 이것은 다산이 인간관계를 규율하는 기본이 되는 법제도를 규범적인 차원에서가 아니라 매우 실제적이고 사실적인 차원에서 보고 접근했음을 방증한다.

3 철두철미한 실적주의 공직관

다산만큼 공(公)과 사(私)의 구분이 투철했던 사람이 있었을까? 아래 인용문은 공직에 대한 그의 인식을 웅변해 준다. 관직은 그 재주와 슬기를 보아 나라로부터 주어진 것이지 사사로이 주고받을 성질의 것이 전혀 아니므로 인사 청탁은 물론이려니와 감사한다는 말조차 입에 담아서는 안 되고, 그 자리에 앉아 있는 것이 의와 예가 아니라고 생

11) 유의가 홍주목사였던 시절에 다산은 그 예하의 금정찰방(각 도의 역참에서 역마에 관한 일을 담당하던 종6품 벼슬)이라는 하위직 벼슬에 있었다.

각되면 언제라도 가볍게 버릴 수 있는 마음가짐이 되어 있어야 한다는 것이다. 또한 인사 교체로 자리에서 물러나게 될 때에 조금이라도 서운한 마음을 내비친다면 이는 부끄러운 일이라는 것이다. 소름이 끼칠 정도의 철저함이 아닐 수 없다.

> 벼슬하는 자는 모두 목민하는 자이다. 수령은 만백성을 주재하니 하루에 만기(滿機: 정치상의 온갖 중요한 기틀, 왕의 정무)를 처리함이 그 정도가 약할 뿐 본질은 다름이 없어 천하 국가를 다스리는 자와 비록 대소(大小)는 다르지만 처지는 실로 같은 것이다. 따라서 목민하는 벼슬을 구할 수 있는 것이 아니다. 또한 목민관의 직위는 청탁으로도 이루어져서는 안 된다. 그 재주와 슬기가 능한가 능하지 못한가 하는 것은 수령 벼슬을 청구하는 자도 이미 스스로 헤아리지 않고 그것을 들어 주는 자도 또한 따져 묻지 않으니 이것은 진실로 그릇된 것이다(牧民心書, 赴任六條, 除拜).

> 벼슬을 받고, 전관(銓官: 이조판서나 참판)에게 두루 하직 인사를 할 때에 감사하다는 말을 해서는 안 된다. 이조판서나 참판은 국가를 위해 사람을 뽑아 썼으니 여기에 사사로운 은혜를 끌어대서는 안 될 것이다. 수령은 자격에 따라 관직을 얻었으니 이를 사은으로서 마음속에 품어서는 안 된다. 한 자리에서 상대하더라도 말이 추천해 주어 고맙다는 말에 미쳐서는 안 될 것이다(牧民心書, 赴任六條, 辭朝).

> 선비의 벼슬살이하는 법은 마땅히 언제라도 벼슬을 버린다는 뜻으로 '버릴 기(棄)' 한 글자를 벽에 써 붙이고 아침저녁으로 눈여겨 보아야 한다. 행하는 데 장애되는 일이 있으면 버리고, 마음에 거슬리는 일이 있어도 버리며, 윗사람이 무례하면 버리며, 올바른 자신의 뜻이 행해지지 않으면 버린다(박석무, "풀어 쓰는 다산이야기," 벼슬살이의 원칙-사기(四棄)).

> 벼슬을 헌신짝처럼 버리는 것이 옛사람들의 뜻이었다. 교체되고 나서

> 슬퍼한다면 역시 수치스럽지 않겠는가(박석무, “풀어 쓰는 다산이야기,” 벼슬살이의 원칙-사기(四棄)).

다산의 이런 공직관은 철두철미해서 비록 상사가 잘못 명령하거나 처리하는 일도 사사로운 관계를 고려해 모른 척하거나 묵과해서는 안 된다는 주장으로 이어진다. 다산은 실제로 그리 행동하기도 했다. 1789년 다산이 황해도 곡산의 도호부사이던 시절, 임금의 명대로 빈민의 구휼에 공이 있는 곡산의 사대부의 명단을 적어 올리자 이를 시기한 황해도 감사가 조정에 보고하지 않고 묵살해 버리자 그를 승정원에 고발했고, 마침내 2등급의 감봉 조치가 내려지도록 한 것이다(牧民心書, 愛民六條, 寬疾).

공직 자체를 이런 눈으로 본 다산이 공직자의 청렴을 누누이 강조하고 있는 것은 전혀 놀라운 일이 아니다. 흥미로운 점은 다산이 청렴을 단순히 공직자가 의무적으로 지켜야 할 규범이기도 하지만, 지혜로운 공직자라면 청렴하기 마련이고 더구나 높은 지위를 노리되 지혜로운 사람이라면 스스로 청렴을 유지하지 않을 수 없는 것이 세상의 이치라고 말하고 있는 점이다.

> 청렴이란 목민관의 본무요 만 가지 착함의 근원이며 모든 덕의 뿌리이다. 청렴하지 않고서 목민관 노릇 할 사람은 아무도 없다. 청렴이야말로 세상에서 가장 큰 장사꾼이니, 때문에 큰 욕심쟁이는 반드시 청렴하기 마련이다. 사람 중에서 청렴하지 않으려고 하는 이유는 그 지혜가 짧아서이다(牧民心書, 律己六條, 淸心).

이어서 다산은 공직자가 소관 업무를 올바르고 능수능란하게 수행하기 위해서는 얼마나 높은 전문적인 식견을 쌓아야 하며 모든 사무에 주도면밀해야 하는지에 대해서도 무수히 강조한다. 다산은 모든 인사는 모름지기 철저한 업적주의(merit system)에 입각해야 한다고 주장했다. 더 나아가 업적주의가 뿌리내릴 수 있도록 하기 위해서는 무엇보다도 전임(專任: 전문직을 자리에 앉히는 일)과 구임(久任: 한자리에 오랫동안 앉히는 일)을 인사의 기본 원칙으로 삼아야 함을 강조했다.

> 수령이 우뚝 고립되어 있어서 내가 앉아 있는 그 자리 밖은 모두 나를 속이는 자들이다. 눈을 사방에 밝히고 귀를 사방에 통하게 하는 일은 오직 제왕만이 그러해야 하는 것은 아니다. 무릇 미세한 허물이나 작은 흠은 마땅히 용인해 보아 넘기고 지나치게 세세히 밝히는 것은 진정한 밝음이 아니다. 이따금 가다가 부정을 적발하되 그 기미를 살핌이 귀신 같아야 백성들이 두려워한다(牧民心書, 吏典六條, 察物).

> 전문(專門)으로 다스리는 직책이 없기 때문에 일을 익힘이 정밀하지 못하고, 오래 맡기는 법이 없으므로 치적(治績)을 이룩하지 못함이 이와 같다. 그러므로 우리나라 사대부들은 낮은 직계에서 청현(淸顯)한 관직을 지내고, 높아져서는 권요직(權要職)에 앉아 있으면서도 방만해 무엇이 어떤 일인지도 모르는 자가 대부분이다. 다만 이서(吏胥)들은 규정상 전임(專任)하고 구임(久任)하도록 되어 있어 체제와 사례에 익숙해 환히 알고 일을 행함에 숙련되어 있다. 비록 강명(剛明)하고 재간 있는 관원일지라도 그들에게 물어보지 않을 수가 없다. 그래서 그들의 권력이 세어지고 간위(奸僞)가 날로 심해진다. 세상에서 '이서지국(吏胥之國)'이라 일컫게 된 것이 바로 그 때문이다. 지금 마땅히 관제(官制)를 적이 변통해 안으로는 작은 부서의 낮은 관직에서부터 쓸데없는 자들을 도태하고 하나만을 두어 전임토록 하는 한편, 문·무의 장관들도 각기 한 사람을 뽑아 구임시켜서 치적을 책임지고 이룩하도록 하며, 밖으로는 감사·수령도 명성과 치적이 있는 사람을 선발해 그 연한을 오래 맡긴다면, 인재가 모자라지 않고 백성이 그 혜택을 입을 것이다(與猶堂全書 第1集, 人才策).

한(漢)·당(唐) 이후에는 사람을 등용하는 법도 선왕(先王)의 제도가

> 없어졌으나, 역사가들의 기록을 보면 대개 한 벼슬로 한평생을 마친 사람이 많아서, 관청을 설치하고 직책을 분담시킨 본의가 오히려 없어지지 않았었는데, 무슨 이유에선지 근세 국가의 풍속은 모두가 이와 반대되어, 이조나 병조에서 통사(通仕)하면서 사헌부에 나가게 되고, 아침에는 호조를 담당했다가 저녁에는 병사를 보며, 형조와 병조는 으레 겸직하는 것으로 여기고 …… 겸직하는 직함이 간혹 여덟아홉도 되고 능력도 없으면서 외람되게 높은 자리를 차지하는 자가 한둘에 그치지 않으니, 이 어찌 조종조(祖宗朝)에서 삼고 아끼던 뜻이겠는가. 그릇이 모자라 넘치지 않을 수 있으며 정사가 그르쳐지지 않을 수 있겠는가? (인재책(人才策), 박석무 · 정해렴 편역, 1996: 267-8).

이처럼 공직을 철저하게 백성의 삶을 위하는 봉사의 자리로 본 다산이 능력 본위의 인재 등용을 주장한 것은 너무나 당연한 일로서, 그의 이런 주장은 과거제도의 폐지에서 시작해 천거제도의 부활, 심지어 서얼 출신이라 할지라도 청렴과 재간이 뛰어난 자는 재상의 지위에까지 오를 수 있게 해야 한다는 오늘날의 눈으로 보더라도 파격적인 주장으로 이어지고 있다.

> 음직 출신의 무인이나 고단한 서얼들과 촌락의 낮고 미천한 사람이나 초야에 묻힌 사람들은 경륜을 간직하고도 얼굴이 누렇게 뜨고 목이 비쩍 말라붙도록 그 간직한 포부를 한번도 펴보지 못하니, 하늘이 인재를 낸 본의가 어찌 이러했겠는가.…… 신이 생각하옵건대, 신은 과거 출신으로서 전하께서 발탁 등용하신 사람입니다. 비록 그러나 신이 가만히 스스로를 헤아려 보면 참으로 텅텅 비었습니다. 이 같은 존재로서 백성을 대해 다스린다는 것은 아예 음직(蔭職)으로 등용된 하급관리만도 못하며…… 지금 마땅히 과거제도 이외에도 이들을 등용하는 길을 별도로 열어서, 음관(蔭官)으로 하여금 청렴과 재간이 드러난 사람을 차츰 재상(宰相)의 자리에 올려 조정의 일에 참여하게 하고, 향이나 도에서 천거한 선비에 대해서는 각기 그 도의 큰 읍에 별도로 훈도(訓導)나 승좌(丞佐) 등의 관원을 두는 것을 마치 국초의 제도처럼 했다가 빈 자리가 생

> 기는 대로 보임시켜 수령을 돕게 한 다음, 그 성적을 보아서 경관(京官)에 제수하면 재략 있는 사람이 버려지지 않고 유일(遺逸)들이 차츰 진작될 것입니다(인재책(人才策), 박석무·정해렴 편역, 1996: 270-71).

여기서 더 나아가 다산은 신분과 지방 등에 따른 차별을 완전히 철폐한 능력 본위의 인재 등용을 주창했을 뿐만 아니라 업적주의의 근간이 되는 고적(考績)제도의 부활과 엄격한 시행을 주장했다. 고적제도에 대해서는 앞에서 소개했으므로 여기서는 생략한다(이 책의 제2장 등 참고).

4 과학적 합리주의

다산의 과학주의와 합리주의는 사서오경의 해석으로부터 과학 기술의 흡수와 활용에 이르기까지 일관되었다. 그는 우선 탁월한 경학자였다. 주자학의 관념적인 경의 해석에서 벗어나 경험적이며 실용적이고 실사구시적인 새로운 해석을 완성해 낸 학자였다. 경학에서 과학과 합리성을 찾으려 했고 찾아낸 학자였다. 사실 다산의 경학은 성리학의 오역과 오독을 조목조목 지적한 것들이라 해도 과언이 아니다. 예컨대 다산은 조선의 성리학자들이 주자(朱子)의 해석을 좇아 "인의예지(仁義禮智)를 인성에 내재한 선천적인 본연지성(本然之性)으로서 여기서 발한 현상적인 한 모습이 측은수오사양시비지심(惻隱羞惡辭讓是非之心)이라고 본 것과는 정반대로 후자가 근원이며 전자는 후천적인 것으로 전자가 발하여 인의예지가 성립된다"고 보았다(이호형, 1996: 24). 무수히 많은 오역과 오독을 지적하면서 다산이 가장 한탄한 문구가 바로 '무위이치(無爲而治)'일 것이다. 말 그대로 해석한다면 "행동함이 없고서도 다스려진다"는 『논어』에 나오는 이 공자 말씀을 "그냥 앉아만 있어도 세상은 제대로 다스려진다"라고 새긴 학자들은 오활하기가 짝이 없다고 다산은 강하게 비판했다. 요순 시대가 태평성대일 수 있었던 것은 요순이 뛰어난 인재를 등용해 치밀하게 행정을 폈기 때문임을 강조하는 데 진정한 뜻이 있는 이 말을 그렇게도 단순하게 오독해 온 것이 이 나라의 사대부들이니 국가가 제 할 일을 하지 못하고 그릇 행해 온 천하가 썩어문드러지지 않을 수 없었다는 것이다.

다산의 『흠흠신서』 역시 다산이 얼마나 과학적이고 합리적인 사고능력의 소유자였는지를 웅변해 주는 책이라고 할 수 있다. "목민관이 [사람을 죽이기도 하고 살리기도 하는] 하늘의 권한을 대신 쥐고서 삼가고 두려워할 줄 몰라 털끝만한 일도 세밀히 분별해서 처리하지 않고서 소홀하게 하고 흐릿하게 하여, 살려야 되는 사람을 죽이기도 하고, 또는 죽여야 할 사람을 살리기도 한다. 그러면서도 오히려 태연히 편안하게 지낸다. 더구나 부정한 방법으로 재물을 얻고 여자에게 미혹되기도 하면서, 백성들의 비참하게 울부짖는 소리를 듣고도 그것을 구휼할 줄 모르니, 이는 매우 큰 죄악이 된다." 이 내용은 『흠흠신서』 서문에 나오는 말로서, 다산은 이 책의 이름을 '흠흠(欽欽)'이라고 지은 것도 삼가고 또 삼가는 것, 즉 흠흠이야말로 본디 형벌을 다스리는 근본임을 강조하려는 데 뜻이 있었다고 말하고 있다. 그런 다산이 곡산부사 시절 그리고 후에 형조참의 시절에 보고 겪은 무수한 사건을 예로 삼아 제시하고 있는 과학 수사의 원칙들은 오늘날의 과학수사관이라 할지라도 혀를 내두르지 않을 수 없는 그런 수준이다(이 책의 제7장 참고).

다산은 매사를 모두 이런 과학적 치밀함으로 대했다. 한 치의 소홀함도 허락할 수 없는, 어찌 본다면 결벽(潔癖)주의자였다. 수원 화성의 창조적인 축조 공법에서 시작해 의학과 병서에 이르기까지 그 많은 분야에 걸쳐 그토록 높은 수준의 전문지식을 흡수하기도 벅찬 일이었을 터인데 나아가 응용을 하고 있으니 그의 천재성은 가히 짐작하기조차 어렵다. 이런 능력을 지닌 다산의 눈에 당시의 시부나 읊조리는 사대부의 학문이라는 것이 얼마나 허무맹랑해 보였겠는가. 다산의 과학적이고 합리주의적인 정신은 그의 모든 저작에서 빛을 발한다. 고적(考績)제도의 개량을 위해 스스로 독창적인 고적안(考績案)을 구상해 제시한다거나, 아전의 이력을 체계적으로 정리해 관리한다든지, 당시 극도로 문란했던 환곡(還穀)의 창고출납부 등을 독창적으로 강구하고 있는 것 등을 보면 다산은 그저 말로만 개혁이 된다고 본 것이 아니라, 개혁의 실천 방도까지 주도면밀하게 강구해 제시하지 않은 개혁안이란 개혁안이 아니라고 믿었던 듯하다. 그러지 않고서야 어찌 그토록 치밀할 수 있겠는가. 자신이 내건 개혁안이 세월이 지나서도 과학적이고 합리적이라고 평가되는 개혁안이 되도록 하기 위해 다산이 홀로 밤을 지새우며 몇 번이나 표를 다시 그려보고 지우고 다시 그려보고 했을 것인가.

흔히 다산이 국가개혁의 기본 방향을 고대의 『주례』에서 찾고 있기 때문에 비과학적인 사고를 했던 것이 아닌가 하는 의심을 품은 듯이 말하는 사람들도 없지 않지만, 이는 오판이라고 본다. 다산이 개혁의 근본을 『주례』에서 빌려온 것처럼 보이는 것이 사실이지만, 이것은 당시의 학문적 경향에 반기를 들었던 다산이 무비판적으로 『주례』에서 개혁의 방도를 구한 것이 아니라 『주례』 그 자체조차 다산의 눈을 통해 새롭게 정의되고 규정되었다고 말해도 과히 그른 말이 아닐 정도로 다산의 머릿속에서 처음과 끝이 과학적인 논리로 수미일관하고 있다고 보는 것이 맞을 것이다.[12)]

다산의 과학적이고 합리적인 태도는 선진 문물에 대한 태도면에서도 잘 드러났다. 다산은 참으로 진보적이고 보편적이었다. "촌리에 사

12) 이호형(1996: 28)도 필자들과 같은 견해를 보이고 있다. 그는 이렇게 표현한다. "다산은 원초유교(原初儒教)인 공맹유학(孔孟儒學)에 그 권위를 빌려 성리학적 주석을 반박했으나, 그러나 이것은 그 목적이 공맹유학에로의 복귀에 있는 것이 아니라 중세(中世)의 성리학적 세계관을 부정하고 공맹에 의지하여 자신의 창의적인 실학적 세계관을 전개시키는 데 있다."

는 사람은 공작(工作)이 있는 작은 읍내에 사는 사람만 못하고, 작은 읍내에 사는 사람은 기교가 있는 큰 읍내나 큰 도회지에 사는 사람만 못하며, 큰 읍내나 큰 도회지에 사는 사람은 신식의 묘한 제도가 있는 서울에 사는 사람만 못하다"(기예론(技藝論), 박석무·정해렴 편역, 1996: 38-41)면서, 시대가 변하고, 지역이 넓어지며, 사람이 많아짐에 따라 발달하는 것이 기술이라는 진보적인 기술관을 가졌던 다산은 당시 일본과 유구(琉球)가 그런 것처럼, 조선도 청나라의 앞선 과학 기술을 적극적으로 전수·보급할 것을 주장했다. 이는 북학파(北學派)의 주장과 상통하는 것으로서, 다산은 "지금의 급무는 북학하는 데 있다"면서 이용후생(利用厚生)을 위해서는 선진 과학 기술의 도입과 활용이 시급함을 역설하고, 신기술의 도입과 응용을 전담하는 이용감(利用監)을 설치할 것을 주장했다.

다산의 과학적이고 실용적인 사고는, 이용감을 두되 "제조(提調)와 검정(檢正)은 수리(數理)에 밝은 자로 임명하고 별제(別提) 두 사람은 눈썰미와 손재주가 있는 자를 쓰고, 학관(學官) 네 사람은 사역원(司譯院)과 관상감(觀象監)에서 수리에 밝고 중국어에 능통한 자를 발탁해서 매년 북경에 보내어 배우고 익혀서 귀국하게 한 뒤 이용감에 배치해, 실제로 제조해 보도록 하고 이를 전국에 전수 보급하게 해야 한다"라는 말 속에 잘 나타나 있다. 이 말은 다산이 손수 거중기의 설계와 제작을 지휘할 수 있는 정도로 당시의 선진 과학 기술에 정통해 있을 뿐만 아니라 이것의 전수와 보급에 대한 실무 경험을 잘 갖추고 있었는지를 잘 보여 준다. 이런 다산의 주장은 직염(織染), 조지(造紙) 등 여러 전문 수공업을 비롯한 수많은 분야에서 동일하게 제시되고 있다. 다산의 과학적 사고가 어디까지 미쳤는지 참으로 가늠조차 하기 어렵다.

이런 다산의 과학주의와 합리주의 정신은 오늘날의 어떤 행정가나 행정학자도 쉽게 당해내기 어려운 수준이라고 말해야 할 것이다. 과학적인 행정을 한다고 하지만 경험적 증거를 축적해 이를 면밀히 분석하지 않은 채 이루어지는 행정이 얼마이고, 전문적인 과학적 지식과 기술을 이해하지 못한다고 산하 연구기관이나 단체에 행정사무를 이관하는 것을 능사로 삼는 일이 또한 얼마인가? 개혁을 한답시고 달과 해를 보내고 있지만 얼마나 과학적 증거나 연구에 의존하는 개혁을 하고 있는가? 현실에 대한 깊이 있는 분석으로부터 개혁안이 발상되기보다는 현실이 현실로 존재하는 까닭은 따져볼 필요조차 없다는 투로 혹은 현실과 거리가 멀면 멀수록 개혁안은 더 혁신적이라고 보는 비과학적 사고방식이 또한 얼마나 흔한가? 반짝이는 아이디어를 불쑥 내놓는 것을 혁신이라고 보는 일이 또한 얼마나 많은가? 물론 다산처럼 스스로 여러 분야의 선진 과학 기술을 흡수하려고 하기에는 오늘날의 과학 기술이 너무나도 복잡하고 정치해진 것이 사실이지만, 그 정신만큼은 존중되고 보존되어야 하는 것이 아닐까?[13]

5 이 글을 마치며

다산 정약용은 불세출의 대학자이자 경세가이다. 학자와 경세가는 많지만 그처럼 뜨거운 피를 가졌던 사람은 아마도 찾기 어려울 것이

13) 다산의 학문적 작업 과정 자체가 오늘날 관심의 대상이 된 것은 우연이 아니다. 『다산선생 지식경영법』이란 책을 쓴 정민(2006)은 이 책의 서문에서 이렇게 말하고 있다. "나는 다산의 작업 과정을 훔쳐보면서, 그의 사고가 너무도 현대적이고 과학적이고 논리적인 데 놀랐다. 나만 놀란 것이 아니라, 그가 20여 년 만에 자신의 성과를 들고 귀양지에서 서울로 돌아왔을 때, 당대의 학자들도 놀랐다. 놀라도 못해 경악했다. 그의 성과는 대부분 18년간의 강진 유배생활의 고초 속에서 이룩된 것이다. 한 사람이 뜻을 세워 몰두하면 못할 일이 없다는 것을 그는 몸으로 실천해 보였다. 작업에 몰두하느라 방바닥에서 떼지 않았던 복사뼈에 세 번이나 구멍이 났다. 이와 머리카락도 빠졌다. 20년에 가까운 오랜 귀양살이는 다산 개인에게는 절망이었으되, 조선 학술계를 위해서는 벼락같이 쏟아진 축복이었다." 참으로 공감이 되는 평가이다. 그러나 필자들은 이렇게 말하고 싶다. 조선 학술계만이 아니라 대한민국의 학술계에 벼락같이 쏟아진 축복이었다고.

다. 그가 어떤 생각을 하며 고난의 시절을 살아갔던지는 아래의 말에 절절히 남아 있다.

> 내 나이 20세 때에는 우주 사이의 모든 일을 다 깨닫고 완전히 그 원리를 정리해 내려 했는데, 30세, 40세에도 그러한 의지가 쇠약해지지 않았다. 유배를 당한 뒤에는 백성과 나라에 관계되는 일인 전제(田制), 관제(官制), 군제(軍制), 세제(稅制) 등으로만 생각이 좁혀졌으나, 경전을 연구하는 데 많은 혼잡된 것들을 모두 파헤쳐 가장 정통의 유교 원리로 돌이키려는 생각이 있었다. 이제는 중풍에 걸려 그런 마음이 점점 쇠잔해지지만, 그러나 정신 상태가 조금이라도 나아지면 한가롭게 생각이 떠올라 문득 옛날의 욕구가 다시 일어나곤 한다"(박서무 편역, "유배지에서 보낸 편지"—아들 학유에게 노자삼아 준 교훈).

다산의 대부분의 저작이 유배지의 핍박한 환경 속에서 이룩된 것들이라는 점은 후학들로 하여금 숙연해지게 만든다. 다산의 저작이 우리에게 유독 진한 감동을 주는 이유는 다른 데 있지 않다. 유배지에서 고달픈 삶을 이어가면서, 그것도 누가 읽어 줄지 모르는 글을 써 남기면서 완벽에 완벽을 기하려 했던 학자의 치열한 기상이 추상같이 살아 있기 때문이며 가슴에 저미어오기 때문이다. 그의 글은 어떤 것이든 백성을 업신여기는 당대의 지배자들에 대한 포효로 읽힌다. 피를 토해내는 듯한 절규로 읽힌다.

백성을 불쌍히 여기고 사랑한 다산, 그의 눈에 비치는 것은 무엇이든 애민이라는 렌즈를 통해 전달되었나 보다. 불세출의 학자요 경세가였을 뿐만 아니라, 빼어난 시인이기도 했던 다산은 자그마치 2,500수가 넘는 시를 남겼다. 『여유당전서』에 실린 아래의 시는 1801년 신유옥사로 경상도 장기로 귀양 가서 지은 시 가운데 하나인 "제비와의 대화"를 다산연구소 이사장인 박석무가 옮긴 것이다. 백성의 고달픔에 대한 처연한 동정이 담겨 있다.

제비가 처음 날아올 때는	燕子初來時
지지배배 쉬지 않고 떠들더라.	喃喃語不休
떠드는 말의 뜻이야 알지 못해도	語意雖未明
집이 없어 서럽다고 하소함 같더라.	似訴無家愁
느릅나무 홰나무 늙으면 구멍도 많은데	楡槐老多穴
왜 거기서 살지 않느냐 여겼더니	何不此淹留
제비는 다시 와서 또 지지배배	燕子復喃喃
사람의 말에 대꾸하는 것 같더라.	似與人語酬
느릅나무 구멍은 황새 와서 쪼아먹고	楡穴款來啄
홰나무 구멍에는 뱀이 와서 더듬는다고.	槐穴蛇來搜

다산의 행정사상이라는 제목의 글을 마치면서 생각해 보니, 이 시 하나만이라도 제대로 음미할 줄 아는 눈을 가진 사람에게는 다산의 행정사상에 대한 논의가 불필요한 것이 아닌가 생각된다. 애민(愛民)은 다산에게 모든 것이었다. 하찮은 제비조차 이런 눈으로 본 다산이 도탄에 빠져 신음하는 백성을 볼 때는 얼마나 기막힌 심정으로 보았을지 마음으로 느낄 수 있다면 다산의 행정사상은 오늘도 우리에 대한 준엄한 명령으로 살아 있다.

참고 문헌

김영평 · 최병선 · 신도철(공편)(2006). 『규제의 역설』. 서울: 삼성경제연구소.
박서무(편역)(2001). 『유배지에서 보낸 편지』. 서울: 창작과비평사.
박석무(1994). 다산의 정치지도자상, 미발표 논문.
박석무(2005). 『풀어 쓰는 다산이야기』, 다산연구소 홈페이지: http://www.

edasan.org/index.html
박석무 · 정해렴(편역)(1996). 『다산 논설선집』. 서울: 현대실학사.
박석무 · 정해렴(편역)(1999). 『역주 흠흠신서 1』. 서울: 현대실학사.
박세일 · 민경국(공역)(2009). 『도덕감정론』(개역판). 서울: 비봉출판사.
박현모(2003). 정약용의 君主論 연구: 정조와의 관계를 중심으로. 『정치사상연구』, 8(봄): 7-30,
박홍기(2008). 『다산 정약용과 아담 스미스』. 서울: 백산서당.
윤재풍(1997). 다산의 경세학적 행정론의 특색과 현대행정학적 의미, 정정길 외 편. 『한국행정의 연구』. 서울: 박영사.
윤재풍(2005). 다산의 행정사상에 관한 연구, 한국행정학회 『주계학술대회발표논문집』.
이서행(1992). 다산의 정치행정사상에 관한 일고찰. 『한국행정사학지』, 1(1): 109-130.
이호형(1996). 『다산경학연구』. 서울: 태학사.
장동희(1986). 『정약용의 행정사상』. 서울: 일지사.
장동희(1993). 다산행정사상의 현대적 의의. 『한국행정사학지』, 2(1): 123-139.
정민(2006). 『다산선생 지식경영법』. 서울: 김영사.
최병선(2009). 규제 수단과 방식의 유형 재분류. 『행정논총』, 47(2): 1-30.
홍이섭(1959). 『정약용의 정치경제사상 연구』, 『한국연구총서』 제3집, 한국연구도서관.

용어 정리

〔ㄱ〕

가공언(賈公彦)
출몰 연대 미상의 당나라 학자. 『예기정의(禮記正義)』의 편찬에 참여했고, 『주례소(周禮疏)』 50권과 『의례소(儀禮疏)』 50권을 간추렸으며, 『예기소(禮記疏)』 80권, 『효경소(孝經疏)』 5권, 『논어소(論語疏)』 5권를 편찬했다.

가분(加分) 혹은 가집(加執)
조선 시대에 지방관이 백성들에게 지방 관아의 양곡을 팔 때 지정된 액수보다 높은 가격으로 팔아 그 차액을 착복하던 일.

간리(奸吏)
간사한 관리나 공리(公吏).

간색미(看色米)
조선 후기에, 세곡(稅穀)을 검사하고 관리하는 사람들의 보수로 세곡에 부가해 받던 곡식. 세곡을 검사하기 위해 곡식 섬에서 일부 빼내어 보던 곡식에서 유래했다.

걸(桀)
중국 고대 하왕조의 마지막 왕으로 은왕조 최후의 왕인 주(紂)와 함께 포악한 임금의 상징임.

검률(檢律)
법 운용의 전문적인 실무교육을 위해 형조에는 율학청(律學廳: 법전 운영의 전문적인 실무와 율학을 교육한 관청)을 두었고, 각 도에는 검률을 두었다.

결전(結錢) 혹은 결작전(結作錢)
조선 후기에, 균역법의 실시에 따른 국가재정의 부족을 메우기 위해 전결(田結)에 덧붙여 거두어들이던 돈. ≒결(結).

결환(結還)
토지 결수에 따라 환곡을 배분하는 것.

경용(經用)
날마다 계속해 일정하게 쓰는 비용.

고적(考績)제도
인사고과 제도.

곡부(穀簿)
환곡(還穀)의 운영 전반.

곡부 마감성책규식
수령이 환곡의 관리 결과를 상부에 보고하고 결재를 받는 문서를 작성하는 요령을 적시한 것을 말한다.

공장(工匠)
물건을 만드는 것을 업으로 하는 사람.

관고(官庫)
관가의 창고.

관질(寬疾)
질환이 있는 사람을 관대해서 중역을 시키지 않는다는 뜻.

구관(句管)
환곡의 관할 기관.

구재(救災)
재난을 당한 사람들을 보살피고 도와 줌.

구학(溝壑)
구렁.

국자(國子)
왕족 및 공경대부의 자세.

『국조보감(國朝寶鑑)』
조선 역대 임금의 치적(治績)에서 모범이 될 만한 일을 실록에 의해 엮은 편년체의 역사책. 세조 3년(1457)에 수찬청(修撰廳)을 설치해 이듬해에 신숙주 · 권남 등이 태조 · 태종 · 세종 · 문종 4대의 보감(寶鑑)을 완성했고, 편찬을 계속해 고종 때에 완성했다. 90권 26책.

권문(權門)
권문세가, 세도가.

권분(勸分)
흉년이 들었을 때에 부유한 사람들에게 권장해 절량 농민을 구제하기 위한 곡식이나 재물을 내놓거나 직접 나누어 주도록 하는 일.

귀근(貴近)
임금의 측근 신하.

귀신(貴臣)
지위가 높은 신하.

귀척(貴戚)
임금의 인척.

규모(規模)
어떤 일의 계획을 세우고 범위를 정한다는 뜻으로, 여기서는 진휼에 적절하게 대비하기 위한 세부계획을 다루고 있다.

금군(禁軍)
궁중을 지키고 임금을 호위 · 경비하던 친위병.

금포(禁暴)
백성들에게 해를 끼치는 무리를 금하는 것.

〔 ㄴ 〕

낙정미(落庭米)
되나 말 따위로 곡식을 되다가 땅에 떨어뜨린 곡식.

납속(納粟)
조선 시대에 나라의 재정난 타개와 구호사업 등을 위해 곡물을 나라에 바치게 하고, 그 대가로 벼슬을 주거나 면역 또는 면천해 주던 일.

낭관(郎官)
조선 시대 육조(六曹)의 정랑(正郎)과 좌랑(佐郎)을 합쳐 부르던 말. 육조에 설치한 각 사(司)의 실무 책임자. 정5품 정랑과 그를 보좌한 정6품 좌랑이 있었는데, 이들을 합쳐서 낭관 또는 조랑(曹郎)이라고 했다.

내신(內臣)
임금을 가까이서 모시던 신하. 승지(承旨) 등을 이른다.

농망(農氓)
농사꾼.

〔 ㄷ 〕

단사(單辭)
한쪽의 진술.

단옥(斷獄)
형전 6조의 하나로 재판을 통해 형을 살게 하는 일.

『대전통편(大典通編)』
조선 시대에 김치인이 왕명에 따라 편찬한 책. 『경국대전』, 『대전속록』, 『대전후속록』, 『수교집록』, 『속대전』을 한데 모은 것이다. 6권 5책.

도뢰(圖賴)
말썽이나 일을 저질러 놓고 그 허물을 남에게 덮어씌움.

〔 ㅁ 〕

막빈(幕賓)
조선 시대 때 감사(監司), 유수, 수사(水使), 사신 등을 따라다니며 일을 돕던 벼슬아치. 비장(裨將).

만기(滿機)
정치상의 온갖 중요한 기틀, 왕의 정무.

모곡(耗穀)
환자(還子)를 받을 때, 곡식을 쌓아 둘 동안 축이 날 것을 미리 셈해서 한 섬에 몇 되씩 덧붙여 받던 곡식. ≒모미(耗米).

목부(牧夫)
가축을 사육하는 사람

목하지탐닉(目下之耽樂)
눈앞의 즐거움을 즐김.

무위이화(無爲而化)
인위적인 힘을 가하지 않고서도 자연히 이루어짐.

민고(民庫)
조선 시대에 관아의 임시비용으로 쓰기 위해 해마다 군민(郡民)으로부터 거둔 곡식과 돈 따위를 보관하던 창고.

〔ㅂ〕

박문강기(博聞强記)
사물을 널리 알고 이를 잘 기억함.

박물군자(博物君子)
모든 것을 널리 아는 사람.

반류반분(半留半分)
환곡 따위를 반은 창고에 남겨 두고 반은 나누어 줌.

반백(半白)
조선 시대에 이속(吏屬)들이 환곡에 겨를 섞어 양을 늘리던 일.

반좌율(反坐律)
없는 사실을 거짓으로 꾸며 고발한 사람에게 고발당한 사람이 받은 처벌과 같은 형벌을 가하던 제도.

방보(防報)
상급 관청의 지시에 따를 수 없다는 이유를 해명하는 보고.

번롱(翻弄)
이리저리 마음대로 놀림.

번질(反作)
조선 후기에 환곡제도의 폐단 가운데 아전들이 환곡을 사사로이 써버리고 그것을 메우기 위해 농민에게서 강제로 금품을 거두어 분식(分食)하던 일.

벌열가(閥閱家)
나라에 공이 많고 벼슬 경력이 많은 가문.

범인(凡人)
보통 사람.

변등(辨等)
등급을 가리는 것. 『목민심서』 예전 6조 제5절의 명칭이기도 함. 다산은 등급을 가리는 일이 백성을 편안하게 하고 뜻을 일정하게 해 분수를 넘어서지 않게 하는 것이라 함.

별자(別子)
서자(庶子)

보력(補力)
민력이 다소나마 펴질 수 있도록 민생을 안정시키는 방책을 강구한다는 뜻.

보속(步粟)
곡식값이 싼 고을에서 비싼 고을로 제 발로 걸어서 옮겨간 것 같다는 뜻에서 옴.

복례(僕隷)
사내종. 종살이를 하는 남자. ≒남노(男奴)・남종(男從)・노복(奴僕)・노자(奴子)・노재(奴才)・복노(僕奴)・복례(僕隷)・종복(從僕)・창두(蒼頭).

부렴(賦斂)
조세 따위를 매겨서 거두던 일.

부사(府使)
고려 시대에 개성부(開城府)와 지사부(知事府)의 으뜸 벼슬.

부윤(府尹)
조선 시대의 지방 관아인 부(府)의 수장. 종2품 문관의 외관직으로 영흥부와 평양부, 의주부, 전주부, 경주부의 다섯 곳에 두었다.

분석(分石)
조선 시대 지방의 아전들이 환곡에 돌이나 쭉정이를 섞어서 분량을 늘려 곡식을 횡령하던 일.

비자(備資)
흉년에 빈민을 구제하기 위해 곡식, 돈, 기타 물자를 미리 준비하는 일.

〔ㅅ〕

사간(司諫)
사간원 종3품의 벼슬을 가리킨다.

사간원(司諫院)
국왕의 언동과 지시에 대해 자신의 반대 의견을 개진할 수 있는 기관. 정언은 정6품의 관직을 가리킨다.

사도(司徒)
백성들을 가르치는 것.

사명(使命)
사신이나 사절이 받은 명령.

사목(司牧)
백성을 부양하는 사람, 국신, 지방장관 또는 인민을 다스리는 관리의 장.

사사(死士)
죽음도 겁내지 않는 사람.

사장학(詞章學)
시와 문장을 중시하는 학풍.

사헌부(司憲府)
관리들의 감찰기관. 지평은 이 기관의 정5품 관직을 가리킨다.

사혼(私混)
조선 시대에 면서원(面書員)이 환곡(還穀)과 함께 보수나 사례비로 곡식을 받아 착복하던 일.

삼복제(三覆制)
조선 시대 형법(刑法)의 하나로 사수삼복계법(死囚三覆啓法)이라고도 하며, 사형수 판결의 삼심제(三審制)를 말한다.

삼정(三政)
나라의 정사 가운데 가장 중요한 전정(田政), 군정(軍政), 환곡(還穀)의 세 가지. 토지세와 군역의 부과 및 양곡 대여와 환수를 이른다.

삼정(三政)의 문란
조선 후기에, 전정·군정·환곡의 세 가지 행정이 안동김씨의 세도 정치로 문란해진 일. 이러한 재정행정을 둘러싼 정치 부패와 농민 착취로 홍경래의 난과 같은 농민 반란이 일어났다.

상고(商賈)
장사를 업으로 하는 일.

상대(相代)
여러 종류의 곡식 중에 이것은 풍년인데 저것은 흉년일 경우 징수하는 곡식의 종류를 다른 것으로 대체할 수 있었는데 이 과정에서 관리들이 임의로 환산 비율을 정하거나 변경해 농간을 부렸다. 『대전통편』에서는 이것을 '준절(準折)'이라 불렀다.

상정(詳定)
나라의 제도나 관아에서 쓰는 물건의 값, 세액, 공물액 따위를 심사하고 결정해 오랫동안 변경하지 못하게 하던 일. 2=상정법. 3=상정미.

상정가(詳定價)
상정례로 정한 가격.

상정례(詳定例)
상정에 관한 규례.

서류(庶流)
서자의 계통.

설시(設施)
진제(賑濟)에 필요한 일체의 시설과 그 행정기구 및 진제의 구제적인 시행 방법을 제시.

속리(束吏)
아전을 단속하는 법.

『속오례의(續五禮儀)』
조선 영조 20년(1744)에 예조에서 펴낸 『오례의』의 속편(續篇). 길(吉)·흉(凶)·가(嘉)·빈(賓)·군(軍)의 오례를 모아서 엮었다. 5권 4책의 인본(印本).

속유(俗儒)
식견이나 행실이 변변하지 못하고 속된 선비.

손상익하(損上益下)
위에서 깎아 아래에 보탬.

송사(訟事)
사인 간의 생활 관계에서 발생하는 분쟁의 해결을 위해 관청에 판결을 호소하는 것을 말한다.

수리(首吏)
아전의 우두머리.

순분(巡分)
환곡을 여러 차례에 걸쳐 나누어 주는 일.

순분법(巡分法)
환곡을 농민에게 분급할 때 한 번에 나누어 주지 않고 여러 차례로 나누어 주는 것. 이는 백성들이 어리석어서 계획없이 양식을 소비하는 것을 막고 절용케 하려는 것이라고 하나, 다산은 순분이 오히려 타러 갈 때마다 비용이 들고, 때문에 순분을 하면 아전과 창노가 살찌고 주막이 덕 볼 뿐, 백성들은 더욱 피폐하게 된다고 비판하고 있다.

승정원(承政院)
왕과 각 관청들 사이를 중개하는 기관으로서 왕명의 출납을 장악한 기관이다. 동부승지는 이 기관의 정3품의 관직을 가리킨다.

〔ㅇ〕

암류(暗留)
조선 후기에 환곡을 제때에 대부하지 아니하고 창고에 쌓아 두었다가 값이 오르면 팔고 내리면 사들여 사사로운 이익을 꾀하던 일.

애상(哀喪)
상을 당한 사람을 동정해서 보살펴 줌.

양로(養老)
수령이 노인들을 초청하여 경로의 잔치를 베푸는 것을 의미함.

양사(兩辭)
양쪽의 진술.

어중(馭衆)
부하를 통솔하는 법.

억배(抑配)
원하지 않는 백성들에게까지 환곡을 억지로 배정하는 것.

억양(抑揚)
억누르기도 하고 부추기기도 함.

여전제(閭田制)
한 마을을 단위(閭)로 하여, 토지를 공동으로 소유, 경작하게 하고, 그 수확량을 노동량에 따라 분배하는 일종의 공동농장제도.

연어(淵魚)
못이나 개울의 깊은 곳에서 사는 물고기.

연호잡역(煙戶雜役)
조선 시대에 민가의 집마다 부과하던 여러 가지 부역. ≒연역(煙役)·호진잡역.

염결(廉潔)
매사에 청렴결백하게 행동하는 것.

염문(廉問)
감사가 수령 몰래 고을 사정을 알아보는 일.

염정(廉正)
청렴하고 공정함.

영문(營門)
감영(監營).

영속(營屬)
각 군영(軍營)이나 영명(營名)이 있는 관아에 속한 영리(營吏)와 영노(營奴)를 통틀어 이르던 말.

예문관(藝文館)
정부의 이름으로 발표되는 주요 문건들을 작성하는 기관. 검열은 이 기관의 정9품 관직을 가리킨다.

예악(禮樂)
예법과 음악.

『오륜행실도(五倫行實圖)』
조선 중기에 이병모 등이 왕명에 따라 펴낸 책. 『삼강행실도』와 『이륜행실도』를 합해 수정한 것으로, 오륜(五倫)에 뛰어난 효자·충신·열녀 등 150여 명의 행적(行績)을 그림으로 그리고 한글로 설명했다. 정조 21년(1797)에 간행했다. 5권 4책의 활자본(活字本).

옥사(獄事)
강도, 살인, 반역 등의 중대 범죄를 다스리는 일로서 국가 사회의 공권력 유지를 위한 형사사건으로 고발 또는 수색해 처벌하는 것을 말한다.

옥송(獄訟)
형사소송.

옹야(雍也)
『논어』의 편명.

와환(臥還)
봄에 관아에서 백성들에게 대여했던 환자(還子) 곡식을 가을에 거두어들이지 아니하고 해마다 모곡(耗穀)만을 받아들이던 일.

요합(徭合)
관고(官庫)와 민고(民庫)의 곡식을 서로 섞음.

원곡(元穀)
사환곡제하에서 농가에 꾸어주던 곡식.

원악대간(元惡大奸)
악독하고 간활한 자의 우두머리.

유협(遊俠)
협객(호방하고 의협심이 있는 사람).

음관(蔭官)
과거를 거치지 아니하고 조상의 공덕으로 맡은 벼슬. 또는 그런 벼슬아치. ≒남행(南行)·백골남행·음사(蔭仕)·음직(蔭職).

음직(蔭職) 혹은 음관(蔭官)
과거를 거치지 아니하고 조상의 공덕으로 맡은 벼슬. 또는 그런 벼슬아치. ≒남행(南行)·백골남행·음사(蔭仕)·음직(蔭職).

이무(移貿)
조선 후기에 지방의 벼슬아치가 값이 비싼 제 고을의 환곡을 내다 팔고 대신 딴 고을의 싼 곡식을 사서 환곡으로 채워, 거기서 남는 이익을 사사로이 차지하던 일.

이서(吏胥)
각 관아에 딸린 벼슬아치의 통칭으로 아전과 서리를 말함.

이재(理財)
재산을 잘 관리함.

이정(理正)
정리해 바로잡아 고침.

이환(里還)
마을 단위로 환곡을 분배하는 것.

인아족당(姻婭族黨) 혹은 인아지친(姻婭之親)
사위 쪽으로 사돈이 되거나 남자끼리 동서가 되는 인척.

임술민란(壬戌民亂)
조선 철종 13년(1862)에 진주에서 시작되어 전국으로 확산된 민란. 삼정(三政)의 문란 등 국내 정치의 혼란과 병마절도사 백낙신의 가혹한 탄압을 견디지 못한 농민들이 일으켰다. ≒진주민란.

입본(立本)
조선 시대에 고을 원이 봄에 쌀값을 싸게 쳐서 백성에게 돈을 빌려 주고, 가을에 쌀을 받아 이익을 보던 일.

〔 ㅈ 〕

자사(刺史)의 6조
한나라 무제 원봉(元封) 5년 감찰확인 자사를 두어 각각 13개 주를 맡겼는데, 추분(秋分)에 지방을 돌아다니며 치민의 상태를 살펴 능한 이를 올리고 능치 못한 이를 내쫓으며 억울한 옥사(獄事)를 판결해서 처리할 때 기준이 된 여섯 가지 항목을 말함.

자유(慈幼)
어린아이들을 돌보아 양육하는 방법.

작전(作錢)
조선 시대에 전세(田稅)를 받을 때에 곡식 대신에 돈으로 환산해 바치게 하던 일. 원작전과 별작전의 구별이 있었고 쌀 한 섬에 다섯 냥, 보리 한 섬에 넉 냥, 콩 한 섬에 두 냥 다섯 돈으로 했다. ≒작(作).

전관(銓官)
이조판서나 참판.

전부(田賦)
예전에 중국에서 토지에 부과하던 조세.

정유구(政由舊)
정사(政事)는 옛것을 따라야 한다는 뜻이다.

정퇴(停退)
기한을 뒤로 물림.

준사(竣事)
일정한 행사의 끝맺음을 말하는데, 진황의 끝맺음 특히 상벌과 결산을 중요시함.

증고(增估)
조선 후기에, 고을 원이 환곡을 돈으로 대신 받으면서 백성에게서는 시가(時價)로 받고 나라에는 상정한 가격대로 바쳐서 그 나머지를 가로채던 폐단.

『증보문헌비고(增補文獻備考)』
우리나라 상고로부터 대한제국 말기에 이르기까지의 문물·제도를 분류해 정리한 책. 정조 6년(1782)에 이만운에게 명해 『동국문헌비고』를 보충한 것을, 광무 7년(1903)에 박용대(朴容大) 등 30여 명의 문사에게 명해 이를 다시 증보해 제계(帝系), 문빙(文聘), 예문(藝文)의 3항을 더했다. 융희 2년(1908)에 간행되었다. 250권 50책.

진궁(振窮)
홀아비, 과부, 고아, 늙어 자식 없는 빈궁한 사람들이 살아갈 수 있도록 구제하는 것.

〔ㅊ〕

찰물(察物)
물정을 살핀다는 뜻으로 『목민심서』에서는 지방관이 아전 등의 부정과 작폐, 민간의 동태와 실정 등을 탐지하는 것을 가리킨다.

채륵(債勒)
조선 시대에 이채(吏債)·저채(邸債)를 환곡과 함께 거두어들이던 일.

청심(淸心)
소극적으로는 청렴한 관리, 적극적으로 청심을 가진 관리를 말한다.

추목(芻牧)
가축을 사육한다는 뜻으로써 백성을 기르는 것에 비유.

추서(推恕)
타인의 마음을 헤아린다는 것은 타인의 허물을 포용하는 용서라기보다는, 적극적으로 자신의 선함을 보임으로써 자신의 마음과 타인의 마음을 일치시켜 가는 것이라는 말.

출척(黜陟)
출(黜)은 벼슬자리를 좌천 또는 파면하는 것이고, 척(陟)은 승진하는 것을 말한다(『경세유표』, 제3권, 천관수제 고적지법).

취모보용(取耗補用)
조선 시대에 모곡(耗穀)을 거두어들여서 부족한 씀씀이를 채우던 일.

취모경용(取耗經用)
조선 후기에, 지방 관아에서 장리(長利)를 주고받으면서 생겨난 우수리를 자체의 경비로 쓰던 일.

〔ㅌ〕

타석미(打石米)
조선 후기에, 세곡을 거둘 때에 마질하는 사람의 보수로 덧붙여 받던 곡식.

탄정(呑停)
조선 시대 환곡 제도에서 일어나던 부정행위. 흉년이 들면 환곡의 수량을 감해 주는 것을 악용해 부패한 구실아치들이 미리 환곡을 독촉해 받아들여 감량 지시가 내리면 그 몫을 가로챘다.

탕(湯)
고대 중국 은나라를 창건한 왕.

태학(太學)
자신을 수신하고 치민하는 것.

토호(土豪)
지방의 세력가.

통환(統還: 戶還)
1. 호구 수에 따라 환곡을 배분하는 것.
2. 조선 후기에, 통을 단위로 환곡을 빌려 주고 이자를 받던 제도.

〔ㅍ〕

평부(平賦)
온갖 부역을 공평히 함.

포정사(布政司)
정사(政事)를 펴는 기관이란 뜻.

포흠(逋欠)
포흠이란 조세의 미납과 포탈로 인한 재정 결손을 의미한다. 포흠은 이서(吏胥)에 의한 조세의 포탈을 의미하는 이포(吏逋)와 민간의 조세 미납을 의미하는 민포(民逋)가 있다.

필경지생성(畢竟之生成)
마지막에 이르러 완성되는 효과가 나타남.

〔ㅎ〕

한유(韓愈)
중국 당나라의 문학, 사상가(768-824).

행대(行臺)
감사를 지칭함.

향대부(鄕大夫)
향정(鄕正)이라고도 하며 향의 정교금령(政教禁令)을 관장한다. 각 향에 1인.

허류(虛留)
창고에 쌓였던 환곡은 없고 장부나 문서상으로 거짓 기록만 남아 있던 일. 정약용이 제시한 환정 폐단의 하나이다.

형률(刑律)
형법의 옛 표현.

형부(刑部)
육부 가운데 법률·소송·재판에 관한 일을 맡아보던 관아.

형옥(刑獄)
형벌과 감옥을 아울러 이르던 말.

호강(豪强)
세력가.

호리(毫釐)
털끝만큼의 간격.

호환(戶還)
통환(統還).

홍문관(弘文館)
이른바 옥당(玉堂)으로 불렀던, 국왕의 학문적 자문에 응하며 국가적으로 중요한 도서와 문헌들을 보관 연구하는 기관으로 집현전의 후신이다. 수찬은

정6품 관직을 가리킨다.

화응(和應)
화답하여 응함. 또는 화답하여 함께 느낌.

환총(還總)
환곡 총액(還總).

회록법(會錄法)
환곡 모곡의 일부를 호조, 비변사, 균역청 등 중앙아문이 재원으로 사용하기 위해 공부에 등록하는 것을 말한다.

훈도(訓道)
조선 시대의 정9품 관직. 지방에는 종9품의 역학훈도(譯學訓導)가 있었다.

휼수(恤囚)
관아에서 죄수를 구휼하던 일.

흠휼(欽恤)
사건을 조심스레 다루고 그 사람을 가련히 여김.

흠흠(欽欽)
삼가고 또 삼감.

『흠흠신서(欽欽新書)』
형옥의 일은 사람의 생명에 관한 일이지만, 이를 가볍게 취급하는 경향이 있었으므로 그 임무를 맡은 관리들이 유의할 점을 적은 것이다. 특히 사망사건에 대한 판결과 처벌의 절차에 관한 상세한 내용으로 구성되어 있다.

흥작분발(興作奮發)
일을 일으켜 동기를 진작시킴.

흥판(興販)
한꺼번에 많은 물건을 흥정해 사고파는 일.

찾아보기

저자 소개(가나다 순)

김공록
연세대학교 행정학과 박사과정

김성기
전남대학교 행정학과 교수

김성현
경제인문사회연구회 전문위원

문명재
연세대학교 행정학과 교수

심준섭
중앙대학교 행정학과 교수

정재동
한국정보화진흥원 연구위원

조병훈
서울대 행정대학원 박사과정

조성한
중앙대학교 행정학과 교수

최병선
서울대 행정대학원 교수

다산의 행정사상

-현대적 해석과 평가-

펴낸날 / 제1판 제1쇄 2010년 8월 10일
지은이 / 최병선 · 심준섭 외
펴낸이 / 임춘환
주소 / 서울 용산구 청파동 1가 178-2 ㊝ 140-869
등록 / 1975년 12월 26일 제3-16호
전화 / 716-3883, 714-3062
팩시밀리 / 703-3839
우체국 온라인 / 011353-02-009106

ISBN 978-89-7644-343-4

〔값 16,000원〕